勝鬘經講記

——第四輯

——平實導師 述

ISBN:978-986-6431-01-2

所有修學佛法者，都有一種普遍存在的感想：「佛法浩瀚無邊，當從何處入門？三藏十二分教，隱晦難解，如何正確入理？」產生如是感受的原因，皆因不知佛法粗分五乘之理所致。**人乘**者謂五戒十善：受持五戒、不犯眾生。**天乘**者謂五戒之上加以孝順父母，慈濟眾生，行於十善，得生欲界天中；或進而增修四禪八定，得生色界天乃至無色界中。**小乘**者謂解脱道：斷除我見、我執及我所執，以四聖諦爲主旨，四念處爲觀行之法，八正道爲實行之道，可得阿羅漢果而出三界生死。**中乘**者謂緣覺道：依佛之教而修學十因緣觀，然後及於十二因緣觀，成辟支佛；或於無佛之世自修此二種因緣觀，自成辟支佛而出三界生死苦。**大乘**者謂：參禪實證第八識，了知此識是名色之本，亦是涅槃之本際，故知法界實相而生般若智慧，成三賢位實義菩薩僧；若能進修一切種智而成就道種智，即成諸地聖位實義菩薩僧；若道種智修證圓滿時即是佛地一切種智，其第八識改名無垢識——佛地眞如。知乎此，則有最初抉擇分，能善選法門及眞正善知識，不被假名善知識之大名聲所惑，則於佛法之實修，知所進道矣！

—正智出版社—

大乘佛法之入門，號稱八萬四千法門，但門門所入者皆同一第八識如來藏之本有自在性、本有自性性、本來清淨性、本來涅槃性。凡已親證如來藏者即能現觀如是四性，因之而生實相般若，成第七住位不退菩薩，名爲**實義菩薩**，已非單受菩薩戒而未證實相之**名義菩薩**。此時實相般若在胸，已能粗知般若諸經中的法義，不待人教。然而如此階段之智慧，實仍未足以了知諸地智慧，以未了知成佛之道次第及內涵故，以尚未通達實相般若故。若欲通達實相般若而速進初地者，悟後必須深入了知一念無明與無始無明之異同，以了知二者間之關聯，然後知所進道；如實而修，則欲入地者亦得速達。《勝鬘經》所說者，即是此二種無明也；凡欲釐清佛道與二乘道之異同所在者，皆應深入理解此經義理；於此已有實質上之理解者，不論對於選擇三乘菩提，或對於選擇大乘入道之善知識及道場，皆已胸有成竹，則有能力自己選擇**眞正善知識**及**眞能助己實證佛法之道場**。然後次第入道，終不久修佛法而一生唐捐其功也！由是可知此經之重要。然此《勝鬘經》義理深邃難知，古來少有能作深入淺出而完全正確之解釋者；今此講記中，確有如是功德，能令讀者深入理解而建立正知見；對於久修佛法而深覺茫無所趣之老參，誠屬難得一見之講述實記，允宜熟讀而助入道。

—正智出版社—

目次

第二輯：

第三輯：

第四輯：

第五輯：

第六輯：

自序

所謂原始佛法，必須函蓋前後三轉法輪的成佛之道全部佛法；因爲，只有這樣具足函蓋三乘菩提以後，才能顯示 釋迦佛已經圓滿化緣了——四阿含諸經並不曾說到成佛之道，只說到成就羅漢解脫於分段生死之道的法義；也因爲前後三轉法輪的法義全部都是 釋迦佛親口所說，才能具足了成佛之道，而非如同四阿含諸經一樣地嚴重欠缺成佛之道的原理與實行之法道。但印順法師不瞭解前後三轉法輪諸經的意涵，連聲聞羅漢們所結集出來的四阿含諸經的意涵，都嚴重地誤會了，當然更無法如實理解大乘諸經的意涵。印順又因爲信受部派佛教時期的聲聞凡夫論師們的六識論錯誤觀點，所以全面否定大乘法，認定大乘非佛說；並將大乘諸經的義理曲解爲同於二乘解脫道的法義，再以聲聞凡夫論師的六識論邪見，套用在原本爲八識論的二乘解脫道上面，於是連二乘解脫道本質的四阿含諸經中的義理，都嚴重地誤會了。立足於這種誤會解脫道及佛菩提道的前提下，只承認四阿含所說的解脫道爲原始佛法，認爲大乘諸經皆非佛說，故只將四阿含定義爲原始佛法，將第二、第三轉法輪諸大乘經排除於原始佛法之外，意謂大乘諸經都非 釋迦佛親口所說，這是嚴重扭曲佛教歷史之後所作的不正確定義。一開始學佛時若是信受了印順這樣偏差的觀點以後，將無可避免地落入六識論的邪見中，於是連斷我見都成爲奢談了，遑論實證大乘實相般若！

復次，大乘法之證悟，不許外於教門；若外於經典聖教開示，而言「所悟雖異於教門，然亦是宗門之悟」，當知即是錯悟，謂其所悟必定已經異於宗門之悟，經教所說法義正是說明宗門所悟內涵故；明得此理，始知宗門之悟，一向不得外於教門也。但若已經求證於大乘經典，印證自己確實證悟已，欲了知悟後進修之道，欲憑藉所悟如來藏而生起深妙般若智慧者，及欲快速進入初地者，皆應先行深入《勝鬘經》眞義，由此了知大乘道與二乘道之異同與關聯，然後對於自己應如何求得眞正之大乘般若開悟，以及悟後應如何含攝二乘道，進而快速進修般若別相正義而具備入地之資，即能自知而無所疑也！

二乘人所證智慧爲出離三界分段生死之智慧，只是聲聞法中的解脫道智慧，所斷者僅爲我所執、我見、我執，不曾及於法界實相之了知與親證，是故一切不迴心大乘之阿羅漢，不論爲慧解脫、俱解脫、三明六通大解脫，皆無法生起實相般若；此謂不迴心阿羅漢，雖知一切法界皆唯如來藏之所生，然唯是親聞 世尊如是聖教而未能實證，是故凡遇親證之菩薩時，皆無從開口共論般若。乃至諸菩薩與言無餘涅槃中之實際者，亦皆茫然無措而不能回應，唯有迴避不言一途。諸不迴心阿羅漢，之所以致此者，皆因未證名色本、名色因、名色習之如來藏心所致也！譬如阿含中佛語聖教分明：「解名色本，即得應眞。」謂名色之根本乃是如來藏心——十方三界一切有情之名色，皆從如來藏心中出生，並皆以如來藏爲本；是故，證或不證名色因、名色本之如來藏者，即成是否能入大乘別教而成實義菩薩之分野；惜乎今人能知此者極爲稀有，皆坐密宗應成派中觀六識論邪見所崇，致使當代諸大山頭大法師等，悉被釋印順六識論邪見所崇而盲目追隨，同聲否定大乘及阿含經教中所倡八識論正理，則彼諸大法師及其徒眾即失大乘見道因緣，兼亦成就謗菩薩藏之大惡業，成一闡提。

然而，已經實證如來藏之實義菩薩，雖已位階不退位之第七住已，是否即能了知成佛之道內涵？實猶未必！謂此時之第七住實義菩薩雖有般若實相智慧，亦唯有總相智爾，尚未具足別相智故。般若實相智慧之別相智者，其義廣繁，非如二乘解脫道之見惑、思惑意涵狹隘易知故；是故親證如來藏而發起實相般若智慧已，仍須親隨眞善知識修學，方能快速而深入理解三乘菩提之異同，方能快速現觀三乘菩提之關聯而了知二乘菩提之侷限，而能了知二乘菩提含攝在大乘菩提中之定位，然後深知無始無明含攝二乘菩提所斷一念無明之眞實義，則能了知三乘菩提之關聯與全貌，欲求通達實相般若之別相智，斯有期冀；則能將長劫入於短劫中，數世之中即得圓成三賢位第一大阿僧祇劫之實修，滅盡大乘見道應斷之廣闊異生性，樂意培植入地應有之大福德：爲人所不能爲，**說人所不能說，行人所不願行，乃至喪身捨命亦在所不惜，要護正法、要救眾生及諸表相大師，乃至生起增上意樂而眞發十無盡願，入如來家、成眞佛子。**凡此，皆要以親證如來藏爲先，確實理解無始無明爲次，實際救護廣被誤導之學人而進成大福德爲後，始有入地進修第二大阿僧祇劫道業之可能。一切求欲實證佛法者，於此皆應了知。

凡欲深入了知如是正理者，於《勝鬘經》皆必須深入研讀，並將其中法義實際現觀，實證勝鬘夫人所說法義，即能印證自己所悟是否確實契合法界實相，亦能藉此而建立三賢位所應通達之智慧，然後付諸實行而快速圓成第一大阿僧祇劫之道業。若屬尚未實證如來藏而未發起實相般若者，不論已斷、未斷三縛結，皆可依講記而了別三乘菩提之異同，則能自行抉擇而入道：或依《識蘊眞義、阿含正義》而深入理解、實際觀行，實證二乘菩提；或依《眞假開悟、心經密意、宗門正眼、宗門密意、眞實如來藏、楞伽經詳解、悟前與悟後、宗通與說通……》等書，依大乘正理多聞熏習乃至實修；若得實證如來藏已，即入菩薩數中，成眞菩薩，名菩薩僧，位階不退菩薩位中，庶免受生一世而唐修佛法也。《勝鬘經》雖然文義深邃難解，今余已將此經法義深入詳說，整理成文而爲講記，付梓流通以利大乘學人及諸方大師，若願反覆細讀此書而詳加思惟理解者，無不受益。今以出版之時將屆，合述緣起，即以爲序。

佛子 **平實** 謹序

公元二〇〇八年大暑 於竹桂山居

《勝鬘師子吼一乘大方便方廣經》

（上承第三輯〈無邊聖諦章〉未完部分：）關於這段經文：「世尊！金剛喻者，是第一義智。」我們來看印順對這二句經文是怎麼註解的：【「金剛喻」定，或金剛喻智，即「是第一義智」。以金剛喻智慧的能破一切煩惱，斷盡無餘。**金剛喻，本為三乘所共**。如證阿羅漢的前一念心，起金剛喻定（智），斷煩惱，證無學果。然約破盡一切煩惱的金剛喻智說，聲聞緣覺是不配稱金剛喻智的。金剛喻智，要到等覺後心。這時，頓斷一切煩惱，即引起佛智。所以說：「非聲聞緣覺不斷無明住地初聖諦智是第一義智」。這意思說，聲聞緣覺的初聖諦智，但斷四住地，不能斷無明住地，所以不應名為金剛喻智；也就不配稱為第一義智。】（正聞出版社．印順法師著《勝鬘經講記》p.204 ~ p.205）

印順這一段註解是自相矛盾的，眞要說起來，他的錯誤確實不勝枚舉，簡直是一部開不動的拼裝車。但是印順在同一段文字中的前後兩種說法，我卻要說他全部都錯，沒有一種正確。因為他說：「金剛喻，本為三乘所共。」

我們現在要針對印順這一句話來探討他的大問題：三乘所共的，只有解脫道。可是印順不瞭解阿含中有許多部經典其實都是大乘經，但是被二乘無學及有學聖人共同結集爲小乘經，印順不瞭解這個事實。當 佛陀進入第二、三轉法輪時，阿羅漢們當然不能不隨順聽經，不許無故不來聽經，除非他們沒有跟在 佛身邊，已經遊行到他國去了。當他們聽過大乘法以後，結集出來的結果就是二乘經，所以被結集在四阿含中，成爲專講解脫道的二乘經。

但是 佛說大乘經時必然會說到涅槃的本際，被聲聞人結集在四阿含中的時候，就會說阿羅漢滅盡、清涼、寂滅之後，通常會加上兩個字：**眞實**；乃至有時會說阿羅漢所證的涅槃是**常住不變**，所以這些都是大乘經被二乘人結集成解脫道的經典。但是印順不瞭解這個事實，他可能是從阿羅漢所證的涅槃寂滅、清涼、寂靜，有時被 佛加上**眞實**二字作說明，於是印順就認爲二乘涅槃也是金剛喻定，那當然就成爲三**乘與共**的了。其實不然，因爲二乘所證的涅槃，本質是滅盡蘊處界而不需要證得涅槃本際——金剛心本識，只需要相信滅盡蘊處界以後，仍然有涅槃的本際獨存，所以是**眞實**、**常住不變**，不是斷滅後的空無。阿羅漢們只是信受這個聖教而斷盡我執、而入無餘涅槃，沒有懷疑。可是他們畢竟沒有證得無餘涅槃中的本際——本來涅槃的**金剛心**，只是滅蘊處界而證涅槃，並沒有證得**金剛心**；既沒有證得涅槃本際不生不滅的**金剛心**，怎麼可以說是**金剛喻定**呢？所以二乘涅槃沒有金剛喻定可說，因此印順講的「金剛喻，本爲三乘所共」，是錯誤的說法。

再談印順另一方面的說法：「然約破盡一切煩惱的金剛喻智說，聲聞、緣覺是不配稱金剛喻智的。金剛喻智，要到等覺後心。」問題又來了，既然印順主張說：「成佛之道就是解脫道，阿羅漢所證與佛所證完全相同，同樣是解脫道。」既然同樣是解脫道，應該阿羅漢所證與諸佛所證完全相同，那麼諸佛有金剛喻定、金剛喻智，阿羅漢們也應當都同樣得到金剛喻智、金剛喻定，印順爲什麼後面又接著說聲聞、緣覺不得金剛喻智？當然他的說法錯誤。假使印順主張說：「有阿羅漢不入涅槃，以解脫道智慧利樂眾生，三大阿僧祇劫以後斷盡一切煩惱成佛時，才有金剛喻智，所以阿羅漢沒有金剛喻智，只有已經成佛的阿羅漢有金剛喻智。」但印順這個說法仍然是完全錯誤的。因爲印順書中所主張的成佛，是以凡夫智慧修行三大阿僧祇劫以後成佛的，也就是這幾年台灣佛教界與印順之間常常在諍論的主題：「凡夫行能不能成佛？」（台灣佛教界許多人反對印順「凡夫菩薩行可以成佛」的說法，現代禪為最著名的代表者）印順既然認為**凡夫的菩薩行**，三大阿僧祇劫以後一樣可以成佛——不必藉解脫道的修行證得阿羅漢果再迴心轉修成佛之道——顯然與他這裡所說阿羅漢迴心大乘三大阿僧祇劫斷除**一切煩惱**的說法又不符合，再度成為自語相違。

假使印順改口說：「**我說的是實證解脫道的阿羅漢，迴心大乘利樂有情三大阿僧祇劫，斷盡一切煩惱而成佛。**」一樣是自語相違。因為印順認為成佛之道即是阿羅漢所修的解脫道，**差別只是**：有沒有三大阿僧祇劫利樂眾生修集大福德，同時斷除習氣種子等一切煩惱。然而這經中所說的無明住地所攝一切上煩惱，卻不是煩惱障所攝的習氣種子等煩惱，而是所知障所攝無知於實相法界的上煩惱。印順將**煩惱障**所攝習氣種子下煩惱，等同或函蓋**所知障**所攝塵沙數上煩惱以後，就可以將佛的智慧等同阿羅漢——差別只是有沒有斷盡習氣種子，也就不必要求自己實證如來藏金剛心了；如此一來，印順即可堂而皇之公然否定金剛心如來藏，自稱已經實證般若，乃至將來或許也可以自稱成佛了。（編案：印順傳記的副書名為〈看見佛陀在人間〉，是在印順死前仍然耳聰目明時同意出版的。）

然而，始自 釋迦世尊以及過往之無數佛，現今的地球佛教以及十方世界佛教，乃至未來無邊際時劫以後的成佛之道，永遠都以有無實證金剛心如來藏，作爲能否轉入內門實修佛法的界定標準，而這個標準將永遠沒有任何一佛可以推翻——除非是凡夫假冒而自稱的佛陀。凡是未能證得**金剛心**如來藏的人，都只能在外門廣修六度萬行，全都無法轉入內門廣修六度萬行乃至十度萬行，成佛實無絲毫可能。然而聲聞羅漢法中的實證，永遠都不必實證**金剛心**如來藏——永遠都不必斷除**所知障**，只需斷除三界貪瞋癡（我見、我執、我所執）等煩惱即可，但這是只斷三界愛的現行而不必斷三界愛的習氣種子——一絲一毫**煩惱障**所攝的習氣種子都不必斷除。這已顯示出羅漢道與成佛之道的最大差異處，也已證明羅漢道的極果三明六通大解脫，仍然不曾絲毫涉及所知障的了知與修斷。以此緣故，阿羅漢縱使成就聲聞解脫道極果，成爲三明六通聖者，依舊是對**所知障**全然無知的，何曾打破**無始無明住地**？更何況奢言斷除無始無明所攝的塵沙數上煩惱？而言斷盡**一切煩惱**？所以印順這樣主張：**斷盡我見、我執、我所執的阿羅漢是初聖諦智，沒有金**

剛喻定；不入涅槃而在三大阿僧祇劫後斷盡習氣種子煩惱的阿羅漢，是斷一切煩惱者，即是進斷無明住地而有金剛喻智，成就第一義智。仍然純屬意識思惟猜測臆想所得的錯誤說法，與佛菩提道——成佛之道——的實修全然無關，也與聲聞緣覺解脫道的實修相違。因爲印順的主張是不必斷我見的，是認定意識的細心常住不壞的凡夫知見，是以**凡夫行的聲聞解脫道**取代**實證的大乘菩薩道**而倡議爲成佛之道，所以主張**凡夫的菩薩行可以使人成佛**。

只有親證**金剛心**而達到最後成佛時的階位，才能說是有**金剛喻定**的聖者；即使是菩薩七住位中證得金剛心如來藏了，也只是三賢位中的第七住位罷了，都還稱不上金剛喻定；何況不迴心阿羅漢們全都未曾證得金剛心如來藏，縱使三大阿僧祇劫斷盡煩惱障所攝一切習氣種子（印順所說的一**切煩惱**），仍然不曾稍知**金剛法如來藏**，仍然只是了知一切法緣生性空而沒有常住不壞的**金剛法**可言，怎能說阿羅漢以解脫智利樂有情三大阿僧祇劫，斷盡了煩惱障所攝習氣種子以後就能成佛？

設想：證得**金剛心**修到等覺地、妙覺地時，都還不敢自稱有**金剛喻定**，而金剛心如來藏的實證是三賢位的第七住位就已證得了，但阿羅漢以解脫道智慧利樂眾生三大阿僧祇劫以後，卻仍然不知道金剛心的所在，又怎能有等覺、妙覺菩薩仍不能得的金剛喻定呢？所以，印順若主張：「聲聞緣覺初聖諦智，是不斷習氣種子而沒有斷盡一切煩惱的智慧，只是初聖諦智，因此沒有金剛喻定的智慧。聲聞緣覺不入涅槃，在世間三大阿僧祇劫利樂有情，同時斷盡一切習氣種子煩惱時即是斷一切煩惱，便有金剛喻定的智慧，這才是已斷無明住地的第一義智。」這仍然是無法成立的，因為他若是持這種看法時，將會是鋸解牛馬以後的牛頭逗馬嘴，亂逗一場而成為印順法，不是佛法。

因為，勝鬘夫人所說的**「一切煩惱藏」**，是包含**煩惱障**所攝的習氣種子煩惱，以及**所知障**所攝過塵沙數無始無明上煩惱，而不是如同印順所說單指**煩惱障**所攝的習氣種子煩惱。而**金剛喻定**，是要到究竟地已經完全不再改變金剛心中所蘊藏的一切種子時，才能說是究竟性如金剛，否則終究只是如來藏心體猶如金剛，而所含藏的種子仍然還會有所變易，不是內外俱如金剛，當然這時的智慧就不能稱為**金剛喻智**了。

必須悟得金剛心如來藏以後，進修到究竟佛地時，已經不是單說心體的性如金剛，而是包括祂含藏的種子也都無法壞滅與轉變了，所以說如來藏心體的裡外都一樣性如金剛！這時的智慧是無可再增長變異的，已經內外不變而得決定，才能說是金剛喻定的智慧。這是究竟果地的金剛體性，與因地心體猶如金剛不可壞滅、不可轉變，但是種子仍然生住異滅，仍然可以轉易的狀況不同。這就是說，等覺、妙覺以下金剛心中的種子仍然不是全部性如金剛的，因爲其中仍然有因地雜染的種子存在，也還有上煩惱存在而使種子仍可變易——仍有異熟性，所以七住菩薩證得如來藏時，方便說是證得金剛喻定；但這只是方便說，因爲所證的心體固然猶如金剛，但畢竟不是連同所含種子也都不可改變、壞滅。所以，以眞見道的親證金剛心，方便說爲因地的金剛喻定，但其實不是眞正究竟的說法。

應該是到達佛地時，連同種子都不可能再改變而全部常住不變異了，這樣才說是金剛喻定，這時的智慧才是金剛喻智。因此，以究竟說來看，連等覺、妙覺菩薩的證境都不能說是金剛喻智，更何況是二乘人連金剛心的所在都還不明了，怎能說是已證金剛喻定而有金剛喻智呢？印順處處以自己的意思來解說金剛喻智而說是三乘所共，由此也可以看出印順對大乘佛果的看法了。印順處處以解脫道來取代佛菩提道，他的居心所在，由此也就可以看得出來了。

印順這一段文字的後半部好幾行說「二乘不得金剛喻定、金剛喻智」，只是因為這段經文裡面明白的說「**二乘的解脫智不是金剛智**」，因此他不得不去隨順經文來講，不然人家會說：「**你是強行扭曲經文。**」因為在這裡強行扭曲是不可能瞞得了別人的，所以他只好隨順經文而說；但他私心中仍然是認為金剛喻智是三乘與共的，只要這個理論被佛教界接受了，就可以全面否定**八識論**正理，繼續弘揚密宗應成派中觀的六**識論**常見外道法，以常見外道意識境界取代中國傳統佛教的如來藏正法，別人就不能因為印順沒有實證如來藏，而說他是沒有實證的學問僧，這就是印順的居心所在。

「**如來應等正覺，非一切聲聞、緣覺境界；不思議空智，斷一切煩惱藏。**」如來應供等正覺的境界，不是一切聲聞、緣覺所證的境界，因為聲聞、緣覺只斷見惑與思惑，不曾斷無明住地，亦從來不與無明住地中的過恆河沙數上煩惱相應，所以如來應供等正覺的智慧，不是二乘聖人的智慧境界；那是不可思議的空智，是斷除「**一切煩惱藏**」的。「**一切煩惱藏**」當然函蓋煩惱障所攝的見惑、思惑、三界愛習氣種子，也函蓋所知障所攝的無始無明以及過塵沙數上煩惱。這些煩惱全都收藏在金剛心如來藏中，所以稱爲「**一切煩惱藏**」。

關於不可思議空智，我們再來看補充資料，印順是怎麼說的：【空智，即通達一切法性空的般若。唯有佛才能究竟通達。空智，與般若經等相同，但解釋起來，多少不同。二乘不達法性空，這與般若學系所說**三乘同證法空**說不同。唯識家也說，二乘人不斷所知障，所以不能通達一切法空性的圓成實。本經所說，與**唯心論者**相同。】（正聞出版社．印順法師著《勝鬘經講記》p.205）關於印順這個註解，我如此評論：「1、二乘不證法空，所以執有外法爲自己所觸、所知、所離，不知一切法都是自心所現之法。故印順說三乘同證法空，不合事實。2、印順誤執唯心論與性空論不同，菩薩所觀其實是一。」

不思議空智，印順說爲通達一切法性空的般若。問題來了！懂得一切法緣生性空就叫作般若智慧嗎？如果一切法緣生性空的智慧就是般若，那麼顯然四阿含中的解脫道就是般若了。但這只是印順想告訴大家的意涵，並不是佛法的正義。印順就是要你相信：**解脫智即是般若智，解脫道就是成佛之道**。而他的《妙雲集》也是這麼寫的。所以印順的成佛之道就是用解脫道來修行的，所以不必親證一切種智所依的如來藏心；只要知道蘊處界諸法緣生性空，那就是般若智了，但印順這個說法是有過失的。

印順又說：「通達一切法性空的般若，唯有佛才能究竟通達。」這卻與大乘經相違背，因爲般若的通達是初地入地心，之後就是進修一切種智；一切種智的進修圓滿則是要歷經二大阿僧祇劫，但卻是在般若通達以後才開始的。可是他說般若通達了就是佛，這與大乘經的說法是完全不同的，這也跟諸地菩薩的親證現觀是不同的。因爲般若通達以後，只是初地入地心而已，還不能稱爲住地心或滿地心。但是印順認爲：般若通達了——也就是通達蘊處界的緣起性空時——就是成佛了。這就是印順的成佛之道。可是印順這個成佛之道的說法，其實是從宗喀巴的《菩提道次第廣論》抄來的，印順只是把《廣論》中隱說雙身法的止觀部分捨棄，濃縮一下就成爲一本《成佛之道》了；他顯然是抄襲宗喀巴的著作，而宗喀巴的說法卻是有嚴重錯誤的（編案：詳見正覺電子報連載〈廣論之平議〉），因此印順的說法是有嚴重過失的。

印順接著說：「空智，與般若經等相同，但解釋起來，多少不同。」問題又來了，般若諸經所講的是依非心心、無念心、無住心、無心相心，是依這個第八識來說蘊處界及萬法緣起性空，並不是單說蘊處界緣起性空，不是單說萬法緣起性空；可是印順請出般若諸經以後，把非心心大前提砍掉丟棄，只剩下另一半的諸法緣生性空來說般若，所以他才會說：「二乘不達法性空，這與般若學系所說三乘同證法空說不同。」然而什麼是法性空？應該探究一下。印順所說的法性空是蘊處界萬法緣生性空，所以印順所說的般若正是蘊處界等萬法緣生性空，而印順所說的解脫道也是蘊處界等萬法緣生性空，正是完全相同，不該說「多少不同」。

在我們看來，印順說法是處處漏洞，只是他自己不知道。實際上，般若與蘊處界等諸法的緣生性空，是大大不同的，不是多少有所不同。因爲蘊處界諸法的緣生性空只在現象界的萬法中來說，全都是現象界的緣生性空；但般若是從法界實相，也就是從蘊處界萬法的根源本識如來藏心，來說蘊處界萬法緣起性空——是蘊等萬法由如來藏心**藉緣而生起**，不單是說蘊等萬法**緣生**、**其性無常故空**。一爲**藉緣生起**而**性空**，一爲**緣生無常而性空**，二者當然是大大不同。如果要說般若，印順的般若顯然是只有現象界那一半，全無實相界那一半，只是**緣生性空**而不是**緣起性空**，因爲從來都不知道蘊等萬法是從何法中藉緣生起的；所以我們應該稱呼印順為「印一半」，全然不「順」佛法與解脫道；而且印順剩下的那一半所謂的般若也是全部錯誤的，所以他的《妙雲集》四十一冊（後來加上一冊變成四十二冊），要全部歸零。

印順所說的法中沒有一個法是正確的，所以假使有一天（也許你們過去世和他有緣），當他到你夢中來，你就告訴他說：「**你的法要歸零，要從頭開始！**」印順當然必須從頭開始，因為印順的解脫道是錯誤的，而他剩下另一半的般若也仍然是錯誤的，當然要從頭開始。可憐的是跟印順學習的所有人都不瞭解這個事實，這才是最大的悲哀。但是我們好心好意辛辛苦苦寫出來辨正，那些佛教界一心想要求證佛法的人看到是蕭平實寫的，卻排斥不讀，失去得救的機會。這就好像一個人沉沒在海水中，你把棍子伸下去，要讓他抓住；他一看到這個棍子上面寫著「蕭平實」三個字，就寧可繼續沈淪於苦海中，眞的無可奈何啦！

所以才說眾生愚癡，眞的是愚癡。若是有智慧的人，管他什麼棍子，只要那棍子能幫我上岸去就行了！可是沒有智慧的人，他就要先看看：這棍子是什麼材料？是誰給我的？他都想要先研究。當他還沒有研究完成就已經死掉了。可憐的是這些眾生，十個人中卻有九點九個是這樣的，所以眞的就像佛陀說的：**末法時代住持如來藏正法爲人廣說，特別是在末法最後的八十年，爲人家說如來藏法、荷擔如來藏法、住持如來藏法，是比挑著山河大地還要重的重擔，因爲大眾都被誤導了，所以沒有人願意相信你。**而這是佛陀早就預記的，所以我才會常常這樣說：「**你們都是佛門中的稀有動物，都被正覺同修會列入保護名單中。**」原因就在這裡，因爲在末法時代正法眞的很難信受；而正法就是如來藏妙義，如來藏正法也眞的甚深極甚深，不是一般人能信受的。不信的話，你出去會外，不管到哪個道場，找到一位宣稱可以幫人開悟明心的法師，當你表明來意，他們一聽了就回應說：「**你算老幾？也想開悟！**」你若是以開悟的事情鼓勵那些沒有開悟的法師，他們卻是這樣說：「**我算老幾？我怎麼可能開悟！**」光是明心就如此了，如果要講更深的法，就更困難了，所以我才讚歎說：**諸位可以從我一開始講這部經時聽到現在，眞的不簡單！**

接下來印順說：「**般若學系所說三乘同證法空。**」般若諸經裡面有說三乘同證法空嗎？般若系的經典中常常說到不迴心的二乘聖人不懂般若，因爲他們不能證得實相法如來藏空性的金剛智，他們只能證得世俗法蘊處界的緣生性空，不能證得萬法都是空性，所以沒有法空觀。緣生性空是說終究壞滅，無常故空，是說無常空而不是說空性。但是一切法空性，講的是一切法本來就是空性如來藏而沒有生滅性可說，因爲一切法就是如來藏——一切法的本際就是如來藏，一切法只是附著在如來藏的表面上生了又滅、滅了又生；但是諸法滅了以後如來藏還是在，如來藏仍然可以重新出生諸法。這是依諸法的根源如來藏，來說一切法都是空性，空性就是如來藏，所以說一切法就是空性；般若正是這樣講的，印順怎麼可以說二乘人也有一切法空的親證呢？所以他這個說法是在混淆是非，把佛法的大是大非全面混淆。佛教界被他的邪見混淆幾十年了，所以今天我們弘法才會變得非常困難。

但弘法困難到底是好或不好？其實沒有絕對的好壞。弘法非常困難時，表示當你把正法弘揚開來了，功德就是無量無邊廣大。如果弘法很容易，功德就小了。所以前面所說都是正反互相關聯而說的，經由比對而讓大眾都很容易明白正確的佛法。因此弘揚了義究竟正法，固然非常困難，但是在這種非常困難的狀況下，能把正法弘揚開來，利樂了更多的有緣人，使得當代佛法成爲中興的年代，就表示諸位共同參與了這一場佛教正法的復興，將會使你這一世及未來世的道業增長都非常快速。好比在極樂世界修行一百年，那裡的一天是這裡的一個大劫，在那裡修學一百年的功德，不如在五濁惡世的這裡持八關齋戒來清淨修行一天。所以困難越大、功德也越大；在這麼困難的環境下弘法，是該高興還是悲哀呢？諸位就自己思量看看吧！因爲諸位很有智慧。

接下來印順說：「**唯識家也說，二乘人不斷所知障，所以不能通達一切法空性的圓成實。**」唯識家固然是這麼說，但印順這句話的意思是要顯示說：「**唯識學並不是佛法，只是一種學說研究，是後人研究佛學而發展出來的。**」接著印順又說：「**本經所說，與唯心論者相同。**」意思就是告訴你：這一部經中所講的法義，你不要相信。因爲他其餘書中認爲：**一切法緣生性空才是眞正佛法，眞常唯心論只是外道神我的思想，如來藏是富有外道神我色彩的**。既然接受了他各本書中所說的道理，而這一部經與唯心論者所說相同，讀者心中就會想：**這部經應該是不可信受的**。這就是他處處用暗示的手法來灌輸給讀者的想法。所以我才說：**他眞的有方便善巧，很會使用文字**。但是這個方便善巧，在我們眼前仍然是狐狸尾巴撩向半天高；清楚分明顯示了印順的居心，他是無法瞞得了我們的。

所以說，不思議空智是斷一切煩惱藏的——是斷盡一切習氣隨眠及無始無明隨眠的，不是像印順所說的只有斷除見惑與思惑的。凡是斷見惑與思惑的初聖諦智，都是可思可議的。將來《阿含正義》出版，七輯你都讀完了就會發覺：原來阿含道的聲聞緣覺聖人所證，都是可思可議的，只要次第去觀行就可以親證了，沒什麼困難。你心裡面也許樂觀一點，就會這樣想：將來台灣乃至將來大陸，或者擴及到全世界，可能會有好多、好多、好多的聲聞初果人出現了。因爲取證初果確實並不困難，斷我見、斷三縛結是很容易的事，只要好好去讀，好好地重讀、三讀，再加以如理作意的思惟，思惟完了再作現前的觀察，初果是絕對可證的，而且不是像印順所誤會的證。

那時你一定會認定二乘聖人所證的聖諦智是可思也可議的，因爲當你證得實相法界並且也已證了初果，此時把《阿含正義》依照淺深次第讀完了，也如實觀行過了，你將會發覺二果的取證也很容易，三果其實也不困難。當三果完成實證了，要證四果就更簡單了：「原來阿含道是可思可議的。」你將會這樣確定這個事實。等你確定了，你再來觀察那些阿羅漢們：他們懂不懂第一義智？特別是當你把《阿含正義》都讀完了，詳細思惟觀行完畢以後，再把四阿含中的每一部經都讀過了，一定會發覺：「原來裡面有許多經典都是大乘經，但是二乘人竟然結集成爲二乘解脫道的法義，顯然阿羅漢們是不懂大乘法的；原來我在正覺同修會學了以後證得明心的智慧，阿羅漢們都沒有證得這種智慧。」那時你就可以確定大乘佛菩提眞的不像二乘法的可思議空智。這是諸位明心後進修二、三年，再把《阿含正義》（註）讀完而去閱讀四阿含時，可以親自證實我今天所說的話，而阿羅漢們卻無法實際瞭解你們的所證與所觀。（註：《阿含正義》共七輯，都已出版。）

所以大乘菩提是不思議的空智，因爲不是只斷蘊處界所攝的見惑、思惑而已，而是斷一切煩惱藏。因爲你一定會發覺：明心後距離佛地是那麼的遙遠！想起以前讀過六祖《壇經》說的「一悟即至佛地」，覺得太好了；我今天終於悟了，也被印證開悟了，確實是與經中所說完全契合；可是把自己的智慧境界跟佛陀的智慧境界作了對照以後，才知道我根本還沒有成佛。可是我眞的有明心的智慧，我眞的有般若智慧，但是爲什麼我還沒有成佛呢？因爲諸佛是三大無量數劫前明心以後斷了「**一切煩惱藏**」，而我們今天明心之時還沒有進斷**煩惱藏**——還沒有斷盡一切的煩惱種子執藏，就表示所應斷法尚未斷盡；所應斷法尚未斷盡的緣故，所應證法就不能全部證得，因此還不能成佛。

觀察後的結果是：**我明心的智慧，阿羅漢已經不能夠測度了，可是我竟然還不能測度諸佛，那麼阿羅漢怎麼可能有能力來測度諸佛的智慧呢？**因此而說諸佛所證是不思議空智，而且諸佛是斷盡一切煩惱藏的，不再有一絲一毫的習氣種子隨眠。但是阿羅漢習氣種子分分顯現，當他有習氣種子現行時，你馬上就看見了，便證實他們只斷現行而不斷習氣種子，所以他們還沒有佛地的「壞一切煩惱藏究竟智」，他們的空智是可思可議的，他們的所斷煩惱也是可以計數的；這與佛菩提所證的空智不可思議，與佛菩提所斷的習氣種子不可計數，是完全不相同的。所以關於不可思議空智，印順將二乘聖者一世之所斷，或者將阿羅漢三大阿僧祇劫只斷習氣種子而不斷所知障上煩惱，等同菩薩三大阿僧祇劫對煩惱障及所知障之所斷，是完全不符事實的。

勝鬘夫人說：「若壞一切煩惱藏究竟智，是名第一義智；」如果把一切煩惱種子執藏都斷壞究竟了——過恆沙數上煩惱及習氣種子煩惱都斷盡了，就是得到了究竟智。也就是說，三乘涅槃的本質都是空掉煩惱而不是空掉蘊處界；但是二乘人一心所想的是要空掉蘊處界自己而不是要空掉一切煩惱，是一心想要入無餘涅槃的，所以只要斷盡我見與我執即可。二乘人所想的是趕快把蘊處界空掉，不要再去投胎就不受生於三界中，就不再有生；沒有生就沒有死，便離開了生死痛苦，這樣就是無餘涅槃。可是這樣的涅槃只能稱爲二乘涅槃，是不究竟的，也是很膚淺的。大乘菩薩卻不這樣修，大乘菩薩認爲煩惱斷除了就是涅槃，不必將蘊處界滅盡了才算是涅槃；所以菩薩看待二乘聖人，很清楚的看見他們把見惑、思惑煩惱斷盡了，在未死以前，不必入無餘涅槃時其實也是涅槃。

大乘法中剛悟的菩薩更有趣，二乘聖人怎麼想也想不通；剛明心的菩薩是不斷煩惱而證菩提，二乘聖人是想不通的！因爲二乘人證涅槃是要斷思惑的，思惑煩惱若不斷盡是無法取證涅槃的。可是菩薩才剛明心，見惑雖然同時斷了，但是思惑煩惱都沒有斷，卻已經證得無餘涅槃中的境界了。因爲菩薩明心後已經看清楚了：**阿羅漢入了無餘涅槃以後，剩下的如來藏不生不**

滅、無生無死，那就是涅槃了。可是這個如來藏現在就已經不生不滅、無生無死，現前就涅槃了，爲什麼還要滅掉自己才去入涅槃？那不是笨蛋嗎？所以菩薩悟了以後就像禪宗祖師一樣，假使有阿羅漢來了，乾脆直接就罵：「你眞沒智慧！不必死就已經涅槃了，爲什麼要死了才涅槃？」阿羅漢還是聽不懂，那阿羅漢也許再問：「不必死就能涅槃，那要怎麼證？」禪師就大罵：「笨蛋！」這其實已經告訴阿羅漢了，但是他們還是不會，那可不能怪罪禪師不幫忙。所以說，大乘是不可思議空智，這個涅槃不是阿羅漢所能想像的。

但這位菩薩明心時有沒有斷煩惱？也有！只是不斷阿羅漢所斷的思惑，卻同時已斷除見一處住地煩惱，只是還不斷思惑罷了！菩薩只要斷了見一處住地煩惱——斷見惑，當他親證金剛心時，不必斷思惑就已證涅槃了，因爲涅槃已在他手中掌握得牢牢的。當你找到如來藏了，觀察祂的自住境界，你就已經證得無餘涅槃中的本際了，根本不必去斷盡思惑。所以，菩薩所見的是：二乘斷盡思惑名爲涅槃，但不是滅掉蘊處界才算涅槃，而是不必斷盡思惑，也不必死亡後才證涅槃，我現在就現前證得涅槃，因爲本來就已經涅槃了。菩薩說：這叫作本來自性清淨涅槃。菩薩悟後來看二乘涅槃時是如此，看自己所證的本來自性清淨涅槃也是如此，回頭再來仰望諸佛所證的無住處涅槃，還是以這個本來自性清淨涅槃作基礎。

所以涅槃是本來就存在的，但是卻要繼續斷盡煩惱習氣種子一切隨眠；在斷這些隨眠的過程中，不斷的引發超過恆河沙數的上煩惱而修斷，結果最後是不住生死也不住無餘涅槃中，成就佛地的無住處涅槃。但這個涅槃的本質，仍然是那個本識的本來涅槃。菩薩看清楚了，於是爲眾生說：**是斷見惑、思惑、三界愛、習氣種子、上煩惱等煩惱而叫作證涅槃，不是因爲滅掉蘊處界而證涅槃**。所以菩薩不必斷滅蘊處界，可以世世都去獲取一個新的蘊處界，繼續自度度他而邁向佛地。諸佛也因此而觀察某處眾生有緣，就去那邊去取得一個蘊處界去利樂眾生，但祂仍然是無住處涅槃。當你有了這樣的智慧，才能懂得壞**一切煩惱藏**的究竟智。

爲什麼壞**一切煩惱藏**究竟智會被叫作第一義智？你若已經明心了，就能聽懂我今天所講的這些法義。若還沒有明心，就得要想像一下：**我現在還坐在這裡，具足思惑，而我是涅槃的。然而涅槃到底在哪裡**？這就只能想像了！可是不論怎麼想像，終究還是想像不出來，那要怎麼辦？那就趕快求悟——

求明心。明心後就不必想像了，可以現前看見：原來我眞的是本來就涅槃，不需要把自己滅掉；只要把四住地中的第一部分—見一處住地惑—滅掉了，並且明心了——打破無始無明了，便看見涅槃自然就在那裡了。這樣就是把無明住地（無始無明）打破了，見一處住地也同時跟著斷了，那就親見本來自性清淨涅槃了。這時就會懂了：佛在經中說「一切眾生本來涅槃」，原來是這樣。

所以眞正的涅槃是因斷惑（斷無明住地）而證涅槃，不是如同二乘聖人一般滅掉蘊處界去證涅槃的。但這個道理並不是《勝鬘經》中才這樣說的，也不是別的大乘經才說，而是在阿含道的《央掘魔羅經》就已經這麼說了。譬如空，是因爲村落的人物都空了，所以叫作村落空，而不是村落滅掉了叫作空。河流空是因爲河流中的水乾枯了，所以叫作河流空，不是因爲河流滅掉了才叫作空。同樣的道理，空是因爲煩惱空掉了所以叫作證空，不是因爲把蘊處界與如來藏全都滅盡了才叫作空。這樣理解了，以後對於空就應該有更深入的瞭解了。

所以不要一天到晚想像著：原來阿羅漢入無餘涅槃就是要把蘊處界滅

掉，那我乾脆趕快自殺算了。從此以後對色身都不照顧，就無法繼續修斷思惑，無法斷煩惱，那你如何證無餘涅槃？而涅槃本際的如來藏又還沒有證得，結果死了以後到中陰境界時，心想：「不行！只有七天，這見聞覺知就壞掉了！要趕快去投胎。」於是又去受生了，又有生死苦惱了，還是看不見涅槃本際；都因爲死不掉我見、我執煩惱，而且又沒有證得如來藏而打破無始無明所致。所以，二乘聖人的煩惱是蘊處界，他們一心要把蘊處界斷除。他們想要斷除蘊處界，只需要斷盡見惑與思惑就夠了，可是他們沒有辦法滅盡**一切煩惱藏**，所以習氣隨眠及過恆沙數上煩惱都繼續存在，那當然就不是第一義智。

勝鬘夫人說：「初聖諦智不是究竟智。」換句話說，進入佛門中首先應證及所能證的，就是斷我見與我執，藉由四聖諦、八正道來斷我見與我執。但這只是初聖諦智，不是究竟聖諦智。若已獲得聲聞究竟果的智慧，其實也只能用來迴小向大，作爲邁向無上正等正覺的智慧基礎而已，根本就不是無上正等正覺的智慧。所以應成派中觀把解脫道高推爲成佛之道——以解脫智取代佛菩提智，是嚴重錯誤的作法。可是應成派中觀師把解脫道高推爲成佛之道，其實還有一個背景是印順所沒有體會到，或者是印順故意視而不見的原因，就是密宗的月稱、阿底峽、宗喀巴等人故意把解脫道取代了佛菩提道，就可以避開他們所不能證的明心、見性、一切種智等佛菩提智；也可以用外道的雙身法樂空雙運取代報身佛境界，全面取代成佛之道，所以他們才會把解脫道曲解為顯教的成佛之道，再把解脫道所否定的意識覺知心認定為常住不壞心。

假使他們如實把大乘佛菩提道保留著，就會顯示顯教法義已經足夠使人成佛了，密宗道的即身成佛建立，就成為多餘而無意義的了。因此，印順隨著密宗把解脫道用來取代成佛之道，是幫助密宗**意識常住**的主張可以成立；並且把意識建立為常住法，於是密宗以解脫道取代大乘佛菩提道以後，就可以合理的建立說：「**顯教法義也可以使人成佛，但是不究竟，只能成為化身佛；我們密宗的雙身法可以使人成為報身佛，最究竟。**」這目的是要讓大家誤解：**顯教中沒有祕密義，顯教是不究竟的**。

以這樣的說法把眾生引入他們密宗的法裡面，就可以藉顯教的大乘佛教表相作為接引眾生的手段，其實仍然是錯誤的聲聞解脫道法義；等眾生信受了，就逐漸引入密宗道裡面去了！所以他們以錯誤的聲聞解脫道法義，欺騙眾生說那就是顯教的成佛之道。以這種方法作爲手段，來擴充了密宗的勢力。這就是密宗的居心所在，這不是陽謀，而是陰謀。表面上看來他們也在弘揚佛法，但是弘揚佛法的目的，只是利用佛法讓眾生相信他們也是佛教，用佛教作爲手段、方便，引進密宗道的雙身法裡面。可是他們都不說明這樣作的用意所在，所以說是陰謀；讓眾生誤以爲密宗也是佛教的一個支派，則是密宗的陽謀。

但是印順只看到密宗的陽謀而認爲他們這樣作是正確的，所以印順只排斥密宗的雙身法及輪座雜交，認爲是左道密宗而不是眞的密宗，所以印順心中認爲眞正的密宗是應成派中觀見。但是印順這樣作，就會永遠被密宗壓在腳下，密宗喇嘛們就永遠嘲笑他：**你只停留在化身佛的境界，永遠都到不了報身佛的境界。**那麼印順的層次顯然就比密宗更低了。所以在密宗這種陰謀、陽謀交互運作的狀況下，印順最後一定會招致弘揚佛法的困境，第一個困境是：**學人修習印順的法義以後，會開始走向南傳佛法，不信印順的「大乘法」了；因爲印順所講的成佛之道就是南傳佛法的解脫道，那麼印順再怎**

麼宣講般若，那些學人將來都不會再信受了，而這個現象確實已經存在了。第二個困境是：當人家學印順的法一段時間以後，不免會走入密宗，因為印順的法義只是宗喀巴的《菩提道次第廣論》中的前半部而已，還有後半部是印順所不知的；印順既信受了前半部，承認宗喀巴講的菩提道是正確的，當然後半部的密宗道一定也是正確的，所以密宗是比印順的法更高的。

這種現象存在不存在呢？存在！你們去看海濤法師，近年來不是也在搞密宗了嗎？昭慧這幾年來不也是在跟密宗往來了嗎？（編案：這是二〇〇二年時講的）這些都是印順系統的法師，可以說是代表人物。前不久死掉的新竹鳳山寺日常法師不是也在私底下搞密宗的嗎？他成立里仁公司，用信徒當免費員工，經營了很多小商店，跟民間商店競爭，賺了許多錢去供養廣修雙身法的達賴喇嘛。如果要講名氣大一些的，密宗的喇嘛們來台灣要不要去後山拜訪證嚴法師？也要呀！佛光山的星雲法師，那是更早就在搞密宗的，不都是落入密宗的意識境界中嗎？而這些大小山頭都是印順系統的人，這不就是印順必定會遇到的困境嗎？這個困境確實是已經存在而且是繼續存在著的。而新雨、宋澤萊、台南的大願，不都是轉向在搞南傳佛法了嗎？搞南傳佛法的人，可多著呢！原本也都是印順系統的人。所以印順著作這麼多，努力弘揚了幾十年以後，印順在台灣的勢力也就只是這麼一點點而已，如今只能困在學術象牙塔中，關起門來自我安慰。

所有人一旦走進印順的藏密黃教應成派中觀六識論法義以後，不免要走向南傳佛法或密宗去，這是印順無可避免的困境；所以跟著印順學法的人將來一定會繼續有許多人出走——不斷地離開印順派。這樣，顯然可以看得出來，印順以大乘法的表相而用二乘法來取代，再把六識論的應成派中觀邪見，混合了大乘般若的名相而說就是大乘佛法，這樣弘揚的結果就是造成這兩個現象，眞是死路一條，而他竟然沒有預見會有這個後果，我卻是在十來年前就已經預見了，並且也曾告訴某些人了。所以印順的門徒現在就只能苟延殘喘了，因此現在不只是印順個人的悲哀，已經是印順與門徒們共同的悲哀了，所以我說他們眞的沒智慧。

學人如果想要有智慧，一定要依照佛法的眞實義理一步一步去走，千萬不要像印順一樣自創佛法，千萬不要將完整而圓滿的佛法加以演變及分割，因爲將來一定是死路一條。印順自創佛法，一定不符法界實相；當未來有人證得法界實相時，一定會加以辨正，印順以及門徒們一定沒有辦法應付。演變出來的佛法也一定不符法界實相，更不符原始佛法中的初轉法輪教導，當然更無法符合原始佛法第二、三轉法輪的經典，也一定會有證悟的菩薩悟後出來加以辨正。因爲想要救護眾生就一定要辨正法義，那麼印順師徒終究還是末路一條。除了改邪歸正，快速的投入正法以外，印順等人就只好去當老兵——老兵不死，只是漸漸凋零。這是印順師徒唯一的一條路，卻是永遠沒有光明的暗路。我開給他們一條好路、明路：回到了義的八識論正法來。他們若是不走，那就只有漸漸凋零。

【「世尊！聖義者，非一切聲聞緣覺。聲聞、緣覺成就有量功德，聲聞、緣覺成就少分功德，故名之爲聖。聖諦者，非聲聞、緣覺諦，亦非聲聞、緣覺功德。世尊！此諦，如來應等正覺初始覺知，然後爲無明殼藏世間，開現演說，是故名聖諦。」】

講記：這一段是講聖諦的道理，爲什麼叫作聖諦？聖諦有兩種：一種是世俗法的聖諦，另一種是第一義的聖諦。可是勝鬘夫人認爲聲聞、緣覺所證並不是眞正的聖境，所以聲聞緣覺都不是眞正的聖者，因爲都不究竟神聖，眞正神聖的義理是佛菩提智，因此她說：「世尊！聖的道理不是講一切的聲聞、緣覺。聲聞、緣覺只成就有量的功德，聲聞、緣覺由於成就了少分的功德，所以被稱爲聖。可是聖的眞實義不是在講聲聞諦、緣覺諦，也不是聲聞與緣覺所證得的功德。世尊！這個眞實的道理是由如來應供等正覺，在人間第一次覺悟到而了知了，然後才爲我們這些被無明㲉所隱藏的世間眾生來打開、顯現、演說，所以佛菩提才能叫作眞正神聖的眞實道理。」這也就是說，聖義絕對不是聲聞、緣覺所擁有的，因爲他們的功德是有限量的，只斷分段生死的現行而已，煩惱習氣種子是尚未修斷的；而且聲聞緣覺只斷現象界的法，不證法界實相法，所以他們由於有了少分的功德，相對於世間凡夫而說他們是聖人，有了小小的神聖本質。可是聖的眞實諦，是依法界眞實相的智慧，才能稱作聖諦；因爲這是無可推翻，無可質疑而且究竟的，這是諸佛如來應供等正覺示現在人間第一次覺悟而了知的。世間一切被無明㲉所隱藏的眾生都無法自知自證，要經由如來的開現演說才能證得，因此才叫作聖諦。

〈如來藏章〉第七

【「聖諦者說甚深義，微細難知，非思量境界；是智者所知，一切世間所不能信，何以故？此說甚深如來之藏。如來藏者，是如來境界，非一切聲聞、緣覺所知。如來藏處，說聖諦義；如來藏處甚深故，說聖諦亦甚深，微細難知，非思量境界，是智者所知，一切世間所不能信。」】

講記：了義的聖諦果然是一切世間所不能信，這不是我們現在才遭遇的處境，而是 佛陀在弘揚大乘法時就已經遭遇的處境，但是卻不能不弘揚。所以要從如來藏來看世間出世間一切法，才會是正確的佛法所知所見；如果不從如來藏來看待世間出世間一切法，就都會是偏頗的，乃至是邪謬的，因此特地要講這一章。勝鬘夫人說：「聖諦的道理，所說的甚深的法義，是非常微細而難以了知的，這不是用意識思惟、打量、研究、推理所能知道的智慧境界。這如來藏聖義的眞實道理，是有智慧的學佛人所知道的——學阿羅漢的人是無法知道的；這是一切世間有情都無法相信的，爲何這麼說呢？因爲聖諦所說的一切法義，其實都是在說非常深奧的如來成佛之性的蘊藏。如來藏的究竟境界，是如來的境界，不是一切聲聞、緣覺所能知道的。」

這半段經文中說，聖諦所說的所有法義，都是非常深奧的義理，是非常的微細而很難以了知的。這是眞實語，絕對沒有一絲一毫的誑語；我們可以從古時的大師們看到這個事實，也可以從觀察現代大師們的證境狀況，就可以證實兩千多年前勝鬘夫人這個說法確實是正確無誤的。

古時部派佛教全都屬於聲聞教，大乘佛教從來就不在部派佛教中，大乘教一直都是獨立於聲聞部派佛教以外在弘揚的，後代研究佛教的學者們不知道這一點，錯將大乘佛教列入聲聞部派中，是違背大乘佛教史實的；因此大乘佛教在部派佛教年代的弘揚，不會被聲聞法的部派佛教各派加以記錄，當然沒有什麼記錄可以考證。除非有留下菩薩所造的論典，否則就找不到大乘菩薩的弘法記錄；乃至佛滅後二年內就完成的大乘經典結集事相，因爲無關佛法勝妙法義，而沒有被只重視法義及實證的菩薩們所記載，所以後代也找不到這些記錄。

也許有人想：「大乘經典的結集，根據印順書中的說法，是分裂爲部派佛教以後的事情，是佛陀入滅幾百年以後，乃至將近千年才全部結集完成的。」因爲印順說大乘經典的結集是長期的集體創造之後才編輯完成的。可是問題來了，印順自己在《妙雲集》中有許多處說：第一次的五百結集完成當天，菩薩們曾當場提出抗議，認爲阿羅漢們結集的大乘經典是不正確的，要求改正；可是沒有被結集四阿含的聲聞羅漢及有學聖人們接受，所以菩薩們當場就嗆聲說：「吾等亦欲結集。」這句話在他的《妙雲集》裡面，不是只有出現一次。

現在問題是：菩薩們的悲心、護法心以及承擔如來家業之大心，會不會不如聲聞人？有沒有人認爲菩薩的心量不如聲聞人？沒有人認同，因爲大家都搖頭。佛陀曾經要求那些大聲聞們留在人間住持正法，結果沒有一位答應，菩薩們說：「有這麼多的大聲聞，如果他們全都不答應，我再來承擔。」心態很客氣，但終究是願意承擔的，只是不想搶鋒頭罷了。當佛一一問過以後，沒有一位大聲聞願意留下來繼續在人間住持正法，都是捨報就要入涅槃的。菩薩看到這種情形時就說：「好，由我來承擔。」乃至末法最後五十二年時，菩薩也願意承擔。這樣悲心深重，對如來家業責任感很深重的菩薩們，在五百結集最後一天公開宣稱「我們也要結集」之後，難道會沒有下文嗎？當然不可能嘛！

然而印順卻說：**四阿含不是全部在第一次結集時完成的，有些是在第二次**；甚至於暗示說：**有些是在第三次結集時才完成的**。但那是胡人說的話，因爲百年後的第二次結集是七百結集，在結集的文字記錄中有特別說明只結集律藏。而且那個律藏也只限定在十法事上面，叫作**十事非法**，根本就沒有結集法藏，當然不可能結集阿含經典，所以印順是故意違背歷史事實而扭曲妄說的。至於第三次結集，那就更甭談了。而第二次的七百結集時，也已經沒有幾位阿羅漢了，那時迴心大乘的大迦葉、阿難、迦旃延、富樓那……等人，以及不迴心的大迦葉……等人，都已經不在人間了。那你想，菩薩們公開宣稱：「**我們也要結集，因爲你們結集的大乘經典，我們很不滿意。**」難道這樣公開放話以後，就沒消息了嗎？絕對不可能，一定很快就會去作，才會有傳說中隨即展開的七葉窟外千人大結集。

由此可見大乘經典的結集是在聲聞人的第二次七百結集之前就已經完成的。因爲四阿含諸經中明載說，四阿含是在第一次結集時就完成了；包括經藏、律藏、雜藏，都是第一次結集時就已完成的。最古、最有公信力的漢傳四阿含諸經中，也有明白記載是第一次結集時就「具足三藏」了，而且明白的說是「四阿含具足」；並且細說每一阿含各六十疋素——就是各需六十疋素絹才能寫完。那不是很清楚了嗎？但印順卻故意拿後來一百年後、三百年後的聲聞人寫的記錄來推翻最早、最原始、最有公信力的北傳四阿含經典中的記錄，那麼印順的所謂文獻考證可信嗎？所以四阿含結集完成後，裡面其實有許多大乘經典是阿羅漢親從 佛聞，但是聽聞時由於不懂大乘般若實相妙法，只能記得與解脫道有關的部分，所以結集起來就變成解脫道的經典，都沒有解說大乘法義。

諸位想想看，三明六通的大阿羅漢，佛陀在世時有很多位，可是他們都無法了知 佛所講的大乘經典，所以都被他們結集成解脫道的經典，可見連三明六通的大阿羅漢都不懂聖諦所說的如來藏甚深義。由此再想想看：聲聞法中或佛法中的凡夫們有可能了知嗎？當然更不可能。既然連聲聞法中三明六通的大阿羅漢都無法了知了，當然是微細難知的。從佛世聲聞阿羅漢尚且不能了知的事實，再往後觀察好多的表相大師們，當然都更不了知，所以佛護、清辨、月稱、安慧、般若趜多、阿底峽、寂天、宗喀巴，當然更是無法了知。連聲聞阿羅漢們都不能了知，而寂天、月稱、安慧乃至西藏的阿底峽、宗喀巴，都是未斷我見的凡夫，都不可能有阿羅漢的智慧，他們當然更不可能了知。由此就證明這個大乘聖諦確實是微細難知的。

要是有人不信，可以從他們留下來的文獻紀錄——譬如他們寫作的《密續》中——都可以看得出來，他們所說的法義都是錯誤的，可是竟然都被收入《大藏經》裡面；梵文的也有，藏文的也有。佛護、清辨等等造論的古人們，難道不是大師嗎？都是呀！可是顯然都不懂佛菩提聖智呀！等而下之，後代的宗喀巴就更別提了，他只是一個沒有主見的文抄公。再來看看現代好了，二十年來擁有佛學導師嚮亮稱謂的印順，台灣的星雲、證嚴、昭慧都將他認作法依止，聖嚴法師也認同他；然而印順一生研究佛法，並且號稱是〈以佛法研究佛法〉；可是當印順寫出〈以佛法研究佛法〉大作時，竟然沒有想到他的問題出在哪裡。

如果你是眞正懂得佛法——實證佛法了，才能夠說是已經能用佛法來研究佛法的人。但問題是三乘菩提中不論是哪一乘，印順都誤會、都不懂，所以印順所謂的**以佛法研究佛法**，本質只是以意識錯誤思惟而想像出來的假佛法。而印順窮極一生研究了七十幾年，所得到的結果是什麼？只是一切法空、一切法**緣起**性空。但問題是一切法的緣起性空，是依什麼而說**緣起**性空？是依蘊處界等現象界的一切生滅法。可是蘊處界等一切法從哪裡來的？且不談大乘經典的明文記載，只從二乘法來講，佛陀在初轉法輪的四阿含中曾說：「**名色由識生。**」又問阿難說：「**如果識不入胎，能有名色否？**」阿難答覆說：「**不能！**」而意識只是名色的**名**所含攝的有生法，只是識陰六識中的一個識，屬於**名色**的**名**所攝，而**名**是由另一個**識**出生的。因爲有**名**與**色**，才能輾轉而有一切法；也因爲先有了**名**與**色**，才能有一切法的**緣起**性空，但**名**與**色**卻從另一個本來就在的**識**中出生的；了知及實證了名色本源的這個**識**——如來藏，才能說是懂得**緣起性空**的人。

印順也知道部派佛教的聲聞人，因爲「去佛不久」——離佛陀入滅還不很久，他們知道解脫道的修證一定要依**本識**的常存不滅作爲前提才能親證；否則，當他們想要斷除我執時，一定心有恐怖。這道理，我們在《阿含正義》中都已根據阿含聖教而舉例說明出來，諸位未來讀了就會知道（編案：已經出版）。

因此部派佛教雖然都是聲聞法，卻有同樣的觀念：有的部派說有一個本識常住不滅，依此正見來修解脫道；有的部派說有一個有分識常住不滅，這樣來修解脫道；有的部派說有愛阿賴耶、樂阿賴耶、欣阿賴耶、喜阿賴耶，這樣來修解脫道。雖然他們都因爲不曾親證本識，所以導致對本識的法義眾說紛紜，卻都同意阿羅漢滅盡十八界而入涅槃以後，還有一個常住的本識存在無餘涅槃中。由此可見去佛不久的聲聞部派佛教時期解脫道，還是沒有偏離正法的，只是對本識有許多想像而作的諍議罷了！但這卻是印順等人，以及一分日本佛學研究者所不知道的。

所以，那時仍然還是可能有阿羅漢的，因爲他們不但不會因外而有恐怖，乃至不會因內而有恐怖。可是不能眞實了知解脫道的人，不能相信內法的本識常住不滅，所以恐怕滅盡了蘊處界一切法以後會成爲斷滅空，就導致我見、我執都斷不了，證果就成爲不可能了。這道理，就是阿含中所講的：如何是比丘因內而有恐怖，因爲有的比丘知道五陰的我不能常存，可是內法本識我仍不能知、不能證，無法確定實有本識常住，所以恐怕墮於斷滅，不敢斷我執，這就是比丘因內而有恐怖。由阿含中的這個聖教來看，佛說的這一部經到底是大乘經或是小乘經？這很顯然是大乘經，才會談到這個本識。所以本識的說法，不是印順所講的部派佛教開始才提出來的。然而現前最原始、最有公信力的四阿含經典中，明文記載而寫著確實有本識常住的聖教，印順卻從來不採信，偏用推論的說法假冒爲文獻考證；事實上根本就不是考證，而是胡謅。

考證是要有明確文獻作爲根據的，並且應該是最早期、具有公信力、最具有證據能力的文獻。最早期、最有公信力，並且是絕對具有證據能力的文獻是什麼呢？是原始佛法初轉法輪聲聞解脫道爲主要觀點的四阿含經典。可是印順不懂佛法而用意識想像，並且先入爲主的堅持六識論邪見，又在文獻上故意取材錯誤，這樣「考證」研究了一生，浪費了七十幾年生命，最後知道了大乘菩提嗎？完全不懂。所以說，大乘菩提眞的太深奧了！且不說大乘菩提，我只問：印順能懂得二乘菩提嗎？還是不懂的。都因爲印順於內有恐怖，所以就不得不再從因緣所生的意識心中另外建立一個不可知、不可證的、想像的意識細心常住說。

他從來不認爲那個意識細心是可知可證的，從來沒有講過說：「這意識細心是可知也可證的，所以是眞實法。」沒有！他暗示你的是說：意識細心是不可知、不可證的，但祂是眞實法，是一切法的根源。但是問題緊跟著就來了：佛陀說的本識是可知可證的，而印順把這個可知可證的本識否定了，另外去建立一個不可知也不可證的想像中的意識細心常住法，用來取代可知也可證的如來藏妙心常住法，那不是愚癡人嗎？這就像台灣俗諺講的：「傻到連癢了都不知道要去抓癢。」

所以，本識如來藏絕對不是思量所知的境界，假使是思量所知的境界，世界各地有很多佛學研究者在研究佛經，而台灣佛教寺院也派出許多法師去日本大正大學研讀，或者去美國柏克萊大學的宗教系研讀佛學；他們那麼多人讀回來了，拿到佛學博士學位了，可是請問他們：「您證得如來藏了嗎？」都沒有。且不說他們，只請問：「教導你們研讀佛學的教授有沒有證得如來藏？他們是佛學權威呀！所以你們才要去留學去跟他學呀！」事實上是沒有一個人曾經證得如來藏，所以他們都沒有實相般若。那些大山頭的大法師們眞是沒有智慧，讓座下法師們離開他們最敬佩的師父去大正大學、柏克萊大學跟那些佛學教授學習佛法；但那些佛學教授有沒有人曾證到如來藏？眞的懂佛法嗎？答案是全部都沒有證得，也不是眞的懂佛法。甚至於有將近一半的佛學教授是否定如來藏的，因爲佛學學術界一向有兩派，歐美學派一般是認定有如來藏，日本學派則是大多認定沒有如來藏，然後兩派就寫文章互相辨正。就像古時《起信論》在日本，有一派主張它是眞論，另一派主張它是僞論，雙方諍來諍去，諍了好幾百年，寫出了許多辨正的文章；近代日本的佛學學術界，則是否定如來藏的人佔上風，因爲松本史朗等人把六識論的氣勢搞起來了。

所以，大乘聖諦所說的甚深義是依如來藏而說的，可是這個如來藏眞實法，不是意識思量所能了知的境界，這是只有有智慧的人才能知道的。也許有人想：「阿羅漢能出三界了，難道他沒有智慧嗎？」但阿羅漢們眞的沒有智慧，因爲他們所謂的智慧是依二乘法的解脫道而說是有智慧，是針對世俗法蘊處界而說他們有智慧。可是如果從佛菩提道的智慧來說，佛是把他們跟凡夫相提並論的，所以說「大乘聖諦非凡、愚所知」、「我於凡、愚不開演」。凡，就是指凡夫；愚，表示他們不是凡夫，已經是二乘法中所說的聖人，可是他們沒有實相般若智慧，所以叫作愚。愚，就是指阿羅漢與辟支佛們，世尊是用凡、愚兩個字函蓋阿羅漢、辟支佛及凡夫們。

所以這個本識——住胎識——只有智者所知，但智者是誰呢？就是你們已經證得如來藏的人，就是智者。你知道如來藏的所在，你也可以現前觀察今世的名色從哪裡來——都從你那個本識如來藏中生出來。如果你那個本識不在了，名色當下就要開始壞掉了。證得如來藏以後可以現前觀察，那你就是智者，因爲這個本識是智者之所知。所以你證得如來藏以後，千萬不要說：「沒有啦！我沒什麼智慧。」那你已經是妄語了，因爲你已經現前觀察自己的名色確實是從如來藏中生出來的，有了**緣起性空**的智慧了！而勝鬘夫人也說這是**智者所知**，如今你也有實相般若智慧了，怎麼可以說你沒有智慧呢？所以說這是只有利智菩薩才能了知的。如果是遲鈍的菩薩，就不可能了知。

可是利智菩薩永遠都是少數人，遲鈍的菩薩永遠都是大多數人。利智菩薩與遲鈍的菩薩如果要相比的話，可以用 佛在阿含中的譬喻來說；佛陀有一天撮取一撮沙，往另一隻手的大拇指上面撒下來，然後把那隻大姆指給大家看：「我所已說法，猶如爪上土；我所未說法，猶如大地土。」同樣的這個譬喻，利智菩薩在人間猶如爪上土，遲鈍的凡夫菩薩在人間猶如大地土。

所以你們要瞭解，證悟如來藏是多麼的不容易；到今天，全世界總計不超過四百人；即使是在同修會外讀了我的書，也眞的悟入了，那也應該算是我的弟子，全部加起來絕對不會超過四百人——到今天爲止仍不滿四百。何況外面那些人還沒有經過勘驗，還不知道所悟是眞是假呢！所以說這個法不是用意識思量及想像所能得到的智慧境界，只有利智菩薩所知。

可是利智菩薩在人間是極爲稀有的，都是正覺道場所要照顧的稀有動物，因爲實在太稀有了。由於極爲稀有的緣故，也不許普遍爲全世界的佛教徒證明的緣故，所以說是一切世間所不能信。「一切世間」四字並不包括解脫果的親證者，因爲假使已經親證初果了，他讀了我們的書，一定不敢誹謗說：「**本識是虛妄的，如來藏是假名施設的。**」絕對不敢這樣講，因爲他若不相信有本識實存、常住，就不可能確實斷除我見而證聲聞果（編案：詳見《阿含正義》書中舉示的聖教與理證）。如果有人在外面公開說法或者寫書說：「**這如來藏本識只是假名施設，祂不是眞實有，故不可能實證。**」那你就可以判定這個人：**我見還沒有斷，絕對不是證得初果的人**。不管他自稱是阿羅漢或者阿那含，他其實是連初果都還沒有實證的凡夫。

真正證得解脫果的人，他讀了我們的書以後，會知道與他所證的解脫果完全沒有衝突；但我們的解脫證境太深了，他還是會有許多地方讀不懂，所以他絕對不敢毀謗。因此「**一切世間所不能信**」，指的是凡夫——凡夫們無法相信這個不可思議法。當 佛陀說：**阿羅漢比丘斷除我執以後是寂滅、清涼、眞實、不知不見，如是知見**。所以阿羅漢們是知道無餘涅槃中有本識不知六塵也不見六塵的，是離見聞覺知的，所以才說涅槃寂靜。阿羅漢們從蘊處界滅除後的現觀，又依照 佛所說的親證涅槃比丘「**不知不見，如是知見**」，就能了知菩薩在論中所講的如來藏離見聞覺知、清涼、寂滅，就知道這個如來藏妙義確實是眞實法，絕對不會加以否定的。

如果有人宣稱證得阿羅漢或證得初果、三果等等，但他卻是否定如來藏本識的，你就知道這個人一定是大妄語人，對他不必再有所懷疑；因爲你的疑見已經斷了——誰是有斷我見而誰是未斷我見——你都不該再猶豫不定。如果再有懷疑而無法正確判斷，顯然你的斷疑見是還有問題的，因爲你的見地尚未生起，所以仍不是眞正的初果人；縱使已知道明心的密意，一定是打聽來的，所以般若智慧尚未發起。凡是自己經歷參究過程而悟入的人，見地一定會生起而有能力斷除三縛結，疑見當然是已經不在了。因此說，這個本識如來藏妙義，是只有證得出世間果的人以及利智菩薩們才能夠信受。世間人不論是佛門中或佛門外，他們都無法相信，所以當 佛陀進入第二轉法輪時期，開示說一切眾生本來涅槃、一切眾生本來清淨，阿羅漢們都相信，只有未證果的**未悟言悟**者才會不相信。

爲什麼說這個甚深義的聖諦，它的微妙深細法義，這麼微細難知？爲什麼是一切世間所不能信呢？因爲這個聖諦所說的甚深義，不論是二乘菩提或是大乘菩提，其實都是依甚深如來藏而說的，可是眾生不懂。佛在原始佛法的初轉法輪所攝的四阿含諸經中，常常提出來說**名色由識生**，也講過幾十次的**五陰非我、不異我、不相在**，這已經很清楚說明了五陰不是**眞實我**，但是也不能夠說它跟**眞實我**有所不同；並不是在原始佛法的第二、三轉法輪中才說有第八識如來藏。這表示有兩個我了：**一個是無常生滅故無我性的蘊處界，另外有一個眞實我，就是名色由識生的識**。可是又怕有人把五陰跟這個本識合在一起，或者把五陰中的某一個法建立爲那個名色由識生的識，所以佛陀又附帶了三個字——不相在。這顯示原始佛法總共三轉法輪的經典中，都已經明說有一個如來藏常住不滅了。

佛陀在阿含期中說這個如來之藏在無餘涅槃中，是對諸法不知也不見的，這與二、三轉法輪所說的實相心離見聞覺知是完全相同的說法。可是聲聞、緣覺知道有這個本識，而未能親證，所以不能如實了知，智慧就不如菩薩了。因此，勝鬘夫人說：「如來藏這個實相心體，是如來的境界。」想要親證這個法，一定要走入**如來乘**中修學**佛菩提道**才能實證，因爲這是**如來乘**的法。如果是跟隨聲聞乘、緣覺乘的師父去修聲聞法、因緣法，如果他們眞的是阿羅漢或辟支佛，他們都會告訴你這個本識是確實存在，因爲是依據 佛陀聖教有這麼開示過，而緣覺是自己推斷出來的，卻一樣無法實證。

你若跟隨聲聞緣覺學解脫道，前提是要相信有這個本識常住不壞，才可能遠離恐怖而眞實斷我見、斷我執。可是你如果向你的師父要求：「師父！請你幫我親證這個本識。」他們會告訴你：「我沒辦法，因爲我的法是聲聞法、緣覺法，不是如來乘的法；你如果想要求證這個，請你到某某大師那裡去，他有在傳這個法。」如果當代沒有親證的大師，阿羅漢、辟支佛就告訴你：「你現在學不到這個法，你只能有緣證得解脫果，因爲當代沒有大師在傳這個法。」也許你抗議說：「**那某某山、某某大師，不是在傳如來藏妙法嗎？**」他會如實告訴你：「**他們沒有親證，那是騙你的。**」雖然他沒有親證，但他有能力判斷大師們講出來的法，跟他的解脫道、緣覺道有沒有衝突。如果是親證如來藏的人，他講出來的法會比二乘道更勝妙，但是沒有絲毫衝突。所以如來藏的親證，以及悟後進修的種種法，都是**如來乘**所修證的境界相，這不是一切的聲聞與緣覺乘人所能知道的。

勝鬘夫人又說：「**如來藏處，說聖諦義。**」這是說：「**依如來藏的所在，才能夠宣說聖諦的眞實道理。**」爲什麼這樣說呢？因爲如果沒有依附於如來藏的所在，就沒有聖諦眞實法。假使有大法師不相信，堅稱不需要有如來藏就可以有二乘聖諦，你們可以向那些大師們說：「**請問，二乘聖人入無餘涅槃出離三界生死，是不是要滅盡蘊處界？**」這前提先要定下來，這個前提不定下來，接下去就沒有交集了，因爲將會變成各說各話。而他們都無法反對這個大前提，因爲四阿含聖教處處都是如此說的；從理證上來說，或從三法印來說，也必然是如此的。這個前提如果定下來，他的脖子就被你扣住了。但他們也都不能否定聖教而反對你這個大前提，他們如果說：「**不是這樣，**

意識心還是在無餘涅槃中存在的。」那你就說：「你違反聖教，因爲原始佛法四阿含裡面講得很清楚，佛與諸大阿羅漢也都如此說，入無餘涅槃時是滅盡蘊處界的，所有名色全都滅盡了。」他們只好同意你把他們的脖子套住。因爲他們都不能不同意，除非不是佛教徒而極力狡辯。

既然他們是佛教徒，特別是弘法的大法師，那更必須要讓你套上這個圈套，否則你就說：「那你不是佛教中的法師，你是披著僧衣在騙人的外道。」是可忍，孰不可忍？他們當然要承認自己是佛教中的法師。「既然如此，聖教如此列出來，那你信不信？」「好！我信。」信了，脖子就被你套住了。接著你就講：「請問，假使你斷盡了我執，你入無餘涅槃時把蘊處界都滅盡，是不是斷滅？」這就叫他口掛壁上！如果他要強詞奪理：「印順導師講：還有意識細心不滅。」「請問你：意識細心算不算是意識？」「算！」他們當然不能夠說不算——既然講是意識的細心，當然是意識。「佛陀在阿含說：『諸所有粗細意識，彼一切皆意法因緣生。』請問，你這個意識細心，是不是一切粗細意識所含攝？」他們如果反應快，就不敢回答了；如果反應慢，就會說：「是呀！」好，第二個繩索又套上了。他們若是不答，你就問他們：「那你是承認涅槃爲斷滅空？或是仍有意識存在？」他們只好默然認錯。

若還不認錯，就繼續再問：「既然是意識，佛說一切粗細意識都是意法因緣生，請問意識是不是有生之法？」「是。」「有生之法會不會有滅？」「會。」「那你這樣的無餘涅槃正是斷滅空。」那他們該怎麼答呢？還是死路一條。不論大法師們往哪一邊走，都是死路。你開出來兩條路，每一條都是死路而沒有活路；當他們答覆你的詢問以後，永遠都會不斷的有兩條路出現，這兩條路下來都再有兩條路，所選的任何一條路都仍然是死路。如果回頭再選另一條，另一條還是死路。所以，二乘法仍然必須要依這個本識如來藏作大前提，以能生名色的本識常住不滅作爲大前提，才能夠說有二乘菩提的緣起性空，才能確實斷盡我見與我執，取證無餘涅槃而不會成爲斷滅空。因此，不但大乘法要依如來藏的所在來說聖諦，連二乘法也都要依如來藏的所在來說聖諦。

我們講了也寫了多少年了，那些大法師們還在繼續抗拒第八識正法。因爲不斷的抗拒，所以他們的我見就永遠斷不了。我們是不斷地在幫助他們證得初果，但他們卻是不斷地把初果往外推開。他們都是因爲於內有恐怖：「有一個本識恆存不滅，而我不能證得，我若入滅時滅盡自己以後會不會變成斷滅空？」他們不知道本識如來藏是恆存的，以爲本識是不存在的，只是應成派中觀師所講的假名施設名相，就恐懼墜入斷滅空中而不肯斷除我見了。但不管他們有沒有證得本識，祂始終存在著；那些大師們恐怕不能證得，懼怕蘊處界全都滅盡之後會成爲斷滅空，因此說他們**於內有恐怖**，於內有恐怖就無法斷我見。

這就好像說，我們把一個蘋果硬塞到他口袋裡，他還拿出來丟掉，然後一直說：「**蘋果在哪裡？蘋果在哪裡？**」就像這樣的愚癡。但是這種愚癡人如今已是漫山遍野，你從山頭看下去，山下黑漫漫底、都是這種愚癡人。你看他們每一個大師都剃了光頭，其實都是烏鴉鴉的三千煩惱絲俱在，一根也沒少，所以玄沙師備禪師才會罵：「**看著盡黑漫漫地。**」(註) 眞是野狐遍野！他們嘴裏一直說：「**我要證果，我要證果。**」每天佛前上香：「**觀世音菩薩！拜託啦！請您找一個善知識給我。**」好啦！善知識被安排上門了，他們那些大師們卻說：「**這個人不是善知識，他頭上還留頭髮呢！**」可是他都沒有看到觀世音菩薩頭上也有頭髮。你一心想要把初果送給他們，他們也一心想要證初果，可是當你把初果送去給他們，他們卻說：「這不是初果！」世間愚人就是這樣！他們都不知道四阿含中　佛早就講過：「**若沒有這個本識，比丘們求證解脫道時，心中一定有恐怖。**」（編案：詳見《阿含正義》中舉證的經文）由此可以見得，對這個本識的錯誤認知，會影響他們能不能斷結。所以他們都不瞭解：二乘的聖諦也同樣要依**如來藏處**來說的，同樣要依**如來藏處**來證的。（註：《景德傳燈錄》卷18：「夫出家人識心達本故號沙門，汝今既已剃髮披衣為沙門相，即合有自利利他分；如今看著盡黑漫漫地，如黑汁相似，自救尚不得，爭解為得他人？」）

大乘法當然就更依**如來藏處**來說，因為大乘法所證的般若，是從如來藏心體的不來不去、不生不滅、不垢不淨、不常不斷等無量的「不」來說般若的；可是種種的「不」所顯現的中道義，都能通達了，也只不過是初地的入地心而已。接下來要如何成佛呢？當他通達了般若以後，會發覺：**原來我還不是佛，佛所有的功德，我還有很多仍不能證得。**於是就開始探究：**通達般若以後，要如何進修成佛之道？**從般若諸經中深入探究的結果，原來是要修十度波羅蜜。這十度波羅蜜修成而滿足了，才能成佛。可是這個十度要修多久？要修兩大阿僧祇劫。而十度波羅蜜多的內容是修什麼？是如來藏心體中所蘊藏的一切種子。當這一些修證圓滿而獲得一切種智，那就是成佛了。

三賢位的圓滿是依如來藏心體的無量「不」的中道而觀行成功的，八「不」中道只是代表性的舉例而已。而接下去兩大阿僧祇劫要修的成佛之道，就不只是如來藏心體自身的中道性了，而是如來藏心體中所蘊藏的一切種子的智慧；所以，大乘菩提中已入地的所有聖位菩薩們修**如來乘**，當然更是依**如來藏處**而修的，若是離開**如來藏的所在**而說有佛菩提可修，都是癡心妄想。所以大乘菩提聖諦的眞實道理，仍然是依**如來藏處**來說的，因此勝鬘夫人說：

「如來藏處，說聖諦義。」

「如來藏處甚深故，說聖諦亦甚深，微細難知，非思量境界，是智者所知，一切世間所不能信。」而如來藏的處所——如來藏的所在，祂所蘊含的一切法甚深極甚深的緣故，因此由如來藏的親證而發起的智慧，所說聖諦的眞實道理，當然也是甚深極甚深的，是很微細、很難了知的，不是意識思量所知的境界。

正覺同修會外的人們總是半信半疑，但是有更多的人是絕對不信的。半信半疑就表示他們心中有一半是接受了如來藏正法，可是因爲無法實證如來藏，也因爲被大師們的誹謗言論所影響，所以剩下的一半仍是懷疑的，但至少他已經不會誹謗如來藏妙法了。更多的人卻是仍然不信，所以還是繼續上網寫一些文章匿名誹謗（編案：這是 2006 年的事）。匿名誹謗的人，將來可不可能成爲菩薩？答案是**絕對不可能**；如果敢具名毀謗，表示他的心地還算直爽，這個人將來才有可能成爲菩薩，因爲他有擔當，將來會懺悔滅罪。凡是匿名的人，很可能都是當面向你說「**我相信如來藏**」，背後卻反過來匿名罵你。

但問題是，如來藏這個法，光是總相就已經很難弄清楚了。如來藏的總相智慧，具體的表現就是禪宗的祖師。禪宗的祖師們只要學人是來求法的，不是來禮拜供養的，總是在學人一進門時就大喝：「**出去！**」第二天進門，「**如何是佛法大意？**」「**出去！**」第三天還是喝出去！等到這個學人第四天進來說：「**和尚！我是來跟您求法的，不是來跟您找碴的。**」和尚一聽，還是大喝：「**出去！**」你既然是來求法，當然就是要被喝出去！第五天他發覺不對，上來稟告說：「**和尚！我不求法，我當您的徒弟好了。**」「**好！柴房去！**」叫他做工作。好了，每天都要做工作，但在上工前總要先來方丈室請問：「**和尚！今天要做什麼？**」「**田裡該鋤草了！**」「**和尚！今天又要做什麼？**」「**要**

去擇菜！」每天上來，都告訴你一些很世俗的事，都沒有別的交代，也沒法義的開示。事實上，禪宗從來就是這樣嘛！

等到後來整整服侍兩年了，終於忍不住想：「我每天爲和尚做事，和尚都不開示佛法，那我來這裡幹嘛？」所以他就問：「弟子來到和尚座下已經過兩個夏天了，不蒙和尚開示佛法大意。」和尚就大罵：「你每天上來，我不都跟你開示佛法嗎？怎麼說沒有！」那就奇怪了！每天上來，您叫我去擇菜，叫我去鋤草，叫我去劈柴，您也沒有講什麼佛法。可是和尚說：「我已經告訴你了！」他回答說：「我明明就沒有聽到和尚開示佛法！」於是和尚拿起棒子來就打！他挨了棒子，就質問和尚：「難道您這樣打人，就是慈悲法施嗎？」棒子又打了下來，眞的很痛！因爲第一棒已經很痛了，現在又打第二棒，所以就大聲呼叫：「救命呀！」和尚就把他的嘴摀住，這下他可眞的悟了！這聽起來確實好像是沒頭沒腦的公案，所以印順、昭慧他們都說：「禪宗這些公案都叫作無頭公案。」印順更這樣說：「中國禪宗的野狐禪。」可是我告訴你：等你悟了，每一個眞悟祖師的公案可都是有頭有尾的，都是全身具足的。但是，阿羅漢們把公案怎麼研讀，也都是研讀不懂的，何況是印順那些凡夫們呢！

但是這麼難懂的禪宗開悟的公案，全都是依如來藏處所修證的，也終究只是總相智而已，還牽涉不到三賢位中的別相智，更牽涉不到入地後的道種智——分證一切種智，那你說這**如來藏處**是不是甚深？光是總相智就弄不懂了，當然更不懂種智了！想要憑藉意識的思惟來理解，其實是很困難的。所以外面很多自稱懂得佛法的人，其實是連禪宗這個般若總相智都不懂，那你們說說看：**這個如來藏處是不是甚深義**？如果要談到祂的別相智，那又更深很多了！所以禪宗才會有破初參的明心，重關的眼見佛性，還有牢關的出三界生死，這並不是沒有原因的，因爲這牽涉到別相智的問題——全都是依如來藏心體所作的觀行成果。如果再依這個**如來藏處**來宣說祂所含藏的一切種子的智慧，你說這個法到底深不深？

外面常常有人亂罵一通：「**蕭平實不過多讀了一些經典，因爲讀太多了，所以你沒辦法跟他討論。**」但問題是，其實我讀的經典很少，我大部分的法義都是從心中流露出來而直接寫下來的。如果要一一尋經覓論來寫的話，請問：寫書能這麼快嗎？不可能啊！像我這樣寫書比別人讀我的書還快，世間還是少見的。（大眾鼓掌⋯⋯）你們都已經明心了，讀我的書比我寫書的速度還慢。如果是還沒有明心的人，他怎麼可能讀起來比我寫的更快？而且我不是一天到晚沒事幹而專門寫書，我弘法時還有很多同修會的事務要與大家一起處理，所以我剩下的時間不很多；我現在每天能寫書的時間，大概不超過六個鐘頭，但還是寫得很快。

八月開始，《阿含正義》每兩個月出一輯，《優婆塞戒經講記》仍然維持原來每三個月出一輯，這樣一年總共要出十本書。你說，這難道可以單憑研究經論的功德就能夠這樣飛快的寫出來嗎？所以，假使經論讀多了就能寫這麼好、這麼快的話，讓印順再活過來寫寫看吧！假使連他都不行，等而下之，亦可知矣！當你證得如來藏，通達了總相、別相，你如果還有道種智，那你就可以不停止的一直寫下去。寫到什麼時候才會下座？寫到臀部感覺痛起來了，坐不住了，才不得不下來走一走，否則你還是會一直寫下去；有很多法義一直冒出來，你根本控制不了，你也是來不及寫的；而且是要不斷的捨棄太深細的法義，才能在原來的題目範圍繼續寫下去，否則每一個題目都是寫不完的。若是要靠讀經閱論來寫書，一年能寫出兩本有分量的佛法書籍來，可就阿彌陀佛了！並且印出來以後還保不定什麼時候會被人家提出來辨正，也沒有能力回答。但是你如果法是正確的，是親證的法義，即使你經論讀得少而寫得飛快，外面也沒有人能對你加以辨正的。你說，這個如泉湧出的智慧從哪裡來？都從你親證如來藏的現觀而來，不能靠腦袋記憶，特別是我被中醫師把脈時一直都這樣被嫌：「你的記憶怎麼這麼差！」這樣的人，怎麼可能靠記憶！

所以，如來藏是甚深法，你若能夠證得這個甚深法，所說出來的法義就極甚深；而你說出來的聖諦道理，當然也是**一向很深**的，這種法義很微細、很難了知，它不是凡夫們用意識心靠著學術研究與想像所能了知，也不是阿羅漢們依解脫智來思量所能了知的，這是只有親證的利智菩薩才能夠了知的。可是利智的菩薩們親證這個如來藏義，都不是靠自己這一世，而是靠往昔一世又一世不斷供養承事諸佛來熏習如來藏義，直到今天才能證得。而這種智慧，勝鬘夫人說：「一切世間所不能信。」

所以你們剛悟的時候，可能會像我十幾年前剛悟的時候一樣的想法：「這個法這麼好，送給眾生，眾生一定會像群蜂逐蜜一樣，簇擁而來。」我當初是這麼想，因爲我忘了前世度眾是多麼的困難，我當時想，應該是這樣吧！所以，那時把《禪門摩尼寶聚》（已改版爲《宗門正眼》）寫出來，我想：「這是將**摩尼寶聚集起來的好東西，這一印出來，應該立刻洛陽紙貴。**」結果沒想到五千五百冊，賣了五年還賣不完。那時一次就印五千冊，但是因爲封面，印刷廠印得有瑕疵，我們要向他扣錢，他們說：「**那我們多印五百冊作補償好了。**」就這樣印了五千五百冊，五年還賣不完；後來還改版，剩下大約超過一半，前幾年因爲改寫而環保回收爲廢紙了。原以爲眾生聽到了這麼妙的法，佛教徒讀後一定會一擁而上，講堂絕對爆滿，結果沒想到還是小貓三兩隻，沒幾個人信受。

這樣辛苦地弘法十幾年來，也只不過釣到你們這些人，算算差不多只有兩千個學員（編案：此是2006年7月所講），加上全部信徒，可能只有近萬人吧！我想是不會更多的。當然，這幾年有一些人信受了，可是還沒有因緣來學習，所以有一些會外的人們會捐錢來護持，他們讀過以後心中很歡喜，可是沒因緣來學。但是從台灣號稱一千萬或者五、六百萬的佛教徒來說，這個如來藏甚深義，有幾個人能信？還是很少數的！我們弘法已經十幾年了，並且每年都挑出幾篇見道報告發布出來，證明祂是確實可證的；每年也寫書出來，從不同的層面來證明如來藏是可證的，不是假名施設。可是有多少人眞的信受而踏進同修會來學呢？太少了！從台灣五、六百萬或者號稱有一千萬的佛教徒的比例來說，實在是微乎其微！所以今天勝鬘夫人這一句話：「**一切世間所不能信。**」我只能說：**果然眞是不能信，信受的就是只有你們這些人。**但是，正因爲眞的信受，才可能走進正覺講堂來共修。而人數是這麼少，這樣看來，連大多數的佛教徒都無法信受了，那些世俗人又怎麼可能信受呢！所以說，這個法太深了！十幾年度眾的經驗累積下來，我現在認爲能信受這個法、願意求證這個法的人，十個人裡面一定有九個人是久學菩薩，新學菩薩是不可能信受的，因爲連台灣佛教界的「導師」印順都無法信受了，那麼一般初學者怎麼可能信受呢！

談到這裡，這一段經文講解完了，我們就要回頭來看看，印順對這一段經文又是怎麼註解的。〈如來藏章〉一開頭說：「**聖諦者說甚深義，微細難知，非思量境界；**」請大家閱讀補充資料，印順這樣註解說：【**此下廣明，先約如來藏，也即是佛性，來說明聖諦的體性。**】（正聞出版社．印順法師著《勝鬘經講記》p.208）印順這一段註解是在講解〈如來藏章〉所說的聖諦的道理，但如來藏卻是他所不懂的，而佛性更是他所不懂的。因爲〈如來藏章〉裡面並沒有說到佛性，而佛性有四個層次的差別不同，所以不是幾句話就可以一概而論的。而且第十住菩薩的實證佛性，並不是知道佛性的名義時就能看得見；十住菩薩的眼見佛性，與七住菩薩的親證如來藏並不一樣，因爲佛性有不同的層次差別，這裡且不說它。

勝鬘夫人這個〈如來藏章〉所講的是第八識本識，正是四阿含中所講的入胎識。唯有入胎識才能住於母胎中，前世的意識沒辦法住於母胎中的。嬰兒爲什麼十月滿足了就要出胎？因爲他無法再安住於胎中了。胎兒此世的意識剛生起時，對外境一無所知，所以初生起的意識心很習慣於胎中的境界，而他的全部所知就是胎中的境界，所以他對那境界是完全接受的。如果是一般人的意識，你要叫他在母胎中住十個月是不可能的。且不說十個月，一天都受不了。你可以在心中想像一下：用一個物品，將我們人體彎曲起來待在裡面，類似軟骨功一樣被裝在一個容器中，在裡面幫你把空調、溫度、溼度都弄得好好的，讓你住一天試試看。你只要想像這樣在裡面待一天，其實有很多人覺得只要幾分鐘、幾小時就覺得快要發瘋了。那你想，在母胎中住十個月，顯然是不可能嘛！只有全新的剛出生的意識，對胎外世界全無所知的新生意識，才有可能待在母胎中十個月。

意識覺知心，是每一世都不相干的；這一世意識與上一世不相干，與下一世也不相干，每一世的意識都只有一世存在。如果意識是連貫三世的，問題就很麻煩，因為你住在母胎中，會常常想起上一世還有哪些事情還沒有做，就無法安住在母胎境界中，一定會急著離開母胎，一天也待不了。然後終於出生了，經過十天、半個月，把嘴唇肌肉練習慣了以後，你一定會開口說：「媽媽！我要去某處，我想要作什麼事情……」你媽媽不會嚇壞了嗎？「才出生半個月的胎兒會跟我講話，還知道很多事，很恐怖。」你得要是這樣，才可以說你的意識覺知心是從上一世來到這一世的。可是明明每一個人出生的時候都是笨得很，什麼都不會；在母胎中時，只知道以往是空曠而不擁擠的，到十月滿足時卻是擁擠而難受的，受不了了，所以產生某種化學元素而使母體不得不將他生產下來。這就是此世初生的覺知心意識所知的法塵感知，也只是知道極簡單的六塵而已。

由於意識覺知心是此世新生的，不是從前世來的，所以出生後得要學著怎麼生活。如果意識是從上一世轉生來的，每一個人一出生就都會記得上一世的事情，不必修宿命通；但顯然不是如此，可見意識不是從上一世來的。既不能從上一世來，當然這一世的意識就不能往生去下一世。也許有人說：「這只是你的說法，你即使說意識現實上可以如此觀察，你說這是理證，我還是不信，我只信聖教。」那好，我們就談聖教，大乘的聖教且不談，只談最原始的四阿含聖教好了，既然你只要最原始的佛法，我就依最原始的佛法來跟你談。我們來看看《阿含經》怎麼說。

阿含部的經中有記載，有一位荼帝比丘，他一天到晚說：「我們現前這個能覺能知的識，可以去下一世。」所以他很安心，都不擔憂什麼生死輪迴痛苦。很多比丘知道他的邪見，來跟他談都沒有用，比丘們最後對他強調說：「你這樣講，而說就是佛所說的法，這樣是在謗佛，因為你的意思等於在指責佛陀說法不如實。可是佛陀從來沒有這樣講過，佛說的都是這意識只有一世，識陰六識都只有一世。」但他就是不改，他說：「我是親自聽聞佛陀講的，這個識可以去到未來世。」三次都這樣講，後來比丘們去向 佛陀告狀舉發，因為不舉發也是犯戒。佛陀就教一位比丘說：「你去告訴他說：世尊叫你來。」他來了，就問他：「你有沒有這麼講？」「有！」佛又問：「你說的能去後世的識，是指哪一個識？」先問清楚，因為他如果說是入胎識那就沒錯了，結果他說：「這個識就是能知、能覺、能作事、能見能聞的識。」原來是識陰。問清楚了，佛就訶責他：「人家已經告訴你：『這個識不可能去到未來世。』那時你就應該要問比丘們：『那我應該要怎麼講才對？』」所以佛訶責他說：「汝愚癡人！」罵他是愚癡人。然後就問比丘們：「你們聽過我說法，我是怎麼說的？」比丘們就說：「佛講過了，這個能知能覺的六個識都不能去到未來世。」所以佛陀又回頭告訴荼帝比丘：「你看！比丘們聽到我講的都是這樣，怎麼你聽我講的會變成另一種呢？」那荼帝比丘就不知所措了。

剛才我從理證上說明意識只有一世存在，不能去到未來世；現在阿含聖教也證明了，意識不能去到下一世。在理證上，如果意識覺知心是從上一世來的，祂才能去下一世。果眞是這樣，那你這一世在母胎中應該都是清楚分明的，就不應該有胎昧，那麼隔陰之迷又從何而來？當然，在大乘法上還是有別的聖教可以證明這個事實，所講的層面就更廣泛了。既然他們只信阿含，又主張說意識可以來往三世，我們就跟他們專講阿含，而阿含裡面正是這麼講的。

這意思就是說，印順等人把意識細分出來，建立說：意識的細心就是阿賴耶識。意謂阿賴耶識只是意識細心的別名。可是他們不講是阿賴耶識，只說阿賴耶識的說法其實是從意識中細分出來的，然而這個從意識中細分出來的心體，自性卻又跟阿賴耶識完全一樣，那不是很荒唐嗎？擺著現成可以證的阿賴耶識不求證，還要新發明一個意識的細心跟阿賴耶識的體性完全一樣，然後又說祂是不可知、不可證的。放著可知、可證的不想求證，要去另外建立一個新的、想像創造出來的不可知、不可證的體性同於阿賴耶識的細意識，那不是多此一舉嗎？不如直接承認自己確實證不到阿賴耶識，那不就行了嗎？所以，很顯然的，印順對如來藏阿賴耶識是完全無所知的。無所知而強以爲知，所以就有《妙雲集》中很多奇奇怪怪的、新創的想像佛法出現了，因此說印順對如來藏是全然無知的。

至於佛性，佛性與如來藏雖然不一也不異，但是實證佛性時其實也有不同的層次差別，不是眼見佛性的十住菩薩所能全部臆測的。一般人是把什麼當作佛性呢？總是把六識的自性當作佛性。六識的自性就是眼能見、耳能聞、鼻能嗅、舌能嚐、身能覺、意識能知的六種自性，總而言之就是識陰的見聞覺知性。見聞覺知等法性，說穿了就是六識的自性，那是由六識的五遍行、五別境等心所法綜合運作出來的功能。在佛法中說，以這六識的自性來當作佛性，那就叫作凡夫隨順佛性，與**自性見外道**的落處完全相同。可是我們正覺同修會講的見性不是這個，因爲這是凡夫與外道所知的佛性。我們所講的見性，是要用你的肉眼看見佛性，那才叫見性，這就是禪宗的第二關，也就是大乘《大般涅槃經》的十住菩薩眼見佛性，經中也特別強調眼見。這個道理，印順懂嗎？他完全不懂。初地的隨順佛性又與十住菩薩的眼見佛性不一樣，是偏在智慧上面去現觀，因此能夠去改變自己的內相分；或如三地菩薩到某一個階段時，有能力改變別人的內相分，只是因爲 佛陀告誡不許作；若是違 佛告誡而強行作了，捨壽後就得下地獄。這更不是印順所能知道的，因爲十住菩薩能夠眼見佛性了，都還完全不知其中的道理，而諸地菩薩又都不知佛地是如何隨順佛性的。如果十住菩薩粗淺的隨順佛性境界，印順都完全不知，那麼諸地及諸佛的隨順佛性，當然更不可能知道。

以前有一些人，去找出《佛性論》來，讀了以後也知道自己還是沒有眼見佛性。但也有人讀了就自以爲已經見性了，我說：「還早呢。」因爲《佛性論》講的是成佛的體性，是說八識心王和合運作可以使人成佛，是講那個成佛之性；也就是說眾生都具備了成佛之性，但那卻不是《大般涅槃經》所講眼見佛性的佛性，也不是諸地菩薩所隨順的佛性。有的人比較聰明，先來問問看：「這部論讀過以後，能不能見性？」我說：「不能！」所以他就不讀了。不讀，倒是比較好的，免得常常去唸著：「到底蕭老師有沒有騙我？它明明講的是佛性，所以名爲《佛性論》。」就因此生疑而自害了。

所以，跟隨善知識學法時就得要乖，要是不乖，我保證看不見佛性。每一次禪三以後，我都會交代：「哪一些經，你們現在明心了，不要去讀。」可是有的人偏不信，我不講還好，我一講了，他回去馬上就取來讀。讀了以後就寫了報告來，說他看見佛性了。我找了他來，我說：「你這個不是見性，你這只是思惟理解的佛性，這不是眼見佛性。」他老兄後來說：「老師說我沒見性，我不信，我認爲我已經見了就好了。」但是學法可以這樣就算數了嗎？眞是天才！

但是，我交代不要去讀，不是怕他先看見佛性，而是怕他看不見。因爲在見性的實證以前所應做的功夫，有一定的過程，在功夫成就的過程當中會有一些現象出現；假使這些現象沒有具足出現，我可以打包票，包他看不見。這個這是我度人的經驗，這一些狀況出現了，參出佛性時才有可能看得見。這個眼見，我對他講得很清楚，我說：「**見性，你是可以在無情上面也看見自己的佛性，可是自己的佛性不在無情上面。**」他以前不信，自認爲已經看見了；但是當我問到這一點，他就只能閉嘴不談了。因爲他無法在無情身上看見自己的佛性，那怎麼是眼見佛性？所以，佛性有這麼多的差異在裡頭，你如果沒有親自走過來，絕對是不知道的。連已經證得如來藏的人都無法了知的佛性，何況印順是尚未證得如來藏，更是尚未斷我見的人，又如何能了知極甚深的佛性？

如來藏與佛性當然有關聯，二者是不一也不異的。用一個最方便的譬喻，就譬如說燈與光，如來藏就像燈，佛性就像它發出來的光，你不能夠說燈光不是燈，因爲你不能把它們切割開來，它們是一體的。你買燈具的目的就是要它會發光，所以燈的光不能說與燈不同。可是燈的光也不能夠說是與燈相同，因為你把電關了，它就沒有光了，可是燈還在。三世諸佛假使如同阿羅漢一樣捨報後入了無餘涅槃，佛性就不再現起了，可是那個本識如來藏還是繼續存在著，那怎麼可以說佛性就是如來藏？顯然不是。可是一直有人在與我諍論說：「**佛性就是如來藏，所以我明心了，就是見性了。**」如果這樣講的話，古時那些少數徹悟而能出三界的禪宗祖師們，眞可以說都是無聊人，才會作三關的施設。明明只要明心就好了，為什麼他們還要去建立第二關的眼見佛性，他們想矇誰呀？眞的是無聊嘛！可是明明二關就是不同。

弘揚眼見佛性法門的人是世間最可憐的人。眼見佛性的人是很幸福的，因為吃東西也是「吃」佛性，見色塵也是「見」佛性，不論什麼都是佛性；但問題來了，你根本沒有辦法為還沒有眼見的人說明。即使是明心的人，你都無法為他說明而讓他看得見，除非他的條件具足了。所以不乖的那位老兄，解三回去馬上就去讀他不該讀的經，然後一、兩週就寫報告來了，說他看見了。結果有沒有看見呢？只用一個最簡單的方法檢驗就好：「**你在狗屎上，看不看得見你自己的佛性？**」看不見！那就表示沒有看見。

很多人會跟我爭執說：「我在別人身上看見佛性。」我說：「那不算，你在別人身上看見，要有兩個：他自己的佛性，以及你自己的佛性。不論你想要看哪一個，都可以看得見。如果你只能看見對方的，看不見自己的，那你就是誤會了，你是把如來藏的自性當作佛性，誤會大了。」所以佛性是這麼難知、難解、難證，只有眼見了以後，才知道我講的是什麼。如果是諸地的隨順佛性，那又不一樣了！至於諸佛的隨順佛性，我們只能想像——連等覺、妙覺菩薩都只能想像。所以這明心與見性固然互有關聯，可是不能夠說「佛性就是如來藏」。所以，明心只是明心，不等於見性。如果明心時一定堅持說「證如來藏等於見性」，那就像古時候許多淺悟禪師講的「明心就是見性」，那是從眞實心如來藏可以使人成佛的體性來說——明心時可以從如來藏上面看到祂具足了成佛的體性，是以這種見性的定義來說「明心就是見性」，可以講得通，但這不是正覺同修會所傳的眼見佛性，不是《大般涅槃經》講的眼見佛性，這差異是很大的。

那你想，光是如來藏，印順就已經弄不清楚了，他還要再談到佛性，然後把如來藏等於佛性，這樣來說明聖諦的體性，那眞是相距十萬八千里了；

因爲聖諦的體性是意識所知的八識心王內涵的智慧，但是如來藏與佛性，是專屬於第八識的功德，並不是意識所知專屬於意識自己的智慧境界相。聖諦的體性是意識所瞭解的智慧相，這就是說，這些佛法可以使人成就佛道，可以使人得到解脫，或者說蘊處界都是緣生故苦、都是無常、所以是空、是無我，這些都屬於聖諦，都是意識自己所擁有的智慧；所以聖諦的體性，是意識心所擁有的，不屬於如來藏或佛性自身所擁有的，印順怎麼可以說佛性或如來藏就是聖諦的體性呢？所以，印順眞是誤會到很嚴重。

再來是經文：「**是智者所知，一切世間所不能信，何以故？此說甚深如來之藏。**」但印順對如來藏的說法卻與此段經文所說不同，他認爲世間凡夫是可以眞的理解而相信的，但印順自己卻不信有如來藏、處處否定如來藏。請看補充資料，印順如此註解：【佛法是唯有聖者證知的，一般人從來沒有知道過。言說不到它，**分別心推度不到它**。然聽聞思惟佛法，不是沒有用的。如佛『為無明鷇藏世間開現演說』，佛從無可言說處作方便善巧說。如畫月一樣，用樹梢，和雲層等來襯托，使人能明白它是個月亮——當然不是真的月亮。但真的月亮，可能從此而認識。依佛所說，聽聞、思惟，**照著做去**，

即可證到。切勿因為甚深微細難知，而生起無從明了的錯覺。】（正聞出版社．印順法師著《勝鬘經講記》p.209）

《勝鬘經》講的是如來藏佛法，表面上看來印順這一段註解講得眞好，但是問題出在哪裡呢？先來看我怎麼評論印順這一段註解：【1、分別心既然推度不到如來藏、佛法，又爲何一心想以研究學問的方法專作佛學研究，而自以爲已懂佛法？　2、所以藉此印順的話來勸印順派的學人：趕快放棄印順以治學的方法來研究佛學，應該改用參禪的正統方法來修學佛法。3、印順對禪宗存有極深的敵意，他曾說：「既然禪是唯證乃知的，大家在尚未證得之前，又如何能要求大家信受？（大意如此）」】

他前四句所說「佛法是唯有聖者證知的，一般人從來沒有知道過」，這句話是有語病的，因爲佛法既然是聖者才能證知的，那顯然凡夫是不可能證知而變成聖者的，那會出現什麼問題呢？一定會是：凡夫永遠是凡夫，聖者本來就是聖者。那麼大家都不用再學佛了，因爲凡夫永遠不可能證知，只有聖者才能證知，而聖者本來就是聖者。「一般人從來沒有知道過，是唯有聖者證知」，意思是說：凡夫不論如何熏習，也是無法證知的；所以請大家相信我印順的說法，只要以凡夫的心智來行菩薩道，三大阿僧祇劫以後就可以成佛了。

然後印順說：「言說不到它，分別心推度不到它。」問題又來了，分別心既然推度不到如來藏，那你印順爲什麼一心想要以研究學問的方法來作佛學研究而不斷的推度呢？然後又自以爲已經懂得佛法了。因爲印順用分別心來推度，是推度不到祂的；而言說也講不到祂，那就不必熏習了。事實上是不是言說眞的講不到祂？如果言說眞的講不到祂，那麼 佛陀宣說如來藏妙法作什麼？禪宗祖師每晚上堂開示如來藏作什麼？而又常常施設晚上的小參，以言語來幫助弟子們證如來藏，那又作什麼？因爲說不到祂，聽了也一定聽不到祂，那又何必聽、何必說呢？

所以，「言語道斷，心行處滅」，不是在講修學的方法與過程，而是在講如來藏自心，可是印順是把對於目標——標的物——的形容，當作所應實修的方法了，這誤會就很大了！不幸的是當代的台海兩岸所有大法師們，都跟印順一樣落入這個窠臼中。「言語道斷」不是指稱如來藏不可說，而是說如來藏從來與言語之道斷絕，如來藏從來不與言語道相應，因爲祂離見聞覺知，怎麼可能會與言語之道相應呢！「心行處滅」是說如來藏不像意識心永遠在六塵中運作而有心行，所以意識心與意根的各種心行，如來藏是從來都沒有的——如來藏沒有這種心行處。結果大師們都誤會了，說：「因爲言語道斷，所以不可以講話，所以每天都要禁語，要把意識心變成不會講話的心。」因此就每天都不跟任何人說話，甚至也有人出家以後一生都不說話；如果這樣就是佛法的修行法門，那麼啞巴最好修行，因爲他眞的一生都言語道斷，那麼所有啞巴都應該是佛門中修行最好的人了。如果說「心行處滅，所以每天不要動心，一定要坐著，什麼心都不要動」，若是這樣，石頭的證量應該最好，石頭從來都沒有心行。所以說，他們誤會佛法眞的是很嚴重。

推度固然推度不到如來藏而無法實證佛法，但卻可以在善知識的指導下，不用推度的方法而直接去觸證到祂。碰觸到如來藏時，你說：「原來你這傢伙在這裡。」因爲如來藏從來不會告訴你說：「喂！某某人呀！你在找我嗎？我在這裡呀！」祂不會有這種語言文字，祂一向是言語道斷，怎麼會告訴你在哪裡？你一直想要找祂，可是祂不會來告訴你，不會指示、暗示、明示說：「我在這裡。」因爲祂沒有意識心的心行，也沒有意根的心行，是心行處滅，也是言語道斷，祂怎麼會讓你知道祂在哪裡？但祂也沒有故意隱瞞你，不會故意藏起來而不讓你知道。祂一直都是**分明露此身**的，從來沒有對你遮隱過。

所以，祂固然是言語道斷的，但是如果你被禪師認定：**為你明講了，你也不會退轉**。禪師就會為你明講祂的所在。所以，這兩、三年來，在禪三精進共修中，有時我也會找人來私下明講，因為我判斷這個人是絕對不會退轉的，而他在佛法中可以有用處。後來也證明確實不錯。所以我也可以用嘴巴為人明講，學人聽了就知道如來藏的所在而發起實相般若智慧了。但前提是要判斷正確：**這個人絕對不可能退轉，將來可以為佛法大用**。所以「**言語道斷**」四字，並不是說這如來藏講不出來，因為禪師們常常是不用言語也可以講出來，難道使用了言語還會講不出來嗎？因此，印順說「**言說不到它**」，絕對不正確；可是他說「**分別心推度不到它**」，這倒是正確的。問題是，既然分別心推度不到祂，印順為什麼要用研究佛學的方式來推度祂？所以印順到底是聰明還是愚癡呢？由諸位來自行判斷吧。印順說：「**然聽聞思惟佛法，不是沒有用的。**」這說法倒是正確，因為至少能有聞慧與思慧，可是修慧與證慧還是沒有的，因此他終其一生都沒有修慧與證慧。印順一生都靠閱讀及思惟，沒有實修，所以沒有修慧與證慧。

雖然印順解釋說：用烘雲托月的方式來暗中指說本識如來藏。可是 佛其實也有明說的，這些明說的話，一切證得如來藏的人讀了都會這樣說：「佛爲什麼講得這麼露骨？既然告誡我們不許明說，您自己爲什麼又明說了？」那其實是因爲 佛認爲這些菩薩可以經由明說而證悟，並且不會退轉，因爲這些菩薩都是久學菩薩。對久學菩薩——往世曾經悟過而仍有胎昧的人——是可以明說的，問題是這善知識要有能力判斷會不會退轉、是不是久學菩薩？

所以，烘雲托月固然是佛常常使用的方式，但是明說密意也是 佛曾經使用過的方式，主要是必須有能力判斷當面眾生的根性。可是明說以後也有退轉的，所以誠如《菩薩瓔珞本業經》中所說當時曾有八萬人天退轉不信；只是因爲他們混在久學菩薩中，佛陀慈悲而不施設方便把他們趕走。但是因爲那些退轉的八萬人天都不會在人間謗法，所以明知會退轉，還是可以明說的；這樣就在他們心田中種下未來證悟後不會退轉的因緣。這是 佛陀善觀三世因緣，除此以外都不能明說。假使來到同修會中證悟了，不能善觀因緣而明說密意，這是犯了同修會的大忌，當然更是犯了佛陀的大忌諱，成爲虧損如來、虧損法事，後果是很嚴重的。因爲不觀根器而普遍的明說時，眾生無法信受，這個宗派就會因爲明說以後滅亡了。只有一個情況下不會滅亡，就是這個宗派的領導人有道種智，誰都無法推翻他。否則的話，明說以後一定會滅亡；古時就曾經有過這種現象了，並不是沒有歷史事例的。

接下來，印順說：「用烘雲托月的方式，使人明白它是個月亮——當然不是眞的月亮。但是眞的月亮，可能從此而認識。」一定是如此嗎？不對！因爲在烘雲托月的時候，顯示出一個假的月亮時，其實眞的月亮也捧出來給你了！從證悟者來看，事實確是這樣，所以禪師告訴你說「不是」之時，其實已經告訴你「是」了。所以學徒每天上來問說：「這樣是不是？」禪師說：「不是！」每天都說：「不是！」後來有一天，這徒弟終於證到眞的月亮了，找到眞的月亮了——他證得如來藏了。然後他上來請問，禪師仍然說：「不是！」第二天，這位弟子經過經典的印證，又去問過眞正開悟的師兄弟們以後，又上來問師父說：「師父！我這明明是，你爲什麼說不是？」師父說：「我告訴你『不是』的時候，已經告訴你『是』了，你為什麼聽不懂？」「啊！原來是這樣！」終於真的懂了。這就是禪門的差別智，當他說「不是」的時候，已經告訴你真正的「是」；連初悟的人都看不出來，那你說：這個法，世間人能信嗎？當然不信。

我早期出來弘法時，因為此世沒有師承，對尚無因緣的人也施用機鋒，所以常常使用機鋒；可是教禪而聞名四海的大法師座下的久學弟子，竟然不懂而當眾罵我是乩童起乩呢。人家說「強將手下無弱兵」，你們說說看：這**大法師是懂得禪的人嗎**？當然是不懂嘛！真正懂禪的人，會心一笑，當場禮拜我以後就直接走了，怎麼還有人會罵我是乩童起乩呢！要知道，我這個乩童非比尋常，不是普通乩童（大眾笑…）；我這個乩童是被如來藏抓來作乩童的，但我卻是控制如來藏而不被如來藏控制的，不是被那些鬼神抓去作乩童，不是只能被鬼神控制的一般乩童；所以說：「**此乩童，非彼乩童，如是名為真乩童**。」那你說，這樣的**甚深如來藏義**能夠被世人所瞭解嗎？能夠被世人所接受嗎？不但世人不能接受，連印順得到台灣佛教界「導師」的封號以後，以及四大山頭自認開悟的堂頭和尚也都無法接受，只有一切證悟甚深般若智慧的菩薩們才能接受。

所以，要依印順這句話來說：「必須要依佛所說，聽聞、思惟，照著去作，即可證到。」他這一句話講得倒好！可是問題來了，印順卻不肯依佛所說而聽聞、思惟，不肯照著去作，老是要用研究佛學的方式去推度，怎麼可能證得佛法呢！因此，我們還是要勸印順派的大法師與學人們：趕快放棄印順錯誤的治學方法研究佛學，要趕快改用禪宗參禪的正統方法來修學佛法，要回歸到中國傳統佛教所說的參禪方法。

印順說：「切勿因爲甚深微細難知，而生起無從明了的錯覺。」這顯示什麼？顯示印順對禪宗一向存有極深的敵意，跟他這句話所說是相反的，因爲他曾經說過：既然禪是唯證乃知的，大家在尚未證得之前，又如何能要求大家信受？他在書中這樣講，意思是什麼呢？他的意思其實是說：除非你幫助我證悟，否則我就不可能相信你。你們禪宗說的既是唯證乃知的，我印順還沒有證得之前，當然有權利懷疑、否定。因爲他自己如此主張：在沒有證得之前，如何能要求我信受？意思就是說：你們禪宗所謂的開悟，我有權利不相信，所以我就有權利否定你們，除非你們禪宗先幫我印順證悟。如果這樣的主張可以成立，問題就來了，當大家跟隨　佛陀聞法、思惟、求證的過程當中，是不是應該都不信？如果不信受　佛的說法，又何必隨從　佛陀聽聞，又何必隨從　佛陀熏習去求證呢？根本都不用修行，只要等著　佛陀告訴你「**如來藏在哪裡**」，然後再來信受佛法吧！但印順這是什麼樣的主張呢？這當然不該是學佛人所講的話，只能說是鬼話！有智慧的人，應該有正確的知見，不要隨便相信**名**師所說——不該因爲他們穿著僧服而且很有名氣，就隨便相信他們的說法；應該深入加以思惟判斷以後，才可以信受，千萬別人云亦云而糊塗的信受。

經文中說：「**如來藏者，是如來境界，非一切聲聞、緣覺所知。**」請大家讀補充資料，印順說：【什麼是如來藏？依《佛性論》，這可以從：一、(所)**依止藏**，二、**隱覆藏**，三、(能)**攝持藏**的三義來說明。如即如如，無二無別的諦理，真諦是法法如是的。如如，本沒有什麼來不來。如寶珠，本來明淨，即無所謂來不來，然約琢磨寶珠的塵垢，使寶珠的明淨，能具體的顯露出來，所以名來。因此，如來即**體如而來**，而如如實沒有來不來可說。如——如來，即法空性。如《金剛經》說：『如來者，即諸法如義』。約所證說，但名如如，約**能證**說，**即如如智**，如如、如如智，平等不二，名為如來。如何是如來之藏？藏，是胎藏的藏。約依止義說，藏是依止義，如胎藏為所依止處。如來——一切平等法性，遍一切處，一切眾生不離此如來性，不出法性外；**如如法性**為眾生的所依止處，即如來藏。所以有處說：『一切眾生是如來藏』。約隱覆義說：**法性**是本來清淨的，但無始以來，為煩惱垢所隱覆，不能顯現。如嬰兒在胎藏中一樣。】(正聞出版社．印順法師著《勝鬘經講記》p.209~p.210)

我對印順這段註解是這樣評論的：「1、既然承認如來藏是萬法的依止藏、攝持藏，爲何印順卻又主張意識細心爲最終心？不肯承認有第八識如來藏？意識心不論細到何種程度，都不可能是萬法的依止心故，也是藉緣而生的虛妄心故。 2、如如智是意識心的所證智，智不是能證者，意識才是能證者，所證爲如如智。 3、如如法性不是緣起性空義，緣起性空是緣起法，不是自在法，不得名如。 4、『法性是本來清淨的』，但法性不是緣起性空義，緣起性空的蘊處界法是不清淨的，沒有本來清淨性可說，所以『爲煩惱垢所隱覆』。 5、如來藏的胎藏喻，出於《如來藏經》，異於印順之意。印順此文意謂：如來藏必須到佛地才能顯現，是由究竟證得萬法的緣起性空觀而成就，是由究竟清淨了習氣種子煩惱而成就，所以印順的意思是：如來藏的親證是佛地的事。所以印順接著說：『如來平等法性，爲煩惱所覆障，所以名如來藏。約攝持義說，如來，即契證如法性而來的，具有十力四無所畏三不護十八不共法等無邊功德。但這些如來功德，不是到成佛始生，否則就成爲無常了。眾生位中，就攝持得無邊功德性。』他的意思其實是說：緣起性空觀的究竟證知的可能性，是在因地就已經存在的，不是成佛時才出生的，而如來藏並不是第八識心體，是萬法緣起性空的滅相；再主張滅相是不滅的，藉此免除有生必有滅的過失。但他爲了避免引來別人援引經文實有如來藏心體的根據而質疑他，所以早期的講經都以如此隱覆的說法來否定如來藏心體的實有；這段文字中則是暗示如來藏的實證不是指第八識心體，而是佛地的果德。若無深細智慧，不能了知印順的用心所在。」

首先，第一個問題：印順既然以《佛性論》來講解如來藏，說如來藏有依止藏、隱覆藏、攝持藏等三個道理，那麼印順爲什麼又要主張說「意識細心是最終心、最究竟心」呢？爲什麼不肯承認有第八識如來藏呢？意識心，不論細到什麼程度，都不可能是萬法的依止心，因爲意識心本身是藉緣而生的虛妄心。藉緣而生的生滅心，當然不可能是萬法的依止心，當然不可能是萬法的最後心。印順對如來藏與佛性的瞭解，從他這一段話就可以看得出來：印順是讀了《佛性論》而自以爲懂了，其實從來沒有懂佛性；因爲經中所說佛性的層次差別共有四種，而佛性的解釋還有另外一種，就是一般禪宗祖師講的如來藏具有能使人成佛的體性，這與經中說的佛性義不同。

印順對佛性的理解，純粹是從《佛性論》中讀來的，但是《佛性論》所說正好是在講第八識配合其他七識和合運作，具有能使人成佛的體性，這與一般證悟禪宗祖師講的見性是一樣的，因爲禪宗祖師大部分對佛性、對見性的瞭解，都是只在如來藏具有使人成佛的自性的層面。至於有眼見佛性的禪宗祖師，你從禪宗典籍裡面去查證，找不到一打人。所以明心了以後，你橫挑扁擔到處去而打到人，永遠也打不到一個見性的人，因爲明心者已經是很少了，見性者更少，眞是太少、太少了！所以，眼見佛性是自古以來就很困難的，比明心困難十百倍，絕對不是件容易的事。

古時候祖師度人證悟人數最多的，應該算是雪峰義存；這是因爲他悟得很困難，久在德山禪師座下一直悟不了，不得已，九度上洞山，三番上投子山，都還是悟不了。有一天，德山偏偏派他出遠門，他不想去。後來他的師兄巖頭說：「我陪你去！」他想：師兄是證悟的人，路上也許對我有好處。就答應去了。走到半途，下大雪，兩個人在旅店裡面只好長住下來，因爲路都不見了，要怎麼走？那巖頭禪師每天就是睡覺，睡飽了該吃飯就起來吃，吃飽了又睡。雪峰則是每天在禪床上靜坐參禪，巖頭就揶揄他：「老兄！睡覺啦！每天呆呆的坐在那邊作什麼？」雪峰說：「你心中無事可以睡覺，但我心頭有事，沒辦法睡覺。」巖頭說：「那好，你把從德山師父那邊學來的都丟掉，把洞山、投子山學來的都告訴我；若是對的，我跟你證明；不對的，我幫你砍掉。」雪峰就一一的講，結果是這個也錯、那個也錯，全部都被巖頭砍光了，沒有一個法是對的；枉他九上洞山、三上投子山，參過鹽官，也參過洞山，都沒有一個入處；後來說到在他師父德山宣鑑座下的事：「後來我問德山禪師：『向上一路的宗乘中開悟的事情，我是有分或是無分？』德山聽了打我一棒說：『你說什麼？』我當時猶如桶底脫落一般。」巖頭聽了大喝說：「你難道沒聽過大德說的話嗎：從門而入的東西，都不是自家本有的珍寶。」雪峰又問道：「那我以後又該如何才是？」巖頭就大聲的告訴他：「以後你如果想要傳播宗門至大的法教，將來就這樣一一都從自己胸襟中自然流露出來，拿來好好的給我蓋天又蓋地的弘法去。」這一下子，雪峰就眞的悟了！（導師問大眾：「你悟了沒？」大眾笑……）巖頭教雪峰說：「將來你與我蓋天蓋地去！」就這樣，雪峰就悟了，只教他蓋天蓋地去。你說，像這樣有善知識親自指導，當場配合著機鋒，才能悟入如來藏；這個是讀《佛性論》的人能讀得來的嗎？顯然是讀不來的；至於眼見佛性，那就更別提了，雪峰是沒分的。這時雪峰禪師立刻站起身來，向巖頭禮拜感恩，大聲的呼叫說：「師兄啊！我今天才算是鼇山成道！我今天才算是鼇山成道啊！」巖頭就說：「好了！沒我的事了！天氣放晴時你就自己上路去吧！我可要回寺了。」你看，還眞的有好事讓雪峰給碰上了。

想他雪峰一再參訪善知識，那些大禪師們手裡眞的很儉；若不是巖頭師兄有心幫他，雪峰要等到何時才悟入？悟了之後，雪峰知道學法求悟的人眞的非常痛苦，所以大發慈悲，一生總共度了一百五十多人開悟，這大概是禪宗史上座下弟子證悟最多的人。我們今天算是打破他的紀錄了，因爲我這一世沒有穿袈裟，正法到這個局面而想要振興，還想要整理大藏經，排除外道法及僞經，需要很多有智慧的證悟者一起來做，所以我必須要這麼作。

由此可以證明，證悟如來藏而明心是很困難的。可是明心證悟雖很困難，比起眼見佛性來，還是容易太多了。眼見佛性這一關，看話頭做功夫的階段中有一些訣竅與演變的過程，都是必須經歷的。當那些過程與經歷都沒有，或是還沒有完成時，就算是福德與定力都具足了，我縱使爲你引導，你還是看不見的，因爲見性這一關必須要三個條件具足才能眼見。你說：「**我明心了，難道慧力還不夠嗎？**」還是不夠，因爲明心的智慧和見性所需的智慧並不一樣。定力的部分，就是要你好好去看話頭、無相念佛，等到看話頭有一些狀況出現了，譬如經過一些過程之後，有某一個狀況出現了，我就知道你的緣熟了。但是，如果那時你的福德、慧力還不夠，抱歉！你的緣還是不成熟。三個緣若缺少其中的一項，見性的緣就還是沒有成熟，縱使引導出來而悟得佛性的名義與內容，當機若是仍然看不見，這一世再看見的機會是極爲渺茫的；因爲這一關就是沒有辦法重來，不能像明心可以事後加強來補救。那麼你想，像這樣的如來藏自身所顯的佛性，印順能懂嗎？他當然更是不懂的，因爲他連比較容易證的如來藏都無法證得，眼見佛性當然就更不可能了。

印順說：「**這個如來藏有依止藏、隱覆藏以及攝持藏的三個道理。**」他這個說法是依文解義而說的，當然是沒有錯，卻不是他自己心中的想法；因爲如來藏是萬法的依止，萬法全都依止如來藏才能生起、存在及運作，一切證悟的人都是如此現觀而證實的。如來藏當然也有隱覆的道理，祂的隱覆之理是因爲祂的了別性（識性）非常的微細，很難在祂的了知性上面覺察祂的存在；而祂含藏的一切種子也很難讓凡夫覺察到，所以有隱覆性，因此才說祂是隱覆藏。如來藏又名阿賴耶識、阿陀那識、異熟識，既然叫作識，識就是了別，顯然祂也有了別性，但是祂的了別性很微細，祂不在六塵中了別，祂的了別性是隱覆而難知的，所以又被稱爲隱覆藏。

一般人如果聽到我說：「**祂也有了別性。**」就從這上面去找，但是祂的了別性很微細，那要哪裡去找？可能有人就會進入定中尋找：「**我現在一念不生時，應該是了別性最微細的時候，那麼這樣應該就是開悟了。**」這還是錯了！在沒有眞的找到如來藏時，總是怎麼聽就怎麼錯會。這個如來藏，雖然說祂有隱覆義而很難證悟祂；然而這個隱覆義，禪宗祖師卻常常在告訴你；並且從我們正覺所有證得如來藏者的現量上的觀察也都是這樣：其實祂是很分明顯露的，從來沒有隱藏的。

我們也常常引述曹山本寂的一首偈來說：頭角混泥塵，分明露此身；綠楊芳草岸，何處不稱尊。祂不論去到哪裡都一樣：或者是在綠楊芳草岸，或者跑到都市裡來，這頭牛都是分明露此身！還沒有證得以前，你說：「哪有？我看來看去，都看不到祂；我找祂幾年了，就是找不到祂。」可是你問我們證悟的同修們，他們都會直接告訴你：「你這個笨蛋！你每一次來講堂都騎著牛來，你卻連自己怎麼騎的都還不知道！」對尚未證悟的大乘凡夫及阿羅漢來說正是如此，所以才說有隱覆義；都是因爲還沒有證，所以才叫作隱覆；也因爲難信難解而不可以用語言明說，所以叫作隱覆；也因爲祂的識性很微細，所以叫作隱覆。可是等你找到祂了，你會說：「祂簡直比意識、意根都還要分明，哪裡有隱覆？」所以這個隱覆義，也不是印順法師所能理解的。

再說攝持藏，如來藏能攝持一切諸法的種子，包括善業種、惡業種。有許多人不信，所以他們否定了如來藏以後，看到蕭平實一本又一本的書寫出來，都在弘揚如來藏，「眼看著我們這個應成派中觀六識論的道場即將弘揚不下去了！」所以他們心中既瞋又怒，後來就變怨，怨之後就變惱，於是就上網貼文，用幾個化名臭罵一頓：「這個蕭平實邪魔外道，他們蕭家幫，……。」等等；可是，未來假使我成佛的時候，我的出家弟子假使都叫作蕭某某、蕭某某，那不是蕭家幫，又叫作什麼？講得也對，所以這一點我倒是不想抗議。可是話說回來，釋迦佛在世時，出家眾其實並沒有改姓釋，而是傳到中國以後，出家人為了感念佛恩及提升地位，才改姓為釋；在天竺的出家人，不論是菩薩或聲聞人，都沒有改姓釋的。

言歸正傳，他們以為用幾個化名上去網站貼文無根誹謗，都沒有人知道那是誰幹的，事實上不然。有人說：「你出家了，有護法神跟著，護法神會為你記帳的。」那些老兄們說：「那只是騙騙俗人的，什麼地獄？什麼護法神？你看印順老法師都不承認這個。」可是他們絕對沒有想到的一點，是他們所有的心行都在如來藏中運作，並沒有出離過如來藏，所以他們的覺知心從來都是在自己如來藏的內相分裡面運作，只是藉著色身來接觸外境，所以他們所作的一切業行也都是在如來藏裡面作；善惡業作完而成為種子，當然種子都會留在如來藏裡面，這些種子絕對不會跑去如來藏外面而遺失。請問，那些善種、惡種會遺失嗎？當然不可能遺失。那麼未來世緣熟了當然就得要受善惡報了。

也許有人說：「**什麼內相分？那都是你發明的，我們原始佛法裡面沒有講內相分。**」那我們就來談談原始佛法好了，原始佛法總共有三轉法輪；我很喜歡爲那些人談談原始佛法中的初轉法輪四阿含，用初轉法輪四阿含的義理，談到讓他們開不了口。佛陀在四阿含中多次說到有內六入、外六入。外六入，是如來藏藉色陰去攝取外面的六塵，叫作外六入，所以如來藏這個本識在阿含期的聲聞羅漢所造的論中，往往把祂叫作外識，因爲只有祂能接觸外六塵諸法。可是 佛在阿含中還說有內六入，請問：內六入又是什麼？難道也是身外的色聲香味觸法嗎？那當然是內相分。是各人的本識顯現出來的內六塵，那就是內六入，那不就是內相分嗎？不能因爲沒有內相分三個字，就謗說 佛陀沒有講過內相分。

假使有一天印順夢裡來找我，我會問他：「**你到底有沒有讀過四阿含？**」明明四阿含中有說到內六入，也有說外六入；既然有內六入，那就是說有內相分了。而識陰六識被阿羅漢們定位爲內識，不是外識；這表示說，識陰一直都是在內相分中生起與存在，所以意識當然也不可能接觸到外相分六塵。既然六識都是內識，只能接觸內相分，屬於內六入，這六識在內相分裡面運作而藉六根去與外相分連結，請問：意識等六識有沒有接觸外六入？顯然是沒有。既然識陰六識都只能在內相分裡面活動而造作善惡業，當這些業造作完成了，這些善惡業的種子當然不會落到如來藏心外去。因爲造業的六識一向都是在如來藏的內相分裡面運作而已，業種當然不會流失到如來藏外去。

所以，不必別人幫他們記錄業行，他們自己的如來藏已經老實而自動的幫他們記下來了，能瞞得了誰？都只能瞞識陰自己。等到捨報前一秒鐘，所謂的業鏡，就是此世每一件善惡業的行支，也就是十二因緣所說的行支出現時，好像幻燈片或電影片那樣，由上往下，一格又一格地拉過去；那時覺知心意識很伶俐，跟著業鏡一刹那又一刹那的示現而看見那些影像，都知道那些影像提示的是什麼樣的業行；當它們出現大約一秒鐘而全部過去了，就開始轉進中陰境界的過程；當中陰身具足而重新出現意識時，這些業種就現行而產生了業風，然後就被業風所轉而去受報了。這是說明如來藏是攝持藏，能把一切業種，當然也包括有漏法種、無漏法種，或者無漏中的有為法種——世間技藝熏習成就的種子，全都收藏在祂裡面，成為所埋藏的種子，所以才叫作（ㄗㄤˋ），就是收藏的意思。

這三個法「依止藏、隱覆藏、攝持藏」的功能，並不是意識能作得到的，所以應成中觀師（聖嚴、印順、宗喀巴、阿底峽、寂天、月稱、佛護）同聲否定如來藏的存在，建立意識細心來替代他們無法證得的如來藏，我們只能夠說：**他們是在逃避佛法實證的本質，也是腦筋有問題**！因為，現成的、可以執藏一切種子的心已經在那裡，只要去親證就行了，不必另外建立一個不可知也不可證的意識細心來取代祂；而中國歷代禪宗祖師也已經有那麼多人親證了，才有可能一代又一代傳下來；如果是騙人的，早就被人揭穿了。就好比我們正覺同修會從來都沒有騙人，那些反對者十幾年來一直都想要揭穿我們，只是我們確實不曾騙人，所以他們揭穿不了而已。

如果正覺是騙人而假說有如來藏，其實並沒有實證，一定早就被許多人揭穿了。宗門正法也是一樣，怎有可能二千五百多年一直傳承下來？特別是中國人有一個特性：**路見不平，拔刀相助**。你們這些禪宗學人，那麼多人被那些大禪師矇騙，那還得了？我當然要打抱不平、拔刀相助，把你們救出來，這叫作行俠仗義。可是爲什麼禪宗裡面被印證了那麼多的人——從古至今已經很多人了——爲什麼都沒有人出來行俠仗義，救救禪宗的學人呢？而且某些極少數人還眞的出來搶救「被誤導的人」；就像我們會中學員千餘人，在三年前（2003 年初）也有人想要來搶救（只想救你們，就是不肯救我），可是結果仍然是救不成，反而是被你們寫書給破斥而無法回應。爲什麼會這樣呢？正因爲是眞實法，而你們也親證了，所以他們無法推翻。

以往千餘年來的中國佛教，常常有人會推翻正法而說：「**如來藏是如來藏，阿賴耶識是阿賴耶識，如來藏與阿賴耶識不是同一個心，是二個心。**」這盤冷飯存在中國已經有一千多年了，如今我們把它炒了、吃光了；將來他們想再拿出來炒也沒有機會了，因爲我們這三年來藉著他們重新再炒一遍的機會，乾脆把它炒得更熱而吃掉了——六、七、八、九、十識全都定於一尊：**總共八個識，不許多也不能少**。以後再也沒有人可以重新炒這個話題了，現在佛教界也不會再來諍論說：**阿賴耶識是如來藏生的，因爲還有一個第九識**。再也不會了，因爲我們已經依教、據理把總共八識的正理據實說明了，再也沒有人能推翻了。

所以由這道理及聖教所說，這一個攝持藏，絕對不是意識能作得到的。假使禪宗祖師們所傳、所悟的都是騙人的把戲，不應該有很多古今很有智慧的人陸續投入而且不退轉。如果是假的，一定會被拆穿，因爲投入禪宗實修的人，絕大多數是心量大而且較有智慧，不會容許禪宗一再地欺騙有智慧的人。所以，這個攝持藏阿賴耶識，既然有那麼多人從古到今可以實證，直到現代也仍然有正覺同修會許多人親證了，爲什麼還要去懷疑呢？那不是很愚癡的人嗎？看看禪宗那些祖師，哪一個不是悟了以後很有智慧呢？就算是最沒有善巧智慧的人，譬如俱胝和尚、打地和尚，他們爲什麼能夠度得徒弟同樣悟入而在他們座下永不退轉？一個笨笨的、不太會說法的人，結果是徒弟在他座下悟了永不退轉，並且生起智慧來度人，那是什麼道理？那表示他們的法是眞實、是不欺、是清涼、是寂靜、是無惱的，才有可能這樣。這一些道理，顯然都不是印順所能知道的。

印順接著說：「如即如如，無二無別的諦理，眞諦是法法如是的。如如，本沒有什麼來不來。如寶珠，本來明淨，即無所謂來不來，然約琢磨寶珠的塵垢，使寶珠的明淨，能具體的顯露出來，所以名來。」他是從「如來」兩個字來作解釋的。可是問題又來了，在梵文裡面，不叫作如來，是叫作如去，印順在這個「來」字上面作文章有何意義？為什麼叫作「如去」？是因為如來度得阿羅漢入涅槃以後，看來是去了，只是看來好像去了，其實是沒有去，所以叫作如去，如去就是沒有去。中國人對「去」不喜歡，就翻譯作「如來」。

可是「如來」的意思不如「如去」，因為如來是好像來而沒有來；如來既然好像來而沒有來，那你能跟誰學法？你可就沒有法可學了，所以還是譯為「如去」比較好，「如來」只是中國地區的翻譯。問題來了，本來叫作如「去」，印順卻在「來」上面用心，這跟「如」有什麼關係？「如」是講諸法皆如，「諸法如」的如字，不是講「如來」的如，不能將諸法「如」當作「如」來，因為如來是一個稱號——如去，這個如字是說好像的意思，與如如不動的自在義，二者是不同的，印順把這兩個不同意思的如字混在一起，根本就是牛頭逗馬嘴。

為什麼叫作諸法如？是因為如來所證的是如來藏，到佛地成為無垢識，這個識在因地就已經是自在——如，不必等到修行以後才自在——如；乃至二乘菩提中，阿羅漢滅盡了蘊處界而入涅槃時也是如。原始佛法的阿含期中就已經是這麼說的：**阿羅漢滅盡蘊處界以後是如**。所以說「**法不離如、法不異如**」，是阿含期就已經這麼說的，佛陀有時又說阿羅漢的證境是眞實、審諦、究盡——究竟滅盡。這表示阿羅漢滅盡蘊處界以後並不是斷滅空，正因爲不是斷滅空，仍剩下本際識如如不動的獨存，所以叫作如。也因爲菩薩所證的這個本識在三界中一向是如，在六塵中喧鬧中祂仍一向是如。

爲什麼祂在三界中一向是如？因爲某甲造了惡業下了地獄，即使是到無間地獄，當他的地獄身心受苦無量、煩惱無量，求死不得；終於好不容易死了，業風一吹，馬上又活過來，又繼續去受苦，眞是受苦無間，他很苦惱；可是正當他受苦無間而驚恐苦惱時，他的如來藏卻是仍然如如不動，這才是眞正的如。又如某乙造了善業生到欲界天，就像一神教講的說上了天堂享福，死後終於去欲界天了；譬如吃素不殺生，又行十善業，上生欲界天，有種種享樂，他的覺知心好快樂。譬如有一位阿羅漢的弟子生到忉利天去，駕著馬車飛馳，阿羅漢在路旁看見了就向他揮手，他卻不理他的師父，繼續前進而沒有停車向阿羅漢師父打招呼，因爲他爲了享樂而忙得很；這位阿羅漢覺得這個徒弟眞無禮，於是以神通超前攔住他來質問，徒弟卻說：「師父啊！我在天上享樂，其實很忙，沒時間停下來向您問候。」因爲忉利天中的天人都很快樂：五百天女奉侍他，每一位天女又各擁有七個婢女，你說他快樂不快樂？他當然沒時間休息，也捨不得休息。可是當某乙如此不斷享樂時，他的如來藏還是沒有任何的貪，還是如如不動。必須是這樣的心，才能叫作全然的如；所以這個如字，是說如來藏的如如不動，不是說如來的「如」的意思。像印順這樣解釋佛法，是不懂經文的臆想揣測之說，是異於經義的一己之想——異想；我們只能說他純粹是憑意識上的思惟，專在意識想像上面作文章，卻能寫出四十一本書，專門壓抑大乘佛法而廣作文章，眞厲害！

再來，印順說：「因此，如來即體如而來，而如如實沒有來不來可說。」這句話倒是講對了——體如而來。可是，現在還要從雞蛋裡面去對他挑骨頭，既然是體如，就不應該說而來，「而來」就表示祂有來，有來就一定會有去，那就不能叫作如了，所以只有不來也不去的心才能說其體是如。

接下來，印順說：「如——如來，即法空性。」從字面上來講，是沒有錯的，我們來解釋這句話時也不會有錯；就怕他再把這一句話用自己的意思解釋下去，就會錯了。如果他只是依文解義而不去解釋它，那就不會有錯；可是，「不會錯」是從我們的見地來看它，若從印順自己的立場來看時還是會有錯誤。所以說，你如果悟了如來藏，不可以用你自己的立場來衡量別人，否則你會錯把未悟者所說一併認定爲正法，但他的語句所含的意理卻是與你不一樣的。

打個比方好了，有一天，有一位大法師（這是眞的故事，不是編的，因爲也登載在他們的月刊裡面），他有一天說：「**師父現在正在喝茶，這跟釋迦牟尼佛拈花是一樣的。**」他到這裡打住，表面上絕對是沒錯的；但這「沒有錯」是從我們的見地來看他這一句話而說是沒有錯，可是若從他的言下之意來看時仍然是錯了。因爲他接著又說了一句話：「**都同樣是這一念清清楚楚、明明白白的心。**」啊！這就不對了！所以要看別人說的對或錯，不能只挑局部，要看對方全部的說法，來判別前幾句的說法是對或錯。同理，從印順的這一句話表面來講「**如來就是法空性**」，這是對的，因爲諸法都從自心如來而來，所以一切法都是空性——全都附屬於如來藏空性，而自心如來這個法本來就是空性，所以如來也就是法空性。但這不是印順的所見，如果由印順來繼續解釋下去時，就會像那位大法師一樣解釋錯了，因爲他一定會解釋說：「法空性，就是一切法緣生性空。」所以印順說的法空性，與證悟菩薩所親證的法空性並不相同，不可等視齊觀。

接下來印順說：「如《金剛經》說：『如來者，即諸法如義』。約所證說，但名如如，約能證說，即如如智。」這倒也講得很好，因爲諸法如就是如來——自心如來。然而印順所說也只是依文解義，卻不是他心中的本意。印順所說的如，是諸法滅盡後的滅相。但是，請問：十八界法——六根、六塵與六識，這十八個法有哪一個法是於一切法中都如？顯然沒有。而這十八個法，即使依照印順所說的，是諸法滅後的**滅相**而說滅相是不會再滅失的，就把諸法斷滅後的**滅相**建立爲常住不滅的，請問這個**滅相**在諸法中是如嗎？顯然不是如。因爲：於諸法中如，一定是有一個大前提——有一個法，這個法在諸法中一向都如如不動，這才能說是**於諸法中如**。

如果於諸法中並沒有那個常住而如如不動的法，而諸法斷滅後的斷滅空，怎麼能說是於諸法如呢？那不是把佛教界的學人、大師們都當作三歲孩童嗎？可是看來當代的佛教界大師們都眞的像三歲孩童一般，都被他騙而相信他了。但我們不想當三歲孩童，我們要當一個能夠檢查他的有智慧的大人；因爲印順的佛法智慧若以世俗法來講，充其量只不過是十幾歲的少年而已，對佛法仍是不懂的。

如果單從「能證」講解爲如如智，表面上似乎是對，但問題是：智與識到底是一法或是二法？大家有沒注意這個問題？我的說法初聽起來好像很繁瑣，可是你若像這樣常常熏習及思惟，你的思慧及修慧層次將會很快速的提升。智與識，是兩個或是一個？（有人說是兩個）是兩個？有沒有人說是一個？有！因爲有人點頭。這兩位，各領三棒出去自己打，因爲智與識不能說一、也不能說是二。也許你想：「又中了你的圈套！」這不是設圈套，而是要讓你習慣於全面的了知，不要常常落入片面的了知。這是因爲智是識所擁有的，所以是二；但智其實不離識，離識即無智可說，所以也是一；然而說一或二，都將出現問題，因爲事實上是不一亦不異。

也許他們又講：「那都是你從大乘佛法裡面弄出來隨便講的。」既然如此，我再爲他們講阿含好了（他們既然只信阿含，我就與他們講阿含）。在阿含部經典中記載，有一天，兩位阿羅漢互相在討論：智與識是可以分開的嗎？

或者是不可以分開？有一位阿羅漢說：「不可以分開，因爲識是心體，智是心體所得的法，表面上看來雖然是兩個法，可是這兩個法不可分開，因爲離開識就沒有智。識與智不一也不異，智是識的所證，是識所有，離開識就沒有智。」語譯以後的意思即是如此（編案：《中阿含經》卷 58《大拘絺羅經》）。現在回頭來看印順這一句話：「約能證說，即如如智。」請問，如如智是誰所得？是意識所得，意識悟了以後才擁有如如智。可是問題來了：意識所擁有的如如智就是意識本身嗎？如果意識所擁有的如如智就是意識自己，那麼同樣的邏輯：燈發出來的光也就是燈，所以你把火光滅掉時，燈應該就同時壞掉了。同理：「約能發光的電燈說，即是電燈光。」你若把電關掉了，電燈的光不見了，那時電燈燈具也應該要滅失了。但事實上顯然不是這樣。

如如智是誰的所證？是意識的所證。當意識找到如來藏了，所以能現觀如來藏的如如不動自性而有如如智。這是意識有了如如智，是意識證得如如智，當然是意識與如如智相待，可是印順說：能證就是智，智就是識。能證是意識，能證的意識就是所證的智；那麼意識所證得的如如智就是意識——識就是智；那就應該所有人一出生時有了意識就一定有智，因爲識就是智，不是後來修學才證的，不是兩個法。所以印順說：「約能證說，即如如智。」換句話說，如如智就是能證的意識覺知心，眞是違背常理的說法，眞的不能說他有智慧，因爲他的說法實在通不過世俗邏輯的考驗，更不要說實相智慧的考驗了。

接下來，印順說：「如如、如如智，平等不二，名爲如來。」如如就是如來嗎？如如智就是如來嗎？這裡面有問題了！如如是什麼？是自心如來表現出來的清淨自性，它只是無垢識或者說因地的阿賴耶識所表現出來的如如的自性，這是顯示給證悟的人可以現前看到的，而這個自性不能說就是心體。印順卻把如如、如如智、能證的意識，全部混爲一體。如果如如就是心，那麼問題來了，依照這個邏輯就可以這麼說：毒蛇很陰險狠毒，牠才剛出生就仗著有毒而不肯讓人，你若是要強行通過而不禮讓牠，牠就會咬你一口，保你死定；所以牠的意識心是陰狠毒辣的自性，但牠的意識表現出來的陰狠毒辣是不是等於牠的意識心？如果陰狠毒辣就是意識心，那麼也應該可以這樣指說那位善人：慈悲就是意識心。但你事實上一定不會這樣說。同樣的道理，假使有人說：「那個黃金製品好漂亮，眞是光彩奪目！」依照印順的說法，是否也可以說光彩奪目就是黃金？不行的。可是你如果把黃金丟了，光彩奪目也會跟著不見了，所以黃金的光彩奪目體性與黃金是不異的；但是也不一，不能說光彩奪目就是黃金，故又非一。

因此，印順把如來當作是如如，說如如名爲如來，然後又說如如智也是如來，說如如與如如智，平等不二，就叫作如來。那麼問題可就大了！因爲如如與如如智是兩回事：如如是阿賴耶識顯現出來的清淨自性，它是阿賴耶識所有的；可是如如智是意識找到如來藏以後，看見如來藏是如如性的，因此意識擁有了如如智。所以，如如是屬於如來藏的自性，如如智是屬於意識所擁有的智慧，當然不可能相等。第八識如來藏的如如自性，與意識所擁有的如如智，怎麼會是平等不二？印順還眞的是腦筋壞掉了！所以說，如如與如如智，不能是平等不二的，因爲如如是第八識心體顯現出來的清淨自性，而如如智是意識證得如來藏以後，觀察如來藏的如如自性而產生的智慧。只因爲印順把七、八識都否定，解釋經文的如如智與如如、如來之時，當然只能把第八識的自性全都套在意識頭上，於是如來、如如、如如智，就都成爲同一個法了，眞像是把幾道好菜放入同一個鍋中炒糊了。

這個如如智可以被拿來作修善的工具，也可以被初悟的人拿來作造惡的工具。也許你想：「**你言過其實吧？**」其實不然！假使某甲來跟隨某乙修學得到了宗門禪——證悟了，當他現觀如來藏的如如性，所以有了如如智，但他的見道尚未通達，仍未進入初地，一直停留在第七住位中，使得大乘初地所斷的異生性常常現前。有一天，他想：「**我如果另立一家分號，我將會是一方大師，名聞利養可都有了。**」他可不可以這樣？大家都不點頭，好像是不可以這樣；但是有些人會這樣作，並且也確實自古至今都有人這樣作，我們會中也一直有人這樣作。爲了名聞利養而作了以後，請問：**這個如如智是在幫他造惡還是行善？**答案是：**既有行善，也有造惡**。他幫別人也找到如來藏以後，廣得供養；爲了廣得供養而作，是造惡——藉如如智來造惡。可是被他所度的人多付出供養以後也證悟了，那個人卻可能不會像他那樣，心中反而這樣子想：「**我眞的很感激師父。**」就一直跟著他的師父利樂眾生，幫助他師父弘揚正法——行善。而他的師父以名聞利養心，利用如如智去幫別人證悟而獲得名聞與利養。請問：**他師父的如如智與如來藏的如如是不是一樣？**（眾答：不一樣。）當然是不一樣嘛！

所以說，如如智是意識所擁有的智慧，而如如是第八識自體的清淨性，這兩個法不能夠說是平等無二。但印順把二者混合起來說是平等無二，所以就說如如即是如來，如如智即是如如，那麼如來當然也是如如智了。十方如來聽到印順這樣講，都要爲印順掉眼淚，憐愍印順這麼無智。這就是說，學佛法時，若是一開始就被人誤導而信受**六識論**，就會像印順這樣：把六、七、八識的自性全部攝歸第六意識，那麼第六識所擁有善惡性及如如智，第七識所擁有的遍計執性，第八識所擁有的如如性及眞實性，也就只好都算到意識頭上來，因此就會像印順一樣把三個識所有的不同法義都混合爲同一個意識所有，於是印順所認知的佛法就全部雜亂無章了，就會處處與經論所說相違。在此狀況下，爲了合理化，又不得不將某些無法連貫的法加以切割獨立出去，於是印順所認知的佛法也就跟著支離破碎了。所以他師父太虛法師指責他把佛法割裂成支離破碎狀態，是依事實而說，絲毫都沒有冤枉他。

接下來，印順說：「如何是如來之藏？藏，是胎藏的藏。約依止義說，藏是依止義，如胎藏爲所依止處。」這個倒也講得對。但印順接著說：「如來——一切平等法性，遍一切處，一切眾生不離此如來性，不出法性外；」

問題又來了！既然說如來是一切平等法性，而且是遍一切處。遍一切處，在種智中是說遍十二處，遍於六根與六塵；但是也可以引申出來說，遍十方一切處，只要有世界就有祂，也可以講得通。如今問題來了！如來藏，只要有世界存在就有眾生，有眾生就有如來藏；所以說如來藏遍十方一切世界，遍一切處。如果從遍十二處來說，如來藏是普遍存在六根與六塵中的，才說是遍一切處。可是印順建立了一個意識細心取代如來藏，說意識細心就是自心如來，能攝持萬法而被萬法所依止。那我們要問他：「**你這個意識細心有沒有遍十二處？**」這一問，印順又只能噤口不言了。

因爲，事實上意識細心就只能存在意識一界中，不能遍六塵界，所以六塵界中沒有祂的存在；因爲意識細心是塵與根接觸而生的，所以不是遍於六塵中的，也是不能遍於六根的，那祂怎麼能遍十二處？意識細心是在六識界中，歸六識界所攝，不在根界、也不在塵界中。那他主張意識細心「遍十二處——遍一切處」，就講不通了！所以，一切眾生固然從來不曾離開如來性、不出於法性之外，因爲不出於如來藏的自性之外；但是如來藏不能用意識細心來取代，如來藏的如如性和其他各種法性，也不能以意識來取代，永遠只能夠是如來藏才能擁有。

「如如法性」：這個如如法性，依照印順的說法，當然要解釋爲：**一切諸法緣起性空**。然而，緣起性空是如如嗎？緣起性空是：**一切諸法都是眾緣所起，而其性無常，終歸於壞滅空**。壞滅空，會是如如嗎？顯然不是如如法性，所以他用二乘解脫道的滅盡諸法來解釋般若，遇到了菩薩時，不免要被菩薩句句、處處、段段挑毛病。眞要挑他的毛病，我們只能借用最近最流行的一句成語來形容——罄竹難書。你把天下的竹子全都砍下來寫，仍然寫不完他的法義過失。絕對不許用二乘聲聞法的緣起性空來解釋般若，因爲般若是如、是眞實、是審諦不顛倒，是實相法而非虛相法；可是二乘的解脫道聲聞法，是緣起的，是緣生與緣滅的，是體性無常、苦、空、無我，顯然不是如。所以，印順跟著宗喀巴等應成派中觀師，同樣用**六識論**的緣起性空來跟如如般若劃上等號，是很大的過失，所以印順的說法永遠都會有問題。因此說**「如如法性是眾生的所依止處」**，這句話本身是正確的，但是如如法性不能夠用印順的解釋來理解，而是應該用般若眞義所說的如來藏識來解釋才能隨順正理。

「一切眾生是如來藏」：你只要證悟如來藏了，都會舉雙手贊成：講得太好了！因爲一切法都是如來藏，而一切眾生都在如來藏中生活。整個宇宙及有情的全體就是如來藏，沒有一法而不是如來藏，所以一切眾生是如來藏。這也是經典中說的，可是印順註解說：「約隱覆義說：法性是本來清淨的，但無始以來，爲煩惱垢所隱覆，不能顯現，如嬰兒在胎藏中一樣。」這又有問題了！〈胎藏喻〉或是《如來藏經》中的另一個〈萎花喻〉，是從佛地來看眾生而講的：這個如來藏本來自性清淨，可是因爲眾生被污垢無明所遮障，所以證不到祂，如同胎藏處於母胎中不能顯出作用；若能將其中的種子清淨了，也就成佛了；又如眾生本來都有自心如來，但是被我見、我所執、我執等煩惱遮障了，就無法找到如來藏而看不見祂的眞實性與如如性，無法實證眞如。如來是這樣看如來藏的。

可是印順顯然是從凡夫猜測認知來看如來藏的，因爲印順被我見無明污垢遮障了，所以落入意識我見中，看不到如來藏，就說祂是隱覆的。在〈胎藏喻〉、〈萎花喻〉中，世尊很清楚地說明：其實那一朵萎掉而爛臭的花中，清淨的如來是很分明顯現的；處於胎藏中的、還沒有到達佛地的如來，也是很分明地顯現的，並且都是以清淨性而顯現出來。佛是這麼說的，不是印順所講的：**無始以來，為煩惱垢所隱覆，而不能顯現**。煩惱垢所隱覆的是眾生心，使意識的清淨性無法現前，說的是識陰；可是如來藏仍然很分明的穿透那些污垢而讓菩薩們清楚的看見，要這樣才是眞的證悟。

你看，印順這麼一段短短的註解，我們編派出一大堆是非給他，他根本推不掉，不是因爲他已經死了而推不掉，而是錯誤分明所以無法狡辯。以前常常有人說：「**你蕭平實專講死人的錯誤，人家死了，又沒辦法回應你。**」好在我們是在印順生前就一直寫出他的錯誤，是在印順生前六、七年就開始寫了。今天且不說印順死了，假使印順還活著，並且精神百倍如同二十郎當的年輕小伙子一樣，印順仍然是無法答覆我們的辨正；所以我們編派了很多法義上的是非給印順，印順卻連回應一件也做不到，問題就是出在他所崇信的六識論邪見。如果印順初始學佛時不宗本於六識論，而是宗本於如來藏法所說的八識論，就不會有一大堆問題存在。他講經時即使只是依文解義，也沒有人能挑他的毛病；因爲最多就只是講得不清楚、不明白而已，但是從字面上來看，都不會有過失——印順只要不自作聰明作出甚解，就不會有問題。

所以，大乘法很難實證，很難實證的緣故不是因爲祂本身難以實證，而是因爲印順被人誤導入六識論邪見中；誤導了以後無明籠罩，想要實證就加倍困難了。所以如果不是被誤導，而如實理解到經句中的眞實意涵，想要眞正破參明心，其實並不很難。破參明心之所以會困難，是因爲誤會了經句的眞義，或者被惡知識誤導入意識境界中，成就錯誤的知見，參禪覓心的方向就會跟著錯誤，所以想要證悟就變得很困難了。因此，由他的《勝鬘經講記》中可以看得出來，印順對正法的誤會是很嚴重的；《勝鬘經講記》是如此，其他四十冊著作也都不能免除這樣的現象。

由於印順法師以二乘菩提的解脫道來取代大乘的佛菩提道，所以我們這裡還要再補充一點說明。請看補充資料：【大乘世諦即是第一義諦，大乘四聖諦兼含法界實相故。《摩訶般若波羅蜜經》卷 22：「世尊！世諦、第一義諦，有異耶？」「須菩提！世諦、第一義諦，無異也！何以故？世諦如，即是第一義諦如。以眾生不知不見是如故，菩薩摩訶薩以世諦示若有若無。」】

這是針對經文「**說聖諦亦甚深，微細難知**」，來作補充說明。這一段經文，對於還沒破參的人來講，可能會覺得很難懂，所以我們要爲大家再一次講解：為什麼這段經文要這麼說？這意思是說，大乘法的世俗諦是一再配合第一義諦的實相心來談的。這樣看來，好像跟二乘法的世俗諦很類似，但其實不一樣。在二乘法中斷我見與斷我執而被稱為世俗諦，是因為二乘菩提中只需要斷我見、我執、我所執，心中只需確信佛說的**滅盡五陰十八界以後不是斷滅空，仍有本識常住不滅**，就足以確實斷見惑、思惑了。

這個前提，就是 佛在阿含中說的：**比丘於外有恐怖，於內有恐怖，所以無法取證菩提，不能斷我見，乃至不能成為阿羅漢。**（編案：詳見《阿含正義》的舉證與解釋）意思是說，有些比丘是於外有恐怖，就是恐怕色身、五陰、十八界法，在將來入無餘涅槃時滅盡了，是不是會成為斷滅空？因為恐懼成為斷滅空，所以不能確實斷除我見，寧可認取五陰中的某一個法作為常住不壞法，這樣才能心安，卻落入常見中，斷不了意識我見。正因為聽到阿羅漢們都說五陰的一切陰、十八界的一切界，入無餘涅槃時全部都要滅盡，因此他心中很掙扎，所以他於外法五陰的斷滅就有了恐怖心態：「**這現前可見的五陰十八界滅盡了，佛陀說是清涼，可是我覺得是斷滅。**」所以於外有恐怖。

另外有一種是比丘**於內有恐怖**，這是阿含的同一部經中所說的。是說有的比丘能現觀蘊處界全部都虛妄，但是又想到入無餘涅槃後是要滅盡一切的，滅盡以後 佛說是清涼，因爲 佛曾經講過一切有情內有本識常住不滅，「可是這個常住不滅的本識究竟在哪裡，我沒有辦法證得，因此我不能證實是否眞的有這個本識在滅盡五陰以後還繼續存在。」所以他因爲這個內法不能實證而有恐怖。最後一種聲聞人，佛說：「如何是比丘於內於外都無恐怖？」因爲他信受佛語不疑，佛陀說有這個內識存在（這個內識其實應該叫作外識，對諸位實證者來講是內識，但是依阿含來說內外識時，是說這個恆於內安住的本識其實卻是外識，將來你們讀《阿含正義》時，就會瞭解爲什麼這樣說）。他對於五陰身中本有的這個本識雖然不能證知，但是相信 佛陀聖教不疑，而又能夠現前觀見蘊處界全都是緣生之法，無常故空，空故無我，因此他願意把自己滅盡；相信佛說滅盡以後，有一個在內的本識常住不滅，因此能斷我見又斷我執，所以他於內、於外都無恐怖。

從這裡可以看得出來，在二乘法中是不需要實證這個本識的，因此他們的修證全都在蘊處界等世俗法的無常故空、空故無我上面來修；所以他們所修的都是蘊處界法，因此就被稱爲世俗諦。這個世俗諦，大乘法中的菩薩們一樣也要修，同樣要在世俗法上觀察蘊處界諸法皆空，不同處就在於菩薩還要再親證 佛陀所說的於內常住的本識，要親證祂，現觀祂的本來涅槃、本來清淨自性，現觀祂確實是出生蘊處界諸法的眞實心，是常住不壞的。由於這樣親證而出生般若實相智慧了，然後再從所親證的本識立場，回頭來看蘊處界及從蘊處界輾轉出生的一切法，所以實證一切法空。但是證得一切法空以後，現觀一切法都是依附於常住不壞的本識而有、而運作，所以一切法沒有自性，本來就是屬於本識所含藏的無量自性之一；全都攝歸本識而從本識來看待所生的一切法時，就說一切法本來不生。又因爲一切法全都依附於常住不滅的本識，所以說一切法永遠不生不滅。這樣就整個反轉過來了，跟二乘菩提所講的一切法緣生性空有所不同；菩薩因此而生起大悲心、大悲願，不像不迴心的二乘聖者一樣只想遠離三界生死痛苦了。

所以大乘法所觀的四聖諦並不是單單只有蘊處界十八界等法，而是函蓋了從本識藉著蘊處界輾轉出生的無量無邊的萬法，而萬法仍然是三界中的法，卻又攝屬法界本源的第一義諦本識。所以這一段《般若經》裡面才會說，大乘的世諦與第一義諦是不異的，原因就在這裡。而二乘法的世俗諦，只在蘊處界的本身來作觀察，沒有兼含無量無邊的一切法，也不含本識實相法界，所以說他們所證的空是生空眞如，叫作眾生空——蘊處界空，菩薩就把它立名爲生空眞如，因爲二乘聖人看不見眾生緣起性空之中也有眞如法性常住，而菩薩卻親眼看見了。

但這是從大乘法親證者所見來說的，其實二乘法中的聖人並沒有實證眞如；可是佛也說二乘所證斷盡我見我執，諸法滅盡以後是清涼、是眞實、是如，這是從佛菩薩的法界證境和實相智慧來觀察阿羅漢的所證。但阿羅漢其實尚未實證自我滅盡以後也是如的境界，只是信受佛語；因爲佛說諸阿羅漢滅盡之後是如，仍有本識常存不滅，就這樣信受而斷盡我見我執。可是他們其實不知道如究竟在何處，因此說二乘的世俗諦只在蘊處界的滅盡上面觀行，不必兼含輾轉所生的一切萬法，更不必實證法界的實相本識，故沒有第一義諦智慧。至於大乘的世俗諦，那就不一樣了，要經由蘊處界來觀察輾轉所生的萬法，全部都從本識而來，才能叫作實證法空眞如的菩薩。

這可眞的有眞如了，因爲現前觀察一切法依附於如來藏時，全部都是如，沒有斷滅相可說。所以，這一段《大品般若經》卷二十二中才會說世諦、第一義諦，是不異的。原因就在這裡。世諦在二乘法中明明是非如的，爲什麼在大乘法中卻說是如呢？經文說：「世諦如，即是第一義諦如。」在二乘法來講，明明是滅盡，不可能是如，可是在大乘法中卻說二乘的世俗諦也是如；因爲依於如來藏，所以能有無量無邊的五蘊身心一世又一世的存在，眾生都不知道這個如，而菩薩隨佛修學親證了五蘊身心之中有一個本識從來是如，而五蘊身心只不過是依附於這個本識而存在的，所以五蘊身心其實就是本識所擁有的法，所以說五蘊等一切法是如，所以世俗諦也是如——生滅法的蘊處界也是如。

這是由不在三界法中的本識來看待蘊處界以及輾轉所生的一切法，所以才說世諦如。這個世諦如既然是現觀一切諸法由本識所有，依附於本識而生滅，所以親證本識而產生的第一義諦當然不是生滅法，是常住而如如不動的，所以說這樣的第一義諦也是如。換句話說，菩薩所見一切眾生都是如，菩薩所見一切眾生都是涅槃，所以一切眾生是如。假使有人來問：「如何是佛法大意？」菩薩就說：「你是佛法大意！」學人弄不清楚，明天又來問，菩薩就回答他說：「我是佛法大意！」如果還弄不懂，第三天還來問，菩薩就把侍者拉出來說：「**他是佛法大意！**」對二乘聖人來講，這是不可捉摸、不可臆測的，凡夫就更甭談了。

如果你不相信，哪一天你來問我，我就拿一支原子筆送給你：「**這就是佛法大意！**」爲什麼會這樣？因爲一切是如來藏，萬法莫不是如來藏。所以在大乘法中也講世俗諦，因爲以蘊處界作爲一個助緣就可以從你的本識中輾轉出生無量無邊法；可是這世俗法中的無量無邊法都是三界中的法，沒有一個法是三界外的。只有本識既是三界外也在三界內，祂橫跨兩邊，內外通吃；其他的所有一切法都與五蘊身心有關，這無量無邊一切法都是不離三界的，如果出了三界就沒有一法可得。所以，以前有人跟我妄談三界外法，我說：「**三界外無法，你談什麼法？**」所以，從大乘來看，世俗諦也是如，第一義諦也是如。

假使不信，我們就來討論看看。第一義諦談的是圓滿具足世間出世間法，世間法剛剛我們講過了，可是第一義諦談的是：這個本識具足了世間萬法，也具足了出世間法。可是出世間法要在哪裡去找？是不是要到三界外去找？一般人會思惟以爲應該出三界去找，但你們來正覺同修會熏習久了，知道不應該出三界去找。但一般人一旦瞭解這個本識是三界外法，通常都會想：**那我就去三界外找祂**。問題是人類的五蘊永遠不可能出三界，天人的五蘊或四蘊也永遠不可能出三界，阿羅漢們的五蘊也不能出三界，誰都不能出住於三界外；因爲所謂的人、天、阿羅漢、菩薩們都是五蘊所成，只是智慧有別，所以才有四聖六凡的施設。凡是五蘊都不可能到三界外存在，因爲要出三界就只有把五蘊自己滅掉而成爲無餘涅槃；可是自己滅掉了怎麼能到三界外去找本識？可是當代所有大師們、學人們，都不瞭解這個道理。

所以若想要找到這個眞實的如，還是得要在三界中找；因爲這個本識雖然永遠是如，可是祂橫跨兩界：既在三界外，也在三界中。具足世間、出世間法，才能夠函蓋第一義諦。當你親證這個本識了，你來現觀諸法與本識如來藏的關係，其實諸法都屬於如來藏所攝，一切法莫不是如來藏；這樣，一切法就是如；修學這個佛菩提，證得佛菩提智，才叫作第一義諦。二乘世俗諦不曾實證這個法界實相，當然不能稱爲第一義諦。可是大乘這個第一義諦能在三界外存在嗎？當然是不可能，因爲三界外沒有菩薩，也沒有佛，三界外更沒有眾生，所以這個智慧是你的意識所有，不是如來藏所有；但意識所擁有的智慧，是因爲意識證得如來藏以後而生起的，如來藏是實證的標的，祂自己不會生起第一義諦智慧。我們已經把這個前提都講過了，智慧是你的意識所有，而意識是三界中法，所以第一義諦當然也是要在三界中才能存在。在三界中什麼地方存在呢？在眾生的五陰身心中存在，所以第一義諦其實也是在世間法中存在；它能使人出三界，能使人究竟解脫，但它仍然是三界中的法；只是因爲這個第一義諦是以本識來作現觀而得到如的智慧，所以才說三界中法也是如，才說三界中意識所有的第一義諦也是如。

我不曉得有沒有人聽完了這些法以後，心中覺得好像在繞口令一樣？但是你如果破參了，聽了就懂，也不用作筆記；當別人問起來時，你也可以這樣爲人講。可是如果還沒有證得這個本識，筆記寫了以後思惟再思惟，背了再背，到時候上臺要講時又講不出來了。因爲這是處於現前觀照之中而講出來的，不是死記以後講出來的。如果要用記憶死背的，那麼這部經應該大約六、七週就講完了。所以這個本識法常常有禪師們私下說：「祂眞不是東西！」有時候假使有人始終都落在五陰中，禪師就會罵：「迷己逐物！」眞實的自己是本識心，學禪的人卻老是把本識心丟在一邊不顧，老是要在五蘊當中認取一個眞實法。

五蘊都是與三界法相應的，五蘊一向是迷己逐物的，可是證得第一義諦的智慧時，這個智慧還是五蘊所擁有的，而這個智慧所證的標的是涅槃心、是本識如來藏，證得這個標的以後產生了第一義諦智慧，這個第一義諦智慧卻仍然是意識所有，仍然是三界中法。有一天你如果轉依了眞實永如的本識，你也可以開口說「無一切法」，因爲從祂的立場來看，沒有一切法可說。所以凡是有人來問：「狗子有佛性也無？」老趙州都說：「無！」明明經中說一切眾生都有佛性，老趙州卻說「無」。一般人聽了，一定是聽到「無」字；可是老趙州這個「無」，其實是告訴你「有」。這很奇怪吧？明天又來問：「佛說一切眾生都有佛性，爲什麼和尚你說狗子無佛性？」老趙州還是答「無」，但其實他是在說「有」。這不是打啞謎，確實是已經說有了，只是一般人都在聲音上、語言文字上去聽，所以就聽不出「有」在哪裡。然後質問說：「佛說一切眾生都有佛性，爲什麼師父您說狗子無佛性？」老趙州說得妙：「就因爲牠有業識在。」又有僧人來問：「狗子有佛性也無？」這一回老趙州卻說：「有。」那僧人又問：「牠既有佛性，爲什麼卻出生爲狗？」老趙州答得妙：「因爲牠知而故犯，所以撞入那個皮袋裡面去了！」眞是答得很妙。

所以說，禪師說話都是一語雙關，每一箭射出去都不虛發，都是一箭雙鵰，那就看誰有緣能夠體會出來。爲什麼禪師能這樣？都是因爲他現見一切諸法無非是如來藏，一切諸法都是佛法大意，所以他隨便怎麼答都對；你若還沒有破參，絞盡腦汁、想方設法、千方算計、百方模仿，答出來的都錯，禪師卻只要隨便一個字就可以把你打發了。這原因，是因爲他現見**世俗諦、第一義諦都是如**，所以才能如此。

因此大品般若中說：「**世諦如，即是第一義諦如。**」可是眾生不能了知這個如，也不能看見這個如，所以就要勞動菩薩摩訶薩用世間法種種方便善巧不斷的解說：**或者有或者無，或者無或者有**。翻來覆去不斷的講，看看能不能有幾個利根人忽然間一念觸動禪機，也就開悟了，就能親見這個「如」了。有個外道禪師，他們那個山不是叫作禪機山嗎？其實他們懂得禪機嗎？在什麼地方有禪機呢？其實都是名不符實。眞正的禪機，得要證如來藏而通公案，然後使得殺人刀，要得活人劍，你這個山頭才能叫作禪機山，否則是沒有資格命名爲禪機山的。

當你通達了般若，你可以說：「**世諦不如，第一義諦也不如。**」你也可以說：「**世諦如，也就是第一義諦如。**」那就由著你隨意說了。因爲你只是從不同的方向來講而已，全部都通，而且都沒有衝突。譬如說，你在台北，有人問你：「**如何去台中？**」你說：「**向南走！**」有一天你去到高雄，人家問：「**台中怎麼走？**」你說：「**向北走！**」這是從不同的層面來說，都可以通，就看你從什麼立場來說**如**或者**不如**。對眾生，當他們來問**如**，你就告訴他**不如**；有人悟了，到你面前來要個機鋒說這叫作**如**，你也說這叫**不如**。他很不服氣：「**明明就是如，你怎麼說不如？**」你說：「**就是不如！**」等到明天又來問，你就大罵他：「**你這個大傻瓜，不如！**」他就懂了。

所以《般若經》難通達，極難通達，雖然它比一切種智要粗淺太多了；可是對於當代那些大法師們來講，已經都不能通達了，一般人就更別說了。以前常常有人講說：「**般若甚深極甚深！**」但是我聽了，就說：「**種智更甚深，更加甚深！**」我想他們聽了，可能臉要黑掉半邊；因爲他們對般若是自以爲懂，其實都弄不通，更深的種智又要怎麼弄得通呢？所以《勝鬘經》，講的不光是般若的層面，它也函蓋種智的層面，只是說得簡略，因此很難瞭解；

而這個道理當然是微細難知的，不是思量所得的境界；連三明六通的大阿羅漢都無法用他們的智慧來猜測，那麼一般研究佛學、作學術研究的人，總是用意識去思量，哪能知道呢？他們得要研究到驢年到來時才能知道，除了驢年到來以外，他們是沒有辦法悟入的；因此勝鬘夫人才說：這個如來藏妙義——本識第一義諦的妙義，是智者所知。

換句話說，只有證悟的菩薩們才能知；就像勝鬘夫人說的，果然是一切世間所不能信。作學術研究的人，他們常常會提出一個主張：要能夠使人親證的才算是佛法，禪宗的公案讀了也無法親證，所以不是佛法。那我們就要以他的矛攻他的盾了：「既然你的矛是無堅不摧，又說你的盾是一切堅利之器都能夠擋得住，請問：用你的矛攻你的盾，結果會怎麼樣？」他們就沒辦法答了！他們說：「佛法是應該講實證的，並且可以普遍證。」他們還主張一點說：「並且應該是所有有情都共同的。」那就請問：「如來藏是不能證的法嗎？」事實上確實是可以證的，而且是可以反覆檢驗的，所有人找到如來藏以後，都可以隨時反覆檢驗，也可以去檢驗一切的有情究竟有沒有如來藏。事實上可以檢驗出來：遍三界九地一切有情都有如來藏，祂具備了普遍性。如來藏法也可以在一個人證悟以後傳授給別人同樣的親證，別人也可以與他一樣一再的重複檢驗。

既然如來藏是如此，顯然祂就是正確的法義了；不能夠因為他們證不到，就把祂推翻而說沒有這個法存在。所以，弘揚如來藏妙理是最重要的事情，因為三乘菩提都要靠祂來護持，否則三乘菩提都是不可能存在的，也不能夠抵禦一切的外道。但祂畢竟是非常難證的法，非常難證的法卻要讓世間人信受，又不能為他明講，當然弘傳時非常困難。也常常有人說：「你說你證得如來藏了，我又沒有證，怎麼知道你所證的對不對？我為什麼要憑你幾句話就相信你的說法？」這一說也有道理！因為他沒有證，而你證了，你告訴他說：「這個如何、如何、如何……。」他說：「都是你掰出來的！」好像他說得有道理呀！印順就因為這個緣故，所以他不信禪宗，就說：「禪觀既然是親證了才能信受的，那麼在我實證以前，怎麼可以叫我信受？」但問題是，就如同一般人因為沒有天眼而不能看見天人，但他不能因為這樣就否定說天眼與天人都不存在。又如同說，有人能用顯微鏡去看見細菌，別人沒有顯微鏡作工具而看不見，但不能夠因此就說細菌是不存在的。

如來藏妙理難以弘傳的原因就在這裡，因此大乘法想要廣弘是極不容易的；自古以來大乘法都是信受的人很多，修學的人也很多，但是親證的人始終很少，古來一直都是這樣。所以，我們現在期待於佛教界的是斷我見的人非常多，這樣就夠了；證如來藏的人即使非常少，也沒關係，只要都能在同修會中努力爲正法做事就好了，這樣我就滿足了！因爲不可能讓會外的所有學人全都親證。佛陀在世時有一千二百五十位阿羅漢，佛都沒有幫他們全部取證如來藏，所以他們一次又一次聽佛解說大乘經典以後，還是沒有辦法悟。因此 佛入滅一兩週後荼毗完了，聲聞阿羅漢與三果聖者，開始結集經典時，竟然把大乘經都結集成解脫道的經典，就變成《雜阿含》《增一阿含》了。

你想，佛那麼慈悲，竟然沒有幫助所有阿羅漢證這個本識。二千五百多年後的今天在正覺同修會中你卻親證了，好像也沒有很困難，那你心中應該有一些很幸福的感覺才對。正因爲你親證了，今天講這部《勝鬘經》時你才能夠聽得懂；雖然其中的法義有許多依舊是你以前沒聽過的，但是今天我解釋了以後，你還是會聽懂，因此智慧的增長就很快；但這都是因爲 佛陀拈花微笑等機鋒而傳出這個法來，靠著這個教外別傳才能夠進入般若經典、進入唯識種智的經典中去眞修實證，這當然是非常不容易的，因爲這是一切世間所不能信的、極深奧的佛法。

這個極深奧的佛法，當然不可能是讓你一、二生中就可以完成的解脫道，所以才說要三大阿僧祇劫廣行菩薩道。可是阿含解脫道只要一世就可以完成，一千二百五十位大阿羅漢都是在一生中完成解脫道的究竟果，可是沒有一個人敢自稱是大菩薩；大家見了菩薩時都是畏畏縮縮的，都是因爲這個如來藏是一切世間所不能信的緣故。不迴心阿羅漢固然是信了，可是證不到，證不到就沒有般若智慧，沒有般若智慧就進不了初地，就無法修學一切種智；不能修學一切種智，當然就不可能成佛。所以三明六通的大阿羅漢那麼多位，佛陀入滅以後大家還是只能夠繼續等待，等五千六百萬年後 彌勒菩薩來成佛。他們都沒有資格成佛，原因就是還沒有證得如來藏，可是他們已經相信有如來藏了；因爲解脫確實可證，他們親證了，由此而對佛具足了不壞信，所以完全信受佛語。可是對一般人來講，你要教他相信有如來藏，也就可就很困難了，所以勝鬘夫人才會說「這個如來藏聖諦是智者所知」，也就

〈法身章〉第八

【「若於無量煩惱藏所纏如來藏不疑惑者，於出無量煩惱藏法身亦無疑惑。於說如來藏、如來法身、不思議佛境界及方便說，心得決定者，此則信解說二聖諦；如是難知難解者，謂說二聖諦義。何等為說二聖諦義？謂說作聖諦義，說無作聖諦義。說作聖諦義者，是說有量四聖諦，何以故？非因他能知一切苦，斷一切集，證一切滅，修一切道；是故，世尊！有有為生死、無為生死；涅槃亦如是，有餘及無餘。說無作聖諦義者，說無量四聖諦義，何以故？能以自力知一切受苦，斷一切受集，證一切受滅，修一切受滅道。如是八聖諦，如來說四聖諦。如是四無作聖諦義，唯如來應等正覺事究竟，非阿羅漢、辟支佛事究竟，何以故？非下、中、上法得涅槃；何以故？如來應等正覺於無作四聖諦義事究竟；以一切如來應等正覺，知一切未來苦，斷一切煩惱、上煩惱所攝受一切集滅，一切意生身除，一切苦滅作證。世尊！非壞法故名為苦滅，所言苦滅者名無始、無作、無起、無盡、離盡、常住、自性、清淨，離一切煩惱藏。世尊！過於恒沙不離不脫不異、不思議佛法成就，說如來法身。世尊！如是如來法身，不離煩惱藏名如來藏。」

講記：勝鬘夫人說：「如果是對無量煩惱藏所纏縛的如來藏不生起疑惑的人，他對於出離無量煩惱藏的法身也就沒有疑惑了。對於說如來藏、如來法身、不思議的佛陀境界，以及對如來藏所作的種種方便說，都能夠心得決定而不猶豫，這個人就是已經信解佛所說的二種聖諦了。像這種難知難解的法義，就是在說二種聖諦的眞實道理。什麼是說二種聖諦的道理呢？這是說作聖諦以及說無作聖諦的兩種道理。所說作聖諦的道理講的是有量的四聖諦，爲什麼說是有量的四聖諦呢？是因爲證得這一種四聖諦的人，他不能夠自己知道一切的苦，也不能夠由他自己來斷一切的苦集，也不能由他自己來證一切滅，來修一切道。由於這個緣故，才會說有兩種生死，第一叫作有爲的生死，第二叫作無爲的生死。涅槃也正是因爲這個道理，所以說有兩種，叫作有餘涅槃以及無餘涅槃。所說另外一個無作聖諦的眞實理，是說無量的四聖諦道理，爲何這麼說呢？這是說能以自己的能力來了知一切的領受、一切的取都是苦，也能以自己的能力來斷除一切受的集，證得一切受的滅，修得一切受的滅盡之道。像這樣的八種聖諦，如來說這就是四聖諦。像這樣四種無作聖諦的眞實理，只有如來應供等正覺在種種諸法中已經得究竟，不是阿羅漢、辟支佛在諸法中已經修行究竟了。爲什麼這樣說呢？因爲並不是下品、中品、上品法能得涅槃，爲何這麼說呢？因爲如來應供等正覺對於無作四聖諦的眞實道理，已經在一切事相上面獲得究竟了；這是由於一切如來應供等正覺都已究竟知一切未來的苦，究竟斷盡一切煩惱、上煩惱所攝受的一切集，並且已經將一切意生身滅除了，於一切苦——不論是粗重苦或微細苦——都已經究竟滅盡，而且是自證自知了。世尊！並不是毀壞蘊處界等等諸法的緣故而可以說是苦已經滅除了，我所說的苦的滅除，其實是說無始以來就已存在，從來不曾有所造作，心一向如如而不曾起心動念，而且永遠不墮於一切諸法中故不滅盡一切諸法，又能遠離滅盡一切諸法的境界，並且是常住而不曾間斷的無間等法，這樣的法是有眞實自性而不是性空唯名的，而祂是本來就已經清淨，本來就遠離一切煩惱藏的心。世尊！超過恆河沙數與如來藏同在的、始終不脫離如來藏但也不異於如來藏的不可思議佛法，能夠具足成就了，這樣才說是如來地的法身。世尊！像這樣的如來法身，其實就是不離開眾生煩惱藏的那個心，名為如來藏。」

這樣的語譯，就是一般所謂的註解經典者所說。但是這樣語譯成語體文，閱讀過後根本就等於沒有讀一樣，一般人都不能如實瞭解其中的眞義，所以我們還是得要再細說一下。

勝鬘夫人說，如果對於這個將無量煩惱種子含藏在心中，所以就被這一些煩惱所繫縛、被這一些煩惱纏住了的如來藏，能夠信受而不疑惑，這就是說，你已經證得這個如來藏。由於證得這個如來藏，所以你能夠現前觀察，不論是觀察自己的如來藏或別人的如來藏，乃至有一天你到很窮困國度的窮鄉僻壤，每天如同別人一樣上茅坑，他們沒有抽水馬桶，茅坑裡面那些蛆爬上來又鑽進去，那時你將會發覺牠的如來藏自性還是清淨的，跟你自己完全一樣。當你看見諸佛、菩薩、阿羅漢們，一樣會發覺他們的如來藏是自性清淨的，從來沒有起過一念的煩惱。

但是你從另一方面來看，卻又說這個如來藏中含藏著許許多多的煩惱種子，而這些煩惱從來不與如來藏相應，卻跟我們自己相應——跟五陰相應，那些煩惱從來都不與如來藏相應。你可以現前觀察到自己的如來藏是如此，而別人的如來藏也是如此，阿貓、阿狗、蝴蝶以及糞坑裡面的蛆，全都一樣。正因爲這個自性清淨心中含藏著與五陰相應的種種煩惱種子，所以眾生被這些煩惱所纏住了，因此每一世死了就又去投胎，或者生到天界、畜生道等等，於是又出生另一個五陰身心了。所以心性清淨的如來藏就永遠被這些煩惱繫縛纏住，就在十方法界三界六道中不斷地輪迴，所以才說祂是被無量煩惱藏所纏的如來藏，這叫作自性清淨心而有染污。

且不說一般人，印順、昭慧他們也都不接受自性清淨的如來藏。所以昭慧法師有一次在香港演講時評論說：「**自性清淨心怎麼還會有染污？清淨就清淨，染污就染污，怎麼會既清淨又染污，世間哪有這種法？**」她的大意是如此說的。可是，法界中正好就是有這種法，並且是普遍存在三界九地中，所以才會說是一切世間所不能信。正好禪宗祖師們開悟時證得的都是這樣的自性清淨心卻有染污，親眼看見眾生被這些染污的煩惱種子纏住了，一世又一世在三界六道中不斷輪迴。如果你證得這個本識了，你一定可以現前觀察到確實如此。如果你悟了以後，無法這樣現觀，那一定是落在離念靈知裡面了，是落在六識裡面而未斷我見，其實是悟錯了。

你如果親證了這個如來藏，一定可以現觀經中這句話所講的絕對不差。由於這個緣故，你就會瞭解：我只要把五陰身心相應的煩惱滅了，也就是我所執、我見、我執滅了，那麼將來我滅了，如來藏就獨自處在無餘涅槃中了。如果我再進一步把五蘊相應的佛菩提道中悟後起修的種種上煩惱滅盡了，我這一個自性清淨而有染污的如來藏心，就變成自性清淨而完全無染污了；這時我的五蘊身心依舊是五蘊身心，但這時已經沒有染污種子的自性清淨心，祂就是出離了無量煩惱執藏的法身了，祂就是佛地的法身了，這時你對這個已經出離無量煩惱執藏的法身也就完全沒有疑惑了。

由於這個緣故，對於所說這個被無量煩惱執藏所纏住的如來藏，以及這個如來藏將來可以成爲如來的法身而成就不可思議佛地境界，以及諸佛菩薩依這個如來法身而爲眾生方便宣說的種種佛法，你就都能心得決定。換句話說，如果已證得這個如來藏，你就能現觀；你能現觀時就知道祂一定是將來成佛時的法身；這時你就可以知道未來成佛時那個不可思議的佛陀境界是眞實的，你就可以知道諸佛菩薩爲了利樂眾生，在人間種種方便說法，想要爲眾生建立正知正見，讓他們依這個正知正見而可以證得在纏的如來藏，你對如來法身當然就不會再有懷疑了。所以，會對如來藏產生疑問而不能信受的人，他們的問題出在哪裡呢？在於沒有親證。

假使是不可能親證的法，而騙你說你已經親證了，那你們一定早就走人了！有誰會那麼笨，明明知道被騙了卻還要繼續留下來一再被騙。世間最笨的人被騙，只是一而再、再而三，一定不會三而四了。最憨厚的人是寧願相信人，不想辜負人，所以被騙一次以後還會再信一次，到第三次還被騙時可就不信了。只有三歲孩童才會一次又一次的被騙了幾十次、幾百次以後，還繼續願意被騙；那不是憨厚，而是無智。所以假使你跟隨一位善知識學法，他告訴你說：「如來藏是可以親證的。」那麼你應該向善知識求證：「您出來弘法多久了？」「三十年了。」「喔！大師！請問您的徒弟有幾個人證得如來藏了？」「一個也沒有，只有我已經證得。」「為什麼他們都沒有證？」「因為我那些徒弟因緣都不夠。」這個說法可以接受，譬如廣老就是如此。你們如果讀過他的年譜，就知道他那些徒弟真的沒有因緣可以證；所以廣老很睿智，沒有傳給他們。

但是如果他回答說：「因為這個法太深了，所以我的徒弟們都證不了。」

那一定是騙你！因爲不論多麼深的法，這個大乘法的眞見道，畢竟只是入門而已；這又不是諸地的現觀，只是個入門，一定多多少少會有一些弟子可以證入，不可能說每一個人都不能悟，只有師父一個人可以悟；他的徒弟們又不是個個都窮凶極惡，又不是笨如三歲小兒。如果大師告訴你說：「我的徒弟有十二個人悟了。」那你就要探究了：「那他們悟到的是什麼？」如果他說的是：「我們就是一念不生，從上座以後一直到下座爲止都沒有妄念，所以叫作開悟。」那你就說：「你眞的是善知識，不過你這位善知識三字之前要加兩個字：假名。」如果他說：「我們也不是搞一念不生的，我們說的是，覺知心、作主心都淨化了，那就是開悟。」那你就要告訴他：「原來你是個常見外道！」因爲他落在意識及意根中。

所以，是不是能夠對這個煩惱所纏的在纏如來藏不生疑惑，就要看你有沒有親證。當你的師父說他親證了，那你就要問他：「請問師父，你說的如來藏是什麼？」要問清楚，不然的話，當你追隨他，頭也被剃了，戒疤也燙了以後，到後來，如來藏在哪裡？還是不知道。最後有一天忍不住了，提出來問，沒想到師父卻說：「如來藏是假名施設，事實上並沒有如來藏可以實證！」「啊！原來被騙了！」有沒有人這樣被騙？有，非常多。

這幾年有些道場也開始打著如來藏的旗號在度人了，因爲現在大家不得不認同如來藏了，他們如果不認同如來藏，人家就說：「那你根本就沒有悟，我跟隨你學法，還能修學什麼呢？」於是不得不認同如來藏了。可是他們所謂的如來藏，卻是用意識來取代的；這就好像說：「我們這裡也有在賣黃金，不是只有蕭平實有賣黃金。」好了，你去向他買黃金，問題是他賣的黃金比蕭平實的黃金更貴，而且還是黃銅電鍍的，可是仍然有非常多的眾生願意被繼續騙下去。有一天，你把眞的黃金拿給他們看，他們還不相信，因爲你不注重表面功夫，所以你的金塊沒有打磨過，不太光亮；可是人家黃銅電鍍以後卻是亮晶晶的，比你的黃金更漂亮，所以他們都願意被騙，這就是現代台灣佛教的怪象。

眾生有沒有慧眼一眼看穿說：「這個是不是眞黃金？」那就要憑本事了！要憑什麼本事呢？憑對大乘菩提的正知正見。可是正知正見卻很難送給他們，因爲他們總是先入爲主而信受印順的邪見，不想要正知正見；他自心中已經先認爲：你這個如來藏法義是邪知邪見，是外道神我，是外道梵我。所以你好心好意把一本三百元的《心經密意》送給他，他還丟回給你：那是居士寫的書，所以我不要讀！但他們卻沒想到：《維摩詰經》、《勝鬘經》也都是居士所講的。所以說，眾生想要具足親證如來藏的法緣，眞的不容易。能夠進來正覺聽經學法而待得住，並且終於證得如來藏；就算是後來退轉的人，他們也不是往世只有供養一佛、二佛、三四五佛，也已經是供養過無量百千萬億諸佛了。若是證得如來藏之後不再退轉，那當然不只是供養無量萬億諸佛而已，眞的已經是久學菩薩，才能夠不退轉。

第一次證悟以後就不退轉，在佛菩提修行的三大阿僧祇劫過程當中是很少見的；即使是我，無量世以前也曾經證悟了以後退轉過，所以這都是正常的；幾乎每一位久學菩薩都經過這個階段，沒有這樣經過的人是極少數，都是因爲那已經是無量劫以前的事情，所以都忘了！因此，對於退轉的人，我一直都存有一個體諒的心；不管他們退轉以後怎麼樣謗法，我還是會體諒的，因爲這只是一個新學菩薩必經的過程。

所以，當你親證如來藏了，就可以對在纏如來藏不疑惑；對在纏如來藏不疑惑的人，就能對如來藏將來可以成爲佛地法身的道理也就無疑惑。爲什麼呢？因爲你已經可以看到祂確實是本性清淨的，這個清淨本性是不必經由修行來達到的，需要經由修行來清淨的是我們七識心自己而不是祂。我們自己清淨以後，祂所含藏的我們七識心種子就清淨了；當祂含藏的我們的種子究竟清淨而不需再改易時，祂就成爲非纏如來藏，就叫作佛地的法身——無垢識。當你能夠這樣現觀的時候，你對於如來藏將來會成爲佛地法身的道理就不再有疑惑了。因此，你對於諸佛菩薩所說有關如來藏的義理、所說的如來法身、所說的不思議的諸佛境界，以及爲度眾生而說的關於大乘菩提的種種方便說，你就可以心得決定；心得決定以後，你就可以信受諸佛菩薩所說的兩種眞實神聖的究竟道理——作聖諦義、無作聖諦義。

上面所說的難知難解的道理，其實無非就是講兩種聖諦眞實義，就是作聖諦以及無作聖諦的眞實道理。作聖諦講的是有量的四聖諦，有量聖諦的眞義就是二乘菩提；因爲二乘菩提的四聖諦，是可以計算得出來的——它的法、它的修行的內容、它所斷的煩惱內容以及滅盡後的內容，都是可以一一說明、一一計算出來的。四聖諦不過就是苦集滅道，苦集滅道就是有許多許多種的五法。譬如以五蘊來講好了：五蘊，先從色蘊來說，你要先弄清楚如何是色蘊，這個部分弄清楚了才可以進一步說如何是色蘊的苦。色苦弄清楚了才來探究如何是色蘊的苦集，也就是說如何是色蘊的集：爲什麼一世又一世都會有色蘊？這就是探討色蘊的集。再來是探究色蘊滅了是怎麼回事，最後探究**色蘊滅盡的方法**。

同樣的道理，色蘊有這五法，受想行識亦復如是各有五法。如何是識蘊，識蘊的內容要具足了知；若沒有具足了知，會把識蘊中的某一部分抽出來說：「**這個不是識蘊，祂就是常住的眞如佛性。**」就會弄錯了。所以**識蘊內容要具足了知**，了知以後，如何是識蘊的集？但是先瞭解如何是識蘊的苦，瞭解了以後，**識蘊的集、識蘊的滅、識蘊的滅除之道**，這也是五法。同樣的道理，你繼續去探討十二處中每一處的內涵，以及十二處的苦集滅道；十八界、六入等也都要一一探討這五法：眼入的內容、眼入的苦、眼入的集、眼入的滅、眼入滅之道。眼入如是探討，耳入乃至意入也都如此確實探討。你把這些都探討完了，想要不斷我見也很難啦！就怕不如理作意，不如實知。

五蘊、六入、十八界的每一個五法，都把它探討完了，你會發覺原來都是五法。如果要細一點的話，那當然可以這樣探討：**如何是識蘊？如何是識**

蘊的味道？如何是識蘊的災患？然後再來探討：如何是識蘊的苦集滅道？所以說作聖諦義——二乘菩提——都是可以計算的，都是有量的聖諦義。這樣子，每天繼續深入觀行，只要是如理作意的觀行，一世之中不成爲阿羅漢也是很困難的事；除非是不如理作意的觀行，或是如理作意觀行而所觀內容不具足圓滿，或是對於自己的觀行結論不信受；或者是因爲我所的執著太強烈了，世世跟著假名大師不斷熏習我所（見聞覺知性）的執著，一時斷不掉，那就只好繼續修行，最多四世也可以斷除，照樣出離三界生死。

但是，依於作聖諦義所作的這些觀行與內容都是有量之法、都可以計算；這些都屬於作聖諦的眞實理，因爲都是蘊處界所含攝的法，不外於蘊處界等世俗法。蘊處界在三界中永遠都是有爲有作的法，祂不可能是無作性的，因此只能夠去體悟有作的、有量的四聖諦。這種人都是聲聞，他沒有智慧可以自己把這個法義觀行清楚，所以不是由他自己來完成的，他必須要經由聲聞（靠善知識說法音聲的聽聞）來作觀行，自己作不到，所以他沒有辦法自己知一切苦、斷一切集、證一切滅、修一切道。他所能知的苦只有五陰的苦，他所能斷的集只有五陰的集，能證的滅、能修的道，也都是在五陰的範圍中，都不超過五陰的範圍；因此他們所修的四聖諦，只能夠在有爲生死上面來作觀行，無爲生死他們就無法作觀行了，因爲完全不能臆測。

可是能夠了知無作聖諦義理的人，才有能力知一切苦、斷一切集、證一切滅、修一切道。什麼叫作無作聖諦？因爲是法界實相的眞理，而不是現象界的蘊處界中法。而無作聖諦所斷的生死是無爲生死，不是現象界的蘊處界等有爲生死；有爲生死是二乘人所斷的，也就是蘊處界的生死。蘊處界都是有爲性的、有爲有作的法；可是與蘊處界同時同處還有一個無爲無作的，但是它有另一種生死，叫作變易生死。菩薩修到只剩下變易生死的階段，五蘊身心已經是攝歸無爲無作性了，不再對世間任何諸法有所貪愛，但是這時仍然是有生死，因爲如來藏中的各類種子還在生住異滅；所以雖然五蘊身心已經可以離有爲生死，但他的如來藏滅除阿賴耶識名而剩下異熟識名的時候，卻仍然還有生死存在——就是種子的生住異滅——種子仍然有異熟性，所以種子仍然會有生滅變異，這叫作變易生死。這是屬於無爲性的生死，因爲已經度過蘊處界的有爲生死了；正因爲這個緣故，所以把生死分爲兩大類，叫作有爲生死與無爲生死。

有為生死是二乘人之所能斷，無為生死是二乘聖人所不能斷，唯有菩薩能分斷，唯有諸佛究竟斷盡；正因為這個緣故，所以生死分為有為與無為二種，涅槃就因此而從另一個層面來說有餘及無餘。這裡所說的有餘與無餘涅槃，不是二乘道中所講的有餘與無餘涅槃，而是從大乘法來看二乘與大乘的差別。在二乘法中所斷的煩惱只有四住地煩惱，不包括無明住地所含攝的過恆河沙數無量上煩惱；所以二乘聖人所說斷盡了煩惱而能夠入無餘涅槃，雖說是證得無餘涅槃了，但其實他們那個涅槃還是有餘的，只能在二乘菩提中說是無餘涅槃；因為仍然還有過恆河沙數的無明住地上煩惱未斷，塵沙惑仍然存在，所以說他們的無餘涅槃仍然是有餘；只有諸佛所證的涅槃才能說是滅盡無餘。所以，勝鬘夫人依有為生死、無為生死的差異，來說涅槃的有餘與無餘，這是不同於四阿含中所說阿羅漢的有餘或無餘涅槃。

所以說，無作聖諦義所說的是無量的四聖諦，為什麼呢？因為這是諸佛所修所證的，而且是以自己的能力來了知一切受，而不只是受陰內的苦樂憂喜捨受；也能了知一切受都是苦，能斷一切受的集；不是只有了知苦樂憂喜捨受的集，而是了知一切境界受的集；也由這樣了知的智慧來證得一切境界受的滅，來修一切境界受滅盡之道。如來所說八種聖諦的道理，就這樣把它定義爲無作四聖諦。換句話說，四聖諦有兩種：一種是二乘道所修的四聖諦，一種是大乘道所修的四聖諦。二乘道所修的四聖諦是指了知有量的苦，斷有量的集，證有量的滅，修有量的道。而無作四聖諦，不但要證二乘的有量四聖諦，也要證得知無量的苦，斷無量的集，證無量的滅，修無量的道，這樣才能夠斷除無爲生死而成就佛地無所餘的究竟涅槃——實證無住處涅槃。

聽到這裡，諸位可能想：爲什麼它叫作無作的四聖諦？這當然要探究，總不能聽過就算了；那就要探討到大乘法與二乘法的根本差異所在，也就是親證或不證如來藏的道理。在阿含有一部《央掘魔羅經》，在我們正覺同修會中大家是耳熟能詳。央掘魔羅大士說：一切如來求如來藏的作不可得，無作是如來藏義。也就是說如來藏從來都是無爲無作性的，祂不像五蘊身心是有爲有作的，所以一切如來證得如來藏以後，去找找看如來藏會不會是有爲有作之時，結果找不到祂的有爲有作性，因爲如來藏根本就不會起心動念去貪或者厭離；也不會起心動念說我在三界好快樂，或者我要出離三界。乃至阿羅漢已經可以出離三界了，捨壽時入涅槃而不在三界中了，可是他的如來藏仍然不會覺得說：「**我現在是在三界外，好快樂！**」祂從來不起如此一念，不管是粗念、細念、極細念，全都不曾生起過。無量劫以來如來藏不曾起過任何的念，所以祂是無爲無作性的，因此一切如來要找出如來藏的有爲有作性都不可得，因爲無作就是如來藏的自性。

可是，如來藏雖然是這樣的無作性，卻可以生生世世不斷出生有爲有作的五陰身心，讓眾生藉著祂所出生的有爲有作身心不斷在三界中貪愛造惡，然後再來畏懼惡業的果報。祂也可以不斷的出生菩薩世世的有爲有作的身心，來繼續利樂眾生，來修學菩薩應學的成佛之道，可是祂自己還是無爲無作。你找到如來藏時可以現前觀察：**嗯！祂果然如此！**可是在還沒有找到如來藏以前要這樣想：**祂爲什麼是如此？**正因爲你找到了這個如來藏，依祂的無作性來修行，才有辦法使祂所含藏的一切成佛之道的過程當中必須要滅盡的一切過恆河沙數上煩惱（世世在三界中，特別是在人間最容易引發的這些上煩惱），在悟後一世又一世不斷地在人間修行，才能把它滅除了。

在這滅除的過程當中，你自然會知道一切境界受都是苦；至於境界受的範圍那就非常的廣了，眼所見的還不到苦樂受的地步時，當你眼見的當下就已經是苦；耳所聞，聞的當下就是苦，每一剎那就是苦。這樣一一去作觀行，六根、六識、六塵一一去作觀行，全部觀行完成，你就知道一切苦，而不是二乘人所知道的有量苦。他們的有量苦是說：凡有所受，就會有苦受、樂受、憂受、喜受、捨受，有這些受就是苦，因爲都不離行苦。可是他們無法觀察到境界受的部分，爲什麼境界受是苦？不能了知，所以他們只知有量的苦，不知一切的苦。但是菩薩經由無量世的菩薩道修行，一一細觀，到達成佛時知一切苦，不是只知有量苦；因爲知一切苦，所以能斷一切集，不是二乘人所斷的有量集——只是蘊處界的集。

諸佛所斷的，是進入初地以後還要歷經二大阿僧祇劫，去斷除無量無數的上煩惱，使得如來藏所含藏的無量無邊種子一一淨化，一一淨化以後才是斷無量的集——斷一切集。可是斷一切集的過程當中，就是在證一切滅，所有的染污種子——習氣種子及法界實相無明隨眠，無論是本有的或是熏習而來的，一切滅盡。這些染污種子與無明隨眠都滅盡，使得一切種子純善了，不可能再有一法可滅了，那就是證一切滅。然而阿羅漢所證的，只是滅盡五陰我執、我所執與我見等煩惱的現行而已，所以他們是證有量滅。諸佛是證一切滅，所滅猶如塵沙一般的無量。

在這樣的修行過程當中，三大阿僧祇劫完成了，就是修一切道。二乘聖人不是修一切道，是修有量的道，他們的有量就是：不受欲界法繫縛，不受我執所繫縛，捨壽後願意自己滅盡而不去受生。他們只斷這樣有量的煩惱而證得有量的滅，因此他們所修的道就只有如此——是修有量的道。可是諸佛要把一切的染污種子滅盡無餘，一切的上煩惱隨眠也滅盡無餘，那就得要修一切的道——修無量的道，才能夠滅盡無餘。滅盡無餘之後，善法圓滿了，惡法滅盡了，於一切受中都不會再有善惡法種子可以在一切受裡面增長；因此在一切的境界受中，不論是順心的境界受，或者違心的境界受；由於不會使任何境界受的種子再增長了——都不再有受，所以是修一切受滅之道。

這樣的修行都是依止無爲無作的如來藏識而修的，所以這樣的四聖諦才能稱爲無作四聖諦的眞實義。可是這種作與無作的四聖諦，看來當今全球佛教界是已經失傳了。今天你證了如來藏，聽聞這一席法，終於可以瞭解：原來我們修的，不但函蓋阿羅漢的有作四聖諦，同時也是大乘的無作四聖諦。由這個親證如來藏以後才做得到的現前觀察與比對，你可以親自證實：今天所修的法是不是眞實的成佛之道？你可以確定自己所修的，不但函蓋了二乘道，同時也是成佛之道；不像南傳佛法所講的，也不像印順派所講的道，他們都只是解脫道，而且還是大部分誤會了的解脫道。

也許有人以爲說：「你蕭老師講這句話，未免誇大其詞吧！」但是其實沒有絲毫的誇大，也沒有絲毫的貶抑，都是如實語。因爲南傳佛法的解脫道，幾百年來都是依覺音論師的《清淨道論》作根本論。他們幾百年來都是不太直接去讀《阿含經》的，一向都用覺音的《清淨道論》作修行的依歸。可是四、五年前，我有一次去台中的路途中，是由別人開車（那一次不是搭火車，是因爲有一個人約見，說他有七、八千萬元台幣要捐給同修會，我想：「有這麼個大護法也不錯，我應該要跑一趟。」當然是到現在還沒有下文，我也不想探詢）在路上，我就把精裝本三巨冊的《清淨道論》在車上讀完了。我一頁又一頁，一目兩行把它讀完。到台中前我都讀完了，卻發覺它都在講：我們要如何淨化身心。卻都沒有談到如何斷我見，也沒有詳細解說五蘊的內容。請問：覺音論師到底有沒有斷我見？顯然覺音論師是沒有斷我見的凡夫。

他連斷我見的內容都沒有提到，只是一味的告訴你：這個意識心要怎麼樣清淨。那你就可以根據這個事實來判斷一下：這些南傳佛法所傳的解脫道是不是誤會了？眞的是誤會了解脫道。他在論中所說的解脫道，說一句老實話：還不如印順法師。我們回頭來看看印順法師講的解脫道吧，他講的解脫道也是不如理的，因爲他的解脫道是把本識——無餘涅槃中的實際——否定以後，要滅盡蘊處界。可是他在《妙雲集》中所講的內容，你可以看到一個現象：印順法師心中有恐懼。他是於內有恐懼，而且於外也有恐懼。他恐懼的是：佛說內有本識，而我不能證。我這是引述《阿含經》的話，說比丘「於內有恐懼」，說於五陰身心之內有本識，而我不能證，所以有恐懼。印順具足這內、外二種恐懼。

在《阿含經》中有許多地方都說，入無餘涅槃時是要滅盡五陰十八界的，蘊處界都滅盡了豈不成爲斷滅空呢？所以印順於外有恐懼，因此就不得不去發明一個意識細心常住說，又發明滅相眞如不滅說，認爲五陰身心滅盡了以後仍有意識細心常住，蘊處界滅盡以後的滅相是不會再滅的，所以不是斷滅空。但這只是自我安慰，因爲滅相眞如以及意識細心，印順都還不曾實證，也不可能實證。問題是 佛在四阿含中說有本識可以入胎出生蘊處界，捨壽以後本識可以常住不斷，所以滅盡蘊處界以後是**常住不變**而不是斷滅空的滅相。佛特地說，阿羅漢所證的有餘、無餘涅槃是眞實、清涼、常住不變。

既然是常住不變，而這個入胎識也是每一個人本來都有的，否則就不可能入胎來到此世。既然都有這個入胎識，每一個人都會去入胎，這個入胎識當然是存在的，既是存在的當然就是可證的。可證的眞實法他不學不證，卻另外再發明一個不可知而不可證的意識細心或滅相眞如，那不是愚癡嗎？然後用這個施設的意識細心與滅相眞如，來支持他所說的解脫道不會落於斷滅空，當然是誤會以後的解脫道；而印順也很清楚知道：**這個意識細心是我印順自己建立的，是不是眞實有？我自己也不知道。**既然不知道而產生恐懼，害怕死時滅盡蘊處界而不去投胎時會成爲斷滅空，那麼他死後當然一定要再去投胎，那又如何可能是證得聲聞果的人呢？連聲聞果都未證得，竟然敢將他的傳記副書名叫作〈看見佛陀在人間〉！只因爲他認爲阿羅漢就是佛。

昭慧等人在這樣的情況下來說印順是有修有證的人，其誰能信？所以縱使他們能夠眞的斷了我見與我執，那畢竟仍只是斷有量的集而已，最多只是修有量的道而已，仍然不是成佛之道，最多只能成阿羅漢，何況印順的意識我見還沒有斷，還是具足凡夫。

所以，只有能夠以自己的能力來知一切受苦，斷一切受集，修一切受滅之道，而實證了一切受滅，這樣才是眞實的成佛之道；而這個成佛之道所修的，都是依無作的如來藏來證法無我性的四聖諦，所以它叫作無作四聖諦，所以也是無量的，是一切智證的。把這個有作的四聖諦，以及大乘菩薩兼有的無作四聖諦合併起來，就是八種的四聖諦。這樣不去分別有作及無作的四聖諦，把二乘菩提的有作四聖諦攝歸大乘法中的無作四聖諦，而說這是四聖諦的眞實義；而這個四聖諦正是大乘法中的四聖諦，這一種四聖諦是無作的聖諦，是如來應供等正覺所能究竟修得，二乘聖人永遠無法究竟其中的義理。至於爲什麼會這樣？我們就等到下週再來說。

「如是四無作聖諦義，唯如來應等正覺事究竟，非阿羅漢、辟支佛事究竟，何以故？非下、中、上法得涅槃；何以故？如來應等正覺於無作四聖諦義事究竟；以一切如來應等正覺，知一切未來苦，斷一切煩惱、上煩惱所攝受一切集，滅一切意生身除，一切苦滅作證」：上週說的四聖諦——有作四聖諦及無作四聖諦，合併起來是八種聖諦，其實仍然是四聖諦。這個差別是在哪裡？這個差別主要是由於二乘解脫道所攝的作四聖諦純粹是從蘊處界的苦、無我、無常來說苦集滅道；但是大乘無作四聖諦，是依大乘法如來藏爲中心，來說蘊處界的苦集滅道，以及緣於蘊處界展轉所生的一切諸法，全部是苦、空、無我、無常，全都攝歸無作性的如來藏而說大乘四聖諦。前者是從有爲有作的蘊處界來講四聖諦，後者是從如來藏的無作性來說如來藏所衍生出來的一切法都是苦、空、無我、無常，然後攝歸所轉依無作性的如來藏，而說所謂的苦空無我無常等法，其實都只是一個流轉的現象，而如來藏不墮四聖諦中，祂本身沒有四聖諦可說。然後在沒有四聖諦可說的如來藏中流注無量種子，成就諸法的四聖諦；所以大乘所說的四聖諦其實仍然是無爲無作的，因爲是轉依了無爲無作性的如來藏，來說四種無作聖諦的道理。

這種依如來藏的無作性來說諸法的苦集滅道四聖諦，是菩薩們所證的；但菩薩的所證仍不究竟，到達如來地——一切人天應供正等正覺的佛地，這種事修上的斷一切惑與證一切智才算是究竟，所以這不是阿羅漢、辟支佛在事相上能修行究竟的；只有菩薩隨諸佛修學，無量無邊而不停止的進修，才能在三大無量數劫之後達到究竟。爲什麼這不是二乘聖人所能究竟的？因爲這個無作四聖諦的究竟圓成，不是下品、中品、上品法所得的涅槃。這個法從下品法來說，也就是說聲聞所修的有爲有作的四聖諦，這是下品涅槃；這一種下品涅槃，依二乘菩提而方便說是有餘涅槃以及無餘涅槃。這種涅槃被稱爲下品的法，是因爲只修學四聖諦，依苦集滅道四諦來現前觀察蘊處界的苦空無我無常，所得的解脫智慧是有限的。

說它有限，是因爲還不能瞭解辟支佛所修的緣覺法，仍然要由諸佛來解說以後才能明白。這個緣覺法是依因緣法來觀行，阿羅漢們不懂，必須要在後來聽聞 佛陀爲他們解說因緣法以後才能懂得。並且還要由 佛告訴他們：**因緣法的觀行必須要推究到名色是由什麼而生，以什麼爲本，又以什麼爲因？以什麼爲習？**終於推知名色是有一個本識作爲因、作爲根本才能出生，相信內有本識常住不壞，因此於內無恐怖，不怕滅盡自己蘊處界以後成爲斷滅空；於內無恐怖的緣故，於外也就無恐怖——不怕外法蘊處界滅盡。了知這個道理以後，才能夠再由十二因緣法中作觀行，把無明斷盡，這就是緣覺法。聲聞人阿羅漢們，他們也學了這個緣覺法，但他們仍然是聲聞，因爲他們由音聲而聞，不是獨覺。

辟支佛都是獨覺，在無佛之世自己參究因緣觀，推知有一個本識常存，是名與色的根源；當他們推出這個結論，再去觀行十二因緣法，才能成爲辟支佛；但他們是獨覺，不由音聲聽聞而悟因緣法，所以他們是辟支佛，不是聲聞。阿羅漢們四聖諦觀行完成，成爲阿羅漢；又聽佛說法，把因緣觀也跟著完成，但他們仍然不是辟支佛，仍然是阿羅漢，不離聲聞的層次。阿羅漢如果不能熏習因緣法，他所得的解脫境界終究只是下品。緣覺是獨覺，出於無佛之世，自己參究因緣法而斷除了我執，所以他們的智慧遠比阿羅漢們深利，並且是自己推知十二因緣法的背後有一個本識常住不滅，所以他們的智慧遠勝於阿羅漢，因此他們所得的解脫境界是中品的解脫。

在上、中、下三法中，菩薩是上品法的解脫，但菩薩的上品法解脫也區分爲不同的狀況：從三賢位中的七住位證得本識，當場可以現觀一切有情的本識都是本來自性清淨涅槃；不是修行以後才涅槃，而是本來就不生不死的；既是本來就不生不死，當然就是涅槃了，這不是在修行以後才成就的涅槃，所以是眞實涅槃，當然不同於二乘的修行以後才涅槃，所以是上品解脫。因此，三賢位的菩薩乃至七地心以下的菩薩們，他們可以不必斷盡思惑就已經親證涅槃了，名爲本來自性清淨涅槃，這就叫作上品法的解脫法，這是阿羅漢與緣覺所無法思議的。

菩薩若能進入初地的入地心中，至少都能取證中般涅槃；凡是修到初地滿心時都是有能力斷盡思惑而取無餘涅槃，都能在捨壽時取涅槃。可是他們都不樂斷盡思惑，故意留著最後一分思惑，拖延到一大無量數劫以後，到七地滿心時，才不得不斷盡最後一分思惑。可是在初地到七地滿心的過程中，菩薩雖然都不斷盡思惑，卻已開始在斷除習氣種子了，也同時在努力斷除無始無明所攝的上煩惱——塵沙惑，這卻不是二乘聖人所能稍微了知的，因此說菩薩的解脫法是上品得涅槃。因此諸地菩薩都是可以斷盡思惑而取有餘涅槃的，捨壽時都可以取無餘涅槃，但是全都留惑潤生，所以不取無餘涅槃、有餘涅槃；但初地菩薩其實是在一大阿僧祇劫之前，七地菩薩是將近二大阿僧祇劫前的第七住位中，就已經不斷思惑煩惱而證菩提了。也就是說，他們都不斷除或不斷盡思惑煩惱，但卻都已經親證佛菩提而現觀涅槃中的本際了，所以說菩薩的解脫法是上品解脫法。

七地滿心菩薩所證、所得的涅槃，固然是二乘下品、中品解脫法所不能及，可是仍然沒辦法完成佛地究竟涅槃的修證，還要再轉入八地心、九地心、十地心修行；乃至要在等覺地中不斷修行——整整一百劫中不斷施捨頭目手足，內財、外財都施，不是只做法施。等覺菩薩整整一百劫中不斷在人間取得色身的目的，只是爲了布施內外財。他不在無生法忍上用功了，因爲他已經完成十度波羅蜜了，現在剩下的只是要如何從等覺地轉入妙覺地而已。可是轉入妙覺地必須有兩個條件，都是很難作到的：第一、是廣大極廣大的福德，因爲成佛必須要有極爲廣大的福德，所以必須要以整整一百劫的時間作內外施，廣修福德。這時等覺菩薩的心態是：**無一時非捨命時，無一處非捨命處**。所以假使才剛出生五、六年，人家說：「**我需要一個童子身，請你把自己布施給我。**」菩薩當場就捨身了，不管對方是作藥用，還是作什麼用，只要有人開口求，就捨身給對方；對於外財，就更不吝惜了。

如果妳們女眾未來世中嫁給這麼一位菩薩，可別抱怨說：「**你布施財物也就罷了，怎麼把我也布施出去了？**」凡是等覺菩薩，都是這樣的。這樣修集廣大福德的背後目的，其實是在斷除最微細的我執、我所執習氣種子。假使連續一百劫時時刻刻都準備要捨身了，這樣一百劫修下來，最微細的我執習氣種子當然可以斷盡。等覺菩薩在人間一世中布施許多外財，到了五十歲時可能仍然廣有資財，因爲等覺菩薩的福德絕對比十地菩薩廣大；當他布施外財到五十歲時可能仍然存有億萬家財，這時也許有人要求他布施頭顱，他也一樣當場就布施了。像這樣一百劫連續修下來，我執的最微細習氣種子當然也都可以斷盡了！像這樣勤修一百劫之後，才能進入最後身菩薩位——成爲妙覺菩薩。

在這樣的最後身菩薩位，也就是在這個狀況下來降生人間，成爲最後身菩薩，他所得的涅槃當然是連變易生死都已滅盡的涅槃，那才是最究竟的涅槃——無住處涅槃；這當然是要最後身菩薩頓悟成佛時才能成就的，其餘一切菩薩們都作不到。所以，如果有人說他成佛了，當然要檢驗看看，他有沒有經過這一百劫的大布施呢！假使沒有，空口說白話而說他成佛了，那不是很好笑嗎？因此，究竟涅槃並不是下中上法可得，必須是證得上品解脫法，而且經過三大無量數劫的修行以後才可能完成，所以說：「**如來應供等正覺，於大乘法無作四聖諦的眞實義，在事修上面已經究竟了，這樣才算是證得究竟的涅槃了。**」爲什麼這樣算是已經證得究竟的涅槃呢？勝鬘夫人說：「這是由於所有的如來應供等正覺」，包括諸位未來成佛的時候都一樣，「都是究竟了知一切未來將會產生的苦，斷盡一切的煩惱」，不論是二乘所斷的煩惱，或者無始無明相應的過恆河沙數上煩惱，也全部都要斷盡，這才是斷盡一切煩惱，「把一切見思惑細品煩惱，以及無始無明所含攝的塵沙數上煩惱相應的一切苦集全部滅盡了，這時由一切意識作意而出生的三界身都已經滅除了，才能夠說是一切苦滅之道已經自知自作證了。」

「斷一切煩惱、上煩惱所攝受一切集滅」，什麼是一切煩惱所攝受的一切集滅呢？那就是說，二乘聖人所不曾斷的煩惱障所攝的一切習氣種子。凡是屬於煩惱障所攝的習氣種子，若不使它現行而加以斷除，放任它繼續存在，那就是斷一切煩惱所攝受的一切集仍然未滅，仍然存在。這樣講，也許有點抽象，我們舉個例子說明：譬如一個很有名的阿羅漢的故事，叫作畢陵尚慢。畢陵尊者是三明六通的大阿羅漢，有一天要過恆河時，剛好恆河水暴漲，佛又告誡說若沒有緊急事情時就不許現神通，於是只好拜託恆河神把水下降一下，就以天眼明觀察恆河神是誰；這一瞧，原來是他。於是向恆河神開口：「小婢！把河水降低了，讓我過去。」恆河神看見是大阿羅漢，不能不聽話，可是心中很不服氣；因爲畢陵尊者竟然叫他小婢，當然聽起來很不舒服，心想：「我堂堂一個恆河神，竟然叫我是小婢！」於是先把河水降了，讓尊者過去；然後就去向　佛告狀說：「畢陵尊者罵我！」

佛就教侍者去把畢陵尊者找來問：「你有罵恆河神嗎？」他說：「沒有呀！我不記得有罵過他呀！」這恆河神說：「有呀！你罵我小婢。」他一聽這兩個字就想起來說：「喔！有、有、有。」佛就說：「那你向他道歉吧！」畢陵尊者就開口道歉說：「小婢過來！我向你道歉。」這表示他的習氣種子具足存在，本意並不是要罵恆河神，而是因爲恆河神以前連著五百世都在畢陵尊者家中當婢女，叫慣了，所以一開口就叫小婢，是不自覺的叫出來了，這不是經過意識思惟而稱呼的。這是由意根對他產生的直接印象而稱呼他爲小婢，其實沒有藐視的意思，這個就是習氣種子現行了。

如果畢陵尊者想要除掉這類一切煩惱所攝受的一切集，要把習氣種子的集全部滅掉，就必須要改正這個習慣：每一次、每一世遇見了這位恆河神時都要很小心在意，千萬別再出口叫他小婢，否則就是煩惱障習氣種子的集仍然在繼續著。如果沒有一世又一世把它斷除，這個習氣種子的集就會一直存在。這樣一世又一世與恆河神常常接觸而改變稱呼，不再稱呼爲小婢，一切煩惱藏所攝的習氣種子滅盡無餘，就是「斷除一切煩惱所攝受的一切集」。

什麼是**「斷除上煩惱所攝受的一切集滅」**呢？這就是說，你在證悟之後，假使有緣跟隨一位善知識，他不但能夠教你三賢位的般若別相智，也能教你修學一切種智，加上你有努力在學；在這種狀況下，你在三賢位就可以開始分分斷除上煩惱了。你在三賢位中已經開始斷除上煩惱，而不是一直等到入地以後才開始斷，這樣一來，你將會在人間遇到許多因緣，可以由那許多因緣中去將某一個狀況下相應到的上煩惱加以斷除，當你在斷除這些恆河沙數上煩惱的過程當中，那就是上煩惱所攝受一切集滅的過程正在進行著；一直滅到究竟了，到達最後身菩薩降生人間一悟成佛時，就是上煩惱所攝受一切集已經滅盡了，這時就是究竟成佛了，這就是斷一切煩惱的集。

什麼是**「一切意生身除」**呢？這意生身，有不同的狀況，一般人所知道的中陰身，其實也屬於意生身的一種，因爲是依意而生——由意根的作意使得如來藏出生了中陰身，所以這個中陰身也是意生身中的一種。如果不是經由意根的作意，如果不是意根的我執作意，死後就不會有中陰身，所以中陰身其實也屬於意生身中的一種。但是一般所說的意生身，是三地滿心菩薩，乃至遲鈍的菩薩遲到五地時才出生了意生身；這是屬於三昧樂的意生身，藉這個意生身可以十方世界來往無礙。到那時，你要去他方佛世界隨佛修學，也可以如意。至於能到多麼遠的佛世界，那就看你無生法忍證量高低的差別來作區別了。所以對一般學佛人來講，有意生身還眞的是好。可是意生身的層次不只是如此，還有八地滿心及九地滿心的知諸法相意生身、種類俱生無行作意生身；這兩種加上三地滿心所得的意生身，就是十地菩薩所得的三種意生身。這種意生身在七地或八地時，不論多麼遠的佛世界，都可以藉意生身來去無礙。

對大家來說，假使有這個意生身那就太棒了！因爲來正覺講堂聽蕭平實講經，怎麼說都比不上聽佛講經；而且來正覺一定要搭車、開車，眞浪費時間。有時還颳風、下雨，或是夏天大太陽曝晒，還眞的辛苦。如果用意生身，直接上色究竟天宮聽　盧舍那佛講經，就不必這麼辛苦了，而且所聞法義也更勝妙。其次，也不必等到捨壽時才能去見　阿彌陀佛，現在就先去面見一下，過一下癮也不錯！所以十地菩薩所擁有的這三種意生身，當然是很好的。但是對於想要成佛的人來說，對這三種意生身的貪著也是要除滅的。如果執著九地菩薩的勝妙意生身，就無法成佛。

也許有人想：「如果這麼好的意生身都要捨掉，那我成佛幹嘛？那不是層次更低了嗎？」如果是這樣想，那你就錯了！因爲你若能夠捨掉這些意生身，就表示你的上煩惱已經斷盡了！斷盡了上煩惱，成佛時成所作智現前，可比意生身妙多了！因爲成所作智現前時，前五識都同樣擁有意識所擁有的智慧，每一識都可以各自化現化身到十方世界去，每一識的心所法也都可以變出化身來。就好比世間俗人講的說「滿天神佛」一樣，可以化現出遍滿諸天天界的化身出來，不可計數。而且佛地這種化身無遠弗屆，只要眾生有緣就可以感應到，那可不是一個意生身去到哪一個地方的事，想想看：你到底要不要捨掉原來對意生身的貪著？當然要捨，捨掉意生身的貪著而產生了無量無邊的意生身——化身，這就是一切意生身除滅的道理。所以三地滿心、八地、九地的意生身，這一些都只是給你在過渡時期來用的，並不是究竟法。在你還未到達佛地以前，先有這一些意生身，可以擴大利樂有情的功能，但畢竟都不是究竟法，所以你還是應該要除捨；修到佛地以後，經由成所作智能夠變現無量無邊的化身來利樂更多的有情，這樣才是**一切意生身除**。

「一切苦滅作證」：一切苦滅都能夠自己作證，是說阿羅漢、辟支佛、諸地菩薩所存有的習氣種子，仍然要等待繼續廣修菩薩道時加以滅除；每一個染污性習氣種子的生起與滅除，都被菩薩視爲一個變易生死，就是一個種子生滅苦的滅除。可是這樣滅除還不夠，因爲這只是與三界煩惱相應的習氣種子；還有不與三界煩惱相應的無始無明上煩惱存在，雖然說這些上煩惱都不是種子，但是你只要把其中的任何一個微細無明滅了，就會產生一個功德出來；所以滅除這一些上煩惱的過程，也是滅苦的過程：每一個上煩惱都是一個苦。這一些上煩惱滅除究竟了，就不再有上煩惱可滅了，求證佛道的過程中被上煩惱所遮障而生的微細苦也滅盡了。這兩種苦都滅盡了，才叫作一切苦滅；這時就可以確認自己已經成佛，已經究竟滅盡一切苦，可以自己作證，這就是究竟佛地了。這就是說，一切如來應供等正覺修學的無作四聖諦的事修方面過程已經究竟完成了。菩薩地中到達等覺地時都是還無法究竟，只有最後身菩薩——妙覺菩薩——已經滅盡了一切苦，下生人間成佛了，才算是事修上的究竟。所以勝鬘夫人說：**下、中、上法不能得究竟涅槃，只有**

到達佛地時才能獲得究竟的涅槃。

「非壞法故名爲苦滅」：並不是把某一些法毀壞的緣故而說是苦滅了。爲什麼勝鬘夫人特地要講這一句話？因爲有些人雖懂得二乘菩提而無錯誤，但是他們修學佛法時不懂大乘菩提，總是認爲苦的滅盡就是要把自我滅盡了。爲什麼 佛陀在世時，佛門中人就會有這種錯誤的觀念？那就得要談到三轉法輪的過程了，否則，也許有人會振振有詞地說：「大家都認爲把蘊處界等法壞滅了以後才叫作苦滅，爲什麼你偏偏說不必滅蘊處界就可以叫作苦滅？」他還會根據四阿含的記載而振振有詞質疑說：「你看佛世的時候就已經如此了，你爲什麼要提出異說？」似乎我們的正理倒變成異說了！所以對這個背景，諸位一定要有所認知。

佛陀前後三轉法輪，第一轉法輪好像是十二年吧！這十二年中專講解脫道。十二年弘揚解脫道下來以後，解脫道已經被普遍的瞭解了：解脫道滅盡一切苦，就是要滅盡蘊處界；把自我滅盡，就不再有生老病死等八苦。既然是要滅盡自我才是滅苦，大家都知道了，轉入第二轉法輪時，就不再宣說滅苦或不滅苦的問題，而是宣講：有個本識實存而與蘊處界非一非異，專門解說中道觀、實相境界，以蘊處界背後的如來藏來說無量的中道，來顯示實相般若。這個般若中道看來好像是跟解脫道無關，所以第二轉法輪時期，弘揚般若時很少有人會去注意到般若是跟解脫道相關聯的。只有一種人會注意到，就是已經證悟的菩薩。

對大乘凡夫，對聲聞凡夫而言，他們都不會覺得解脫道與般若有關聯。第二轉法輪時期弘揚般若智慧的過程中，聲聞解脫道還是繼續在弘揚著。而般若的弘揚很困難，因爲實相法義更深奧，證悟的人也很少；並且是在解脫道講完之後才有人開始證悟般若，開始弘揚的時間是落後的，相對於聲聞法的實證者而言，人數當然很少。這時專講本識的本來自性清淨涅槃，說本來眾生就在涅槃裡面，不需要滅盡蘊處界，不需要捨壽，也不需要像某些阿羅漢請人把自己殺害而入涅槃，活著就是涅槃。你想：還沒有證得般若，也沒有證得聲聞初果的人，他們聽了以後信或不信呢？當然大部分人不信，有些凡夫會這樣想：「佛陀一定是年老而心想顛倒了，以前說要滅盡一切才是涅槃，現在又說不必滅盡，豈不是同於外道的現見涅槃？」達賴喇嘛不就這麼講嗎？他認爲 佛陀前後時期的說法自相顛倒、自相牴觸。

末法時有這種凡夫「法王」，你想：佛陀在世時這種凡夫多不多呢？這種凡夫可多著呢！所以轉入第三轉法輪時期的勝鬘菩薩，她講這些佛法時的背景就是這樣。就是因爲一直都有很多人說：要把蘊處界都滅掉了，蘊處界全部滅掉以後（壞法之後）才是苦滅。可是菩薩證悟後，從一切有情的本識如來藏來看，所有的眾生本來都是涅槃沒有生死，眾生的五陰一直都有生死，死了又生，生了又死；頭出頭沒，沒有了期；可是眾生的本識一直都是不生不滅的，那就是涅槃了！阿羅漢死後入無餘涅槃中，仍然是如來藏獨住的涅槃；而如來藏的涅槃狀態是本來就已存在著的，所以說眾生本來常住涅槃，不必滅苦就已經是涅槃了，這就是菩薩所證的本來自性清淨涅槃，只是凡夫與阿羅漢們還沒有證得罷了。

只要你證得如來藏，就可以現前看到自己的如來藏識本來涅槃，從來不生不死，不必我們滅掉蘊處界自己，祂本來就已經不生不滅了。然後廣觀所有眾生，只要是你看得見的眾生，你觀察所得的結論都同樣是如來藏本來就不生不滅，不必等眾生死了才成爲不生不滅。可是還沒有證得如來藏的人，若是從來沒有聽過這種深妙法義的人，他們一聽到涅槃，一定就會想到是要把蘊處界諸法全部壞滅才能證無餘涅槃。在第三轉法輪才剛開始弘揚的時期，仍有許多佛弟子的想法是這樣的，因爲他們深心之中牢牢的記著：**以前佛陀講解脫道時，是說壞盡蘊處界一切法才是滅盡一切苦，才是證涅槃**。般若諸經所講的法並沒有否定初轉法輪的解脫道，只是在大家的印象中，總認爲 佛陀三十幾年來說的涅槃都是滅盡一切法才能證無餘涅槃；如今第三轉法輪時期，突然間有大乘法弘揚出來，告訴大家說蘊處界諸法還沒有滅壞之前就已經滅盡一切苦了，「**非壞法故名爲苦滅**」，大家就不容易信受了。

大家證得解脫道而成爲阿羅漢以後，佛陀一定要把大家所學的佛法層次提升，不能一直停留在解脫道**壞盡一切法才是滅苦**的法義中，所以勝鬘菩薩就必須配合佛說而提出這個主張：**並不是壞掉一切諸法以後才叫作苦滅**。這意思是說，菩薩所說的苦滅，是在蘊處界等苦仍然繼續存在的當下，就已經離苦了。因爲眾生的蘊處界繼續在一切苦受中之時，如來藏卻是本來就離一切苦了，這樣就是苦滅。菩薩正因爲這個緣故，所以轉依如來藏的本來無苦、本來涅槃，然後發起了大悲願，願意一世又一世永無止盡的在人間繼續利樂眾生、不怕有多苦；那個動力就從這裡來，是從這個智慧現觀來的。所以對這一句「非壞法故名爲苦滅」，當然要加以解釋。

繼續再深入的說明什麼叫作苦滅？勝鬘菩薩說：「我所說苦滅的意思是說無始、無作、無起、無盡、離盡、常住、自性、清淨。」這是什麼意思？我們不必像印順法師那樣用猜測、想像的，我們可以眞實瞭解這個道理。苦滅，是有一個法無始就存在著，不是新出生的法，祂是從來無苦的，眾苦都到不了祂身上。二乘人自以爲滅盡見惑與思惑之後，捨報可以入無餘涅槃，認爲這樣就是不生不滅，這是二乘人所瞭解的中道；不過這種中道只是理解上的中道，不是實證，因爲是聽信佛語而知道無餘涅槃中不是斷滅空，所以滅了自己以後也就無苦了。

菩薩則說聲聞人的苦滅是將滅止生，禪宗六祖早就講過了。聲聞人是用聲聞四諦來滅掉會滅的自己，來停止未來世再有自己出生，所以說是苦滅；可是聲聞人這種不生不滅而滅苦的境界，在證果以前是不存在的，所以這個不生不滅而無苦的境界並不是無始的，不是究竟的。但是菩薩所證的苦滅卻是無始以來就一直存在著的，所以苦滅是無始的。菩薩證悟本識以後，現見自己的本識及所有有情的本識都是無始以來就存在而無苦，不曾滅過，所以永遠不生。祂從來都無苦，一切苦不能到祂身上；證得祂而轉依祂以後，就是滅苦了；而無苦的祂卻是無始的，從來都是本已存在的，沒有一個開始，是法爾如是的。所以菩薩現見二乘聖人把蘊處界自己滅盡而入無餘涅槃，說這樣是滅苦，這是有始的，所以菩薩說他們愚癡。所以二乘聖人雖然不是凡夫，在菩薩眼中卻是愚人。

二乘聖人如果不服氣，來請問菩薩，菩薩就告訴他：「你呀！愚癡！」還慈悲地指著他的鼻子講。「爲什麼我愚癡？」「因爲你入了無餘涅槃以後還是如來藏原來的涅槃，而那個涅槃是本來就在的，不必你把自己滅盡才成爲涅槃。」阿羅漢們一聽，不懂呀！後腦勺不管怎麼搔也是不懂，搔破了皮還是不懂，因爲他們沒有證得本識。後來他們終於能聽懂，是因爲菩薩爲他們說明：「你入了無餘涅槃以後，你不存在而滅苦了；可是你的本識還繼續存在，而你的本識是無始以來就在，祂就是涅槃；祂無始以來就不生也不死，所以是涅槃，那你何必滅掉自己而入涅槃？」這二乘聖人如果有智慧，不想再當愚人，那他就想：「我跟著學好了！」他就迴心於大乘中成爲菩薩了。這時他在大乘別教法中是住在哪個階位？如果他曾經廣修福德，那他這時候就成爲六住位的菩薩，卻是比你們之中剛明心的人還要低一階。也許有人心中不服氣說：「蕭老師！你可別說大話，我也不想戴這頂高帽子。」但我告訴你：這表示你的般若智慧還沒有進展，仍然停留在第七住位中，眞是不長進。因爲事實確是如此，因爲迴小向大的阿羅漢，般若正觀還沒有現前，還不知道般若的正理，只能以意識思惟想像般若的正理；所以他縱然已經斷盡見惑與思惑，從煩惱障的現行來說，是相當於八地初心的菩薩，可是如果從煩惱障的習氣種子斷除來說，他還不如三賢位十行、十迴向的菩薩；若是從實相般若的實證來說，他還不如一位剛才明心的第七住位菩薩。

因爲你已經有般若現觀，他還沒有，所以他還在六住位中。假使他往世沒有修布施行，那他還要從初住位開始修；因爲若想要明心，沒有大福德是不行的。沒有福德而被人好心幫助明心了，遲早會退轉的，這是我們度人的經驗。所以我們現在一步一步自己去證實，佛陀認爲要有大福德才能明心的說法眞是完全正確。假使現在還會有明心的人退轉，大約都不會再否定如來藏了，再怎麼樣都不會否定說「**阿賴耶識是外道神我，阿賴耶識不是如來藏**」，絕對不會了！因爲這疑問，我們已經從根都砍斷了：我們這三年寫出來的《辨唯識性相、假如來藏、識蘊眞義、眞假開悟》，這幾本書已經足夠使現代及後代的學佛人，沒有辦法再否定阿賴耶識心體了，因爲理證與教證都舉證確鑿；所以即使將來有人在會中悟了如來藏以後退失了，將不會是因爲懷疑說：「**所證的這個阿賴耶識是不是如來藏？**」而是由於別的原因才會退轉，但不會再否定如來藏了，所以不會因爲這種疑心而退失於七住位。他只會在離開以後再去迷信《大藏經》中某些末悟古人所寫的論著，可是絕不會去否定說：「**阿賴耶識不是如來藏。**」絕不可能！所以他的道業最多就是原地踏步，不會因爲否定阿賴耶識而退轉了。

可是阿羅漢們，如果往世修了許多福德，因爲心性淳善，很喜歡幫助別人，現在已成爲阿羅漢了，那麼他對布施這一度就不用再修了，持戒、忍辱、精進、禪定，對他也不是問題，而般若正是他要修證的法義，所以他迴小向大以後正好是在六住位中。那你想一想：**我在正覺講堂已經證得如來藏了，有般若正觀，所以是七住位菩薩**。而阿羅漢還在第六住位中，那麼從佛菩提道來講，他的證量是不是在你之下？當然是在你之下。所以你說般若法義時，他們聽不懂，因爲他不知道眞正的法是無始——眞正的苦滅是無始。他所了知的苦滅是有始的，他所知道的涅槃是現在才得的，不是本來就涅槃，而你所證的涅槃與苦滅，都可以證明是無始的。

有了這個無始的現觀，接著就會發現祂是無作。只有無始就在的法才會是無作的法，凡是有生的法都是有作的法。有生的法，譬如前六識：眼、耳、鼻、舌、身、意識，總共六個識，都是二法爲緣而出生的，然後依根而建立識名，所以都要以根、塵二法的存在爲前提。根、塵二法爲緣出生一個識，這個識就依根立名。譬如眼根、色塵二法爲緣出生了一個識，這個識能了別色塵，依根立名，就依眼根而立名爲眼識。同樣的，最後一個意識，依意根與法塵出生了意識，意識能了別法塵，也是依根立名，故依意根來建立這個識的名稱爲意識。這六個識就是識陰，當這六個識出現以後，一定是有作性，不可能是無作性；因爲識陰六識一出現時就能了別六塵，所以會去分別：漂亮或醜陋、愛或厭、香或臭、善或惡，就有無量無邊的分別。有了分別，祂就會有貪厭產生了：貪於這個法，厭惡那個法，就落到兩邊。有了貪，有了厭，當然就會有取捨：看見貪愛的就取了，厭惡的就捨了。有了貪厭取捨，就一定是有作性的，不可能是無作性的，都是有生的法才會這樣。

如果是無始的法，一定不會有這種有作性；祂一定是離六塵見聞覺知，不在六塵中生起絲毫的了別。所以只有無始的、不曾被生的，也就是從來都不曾出生過的，本來就在的心，這樣無始的心才會是無作的。學過唯識的人，他也許說：「**你講的不一定對，因爲意根是恆審思量，意根是恆；既然是恆，祂也是無始。**」那又有問題了！意根是有起，不是無起的，因爲祂的種子是從如來藏中生起的，離了如來藏時意根就不能存在，所以是有起的。只因爲無始以來就不斷從如來藏中生起而無法追溯祂生起的時候，所以方便說是恆；但因爲祂是依附於如來藏才能存在的，也可以推知祂是有生的法。又因爲意根是可以滅的——阿羅漢們入涅槃時都是要滅除意根的，顯然祂是有起的；意根既是可以滅的法，當然一定是有出生過，不是可以自己獨自存在，必須依如來藏才能存在。但是因爲祂可以來往三世，不像意識只能存在一世，所以祂無始劫以來生滅相續而一直存在著，不曾中斷，才被說是恆；但這個恆字是依凡夫來說的，不是遍一切有情都恆。

但意根一定是從本識中出生的，因爲祂的種子含藏在如來藏中，是從如來藏中流注出意根種子才會有意根的存在；祂當然是從另一個無始的法中出生的，所以祂仍然是有作的法。由於這個緣故，所以意根才會那麼厲害，向內把色身抓作自己，也向內把六識抓作自己所有的功能，又把如來藏本識的功德抓作自己所有的功德，再把六識所分別的種種法也抓作自己所有，再把自己配合六識所擁有的生命、財產、名聲、眷屬等等，都抓爲自己所有，所以意根當然是有作性的心，眞是大大的有作。祂比意識更有作，因爲意識，比如修行以後，他想：「我要得解脫了，那一些世間名聲錢財，我就不要再貪了，安分守己過日子，我只要好好修行就好。」他不再去造惡業了！可是走在路上時，看見地上有白金鑲著五克拉的鑽戒，意識說：「不要撿它，那是毒蛇！」可是意根卻下命令彎腰，下令把手伸出去撿了放進口袋了，你說誰比較有作呢？當然是意根。

譬如有一些人努力在世間法上行善，他說：「我下輩子要生天享福，我到天堂去掛號了。」天堂已經掛號了，可是有時卻會一時瞋從心起，雖然並不是什麼大衝突，卻一刀就把對方給砍了。意識後來發覺：「糟了！我爲什麼一時起瞋而造下這個大惡業？」他不知道自己的意根從往昔多世以來就一直都與對方結惡緣，很氣他；其實是因爲上輩子被對方欺負夠了，所以見面之時也沒什麼很嚴重的惡言惡語，卻把對方砍了！當然意識明知道不該作，一直在阻擋：「我是要升天堂，我要向天堂掛號。」可是意根忍不住，還是下令把手快速的伸出去把對方殺了。由此看來意根才是作主者，意識明知不該作，但意根掌控著決定權，所以意根絕對是有作性的，那祂就一定不是無生的。祂雖然一世又一世不斷延續下來，但祂一定是被生的法，因爲祂是有作的，也是可以壞滅的。

可以壞滅的一定是被生的，被生的一定是有作的體性。只有無始而自在的（可以自己獨自存在），才不會是被生的法；不是被生的法才是能夠自在的法，才眞的是自己本來就在。意根不能離開本識單獨存在，祂必須要依附本識才能存在，因爲祂的種子都含藏在本識如來藏中，所以祂不能說是無始的法，因此祂仍然是有作性的心。只有不被生的，自己本來就在的，才可以是無作的法；正因爲不被生而本自無始的心，才能無作，無作就無起。爲什麼意根時時都在？正是因爲有作，否則一切人必然都是死後斷滅、眠熟斷滅，都無法再出生或醒來。又爲什麼意識每天早上一定會現起？也是因爲有作；如果明天後天都不必上班，白天也都沒有事可作，那麼我明天想要睡十二個鐘頭，那就眞的睡到十二個鐘頭才起床，把一週來的疲勞都消除了。爲什麼意識能這樣？因爲那時對上班工作這件事上是無作的，無作就不必急著起床上班。

大多數人若每天能夠睡上七、八個鐘頭，就覺得很滿足了，太幸福了！因爲一般人都很忙，往往睡五、六個鐘頭就急急忙忙要趕快起來了；爲什麼要起來？因爲意識有作嘛！都是因爲有作，所以不能睡得安隱，有作就有起。無作才能無起，凡是有作的一定會生起、會現行，不可能一直潛藏著不出現。所以有作的心，只要身體覺得稍微好一點，疲勞稍微消除一點，就趕快要起來作事了；所以會起的心都是因爲有作，只有無作的才能夠不起。假使意識、意根可以進入無餘涅槃中（當然這是不可能的，因爲無餘涅槃是要滅盡意識與意根的，我們是假設說意識與意根如果能夠進入無餘涅槃中；因爲很多大法師、大居士都說：「將來死了，我是以意識覺知心一念不生住在無餘涅槃中。」他們都這麼講，所以我們假設他們的說法成立了），接著問題來了，這意識與意根還是很喜歡三界中的六塵，由於我所執著還沒有斷盡，我執也沒有斷盡，還是很喜歡返觀覺知心及作主的意根自己還在不在——這相當於哲學上的存在主義；當他還喜歡自己存在的時候，假設他能住入無餘涅槃中，此時他的覺知心是有作或是無作呢？仍是有作。若是有作的心，他能一直安住在無餘涅槃迴無六塵的境界中嗎？不可能！因爲無餘涅槃中沒有六塵，也不能了知自我，他在那個境界裡面一定覺得悶死了！他沒辦法再安住了，他一定要出「無餘涅槃」，那當然就不能住在無餘涅槃中了！所以，這樣有作的心怎麼可能入住無餘涅槃中呢？

不論從哪一個角度，從哪一個面向來看 佛所說的無餘涅槃，都是無懈可擊的。佛說無餘涅槃中是滅盡蘊處界的，是十八界的每一界都滅盡了，所以沒有自我也沒有六塵——完全沒有自我的存在，所以是完全的無爲。如果有爲有作的意識、意根可以進入無餘涅槃中，那個涅槃就跟 佛所說的涅槃不一樣了，成爲非佛法的涅槃，當然是外道誤會的想像涅槃了。如果他硬要說他那個誤會的錯誤的涅槃就是 佛所說的涅槃，那他一定會再出涅槃，他入了涅槃其實等於沒證涅槃，那就是戲論涅槃了，不可能證涅槃的。只有無始而無作的心才能無起，無起的心才能住在無餘涅槃中，那就是本識，就是阿含中講的入胎識。

這個入胎識可以在母胎中安住，祂從來不會覺得悶。如果是離念靈知，在母胎中一定待不了一天的，一定悶死了。不說十個月，一天就好，看誰能待得住？可是有一個禪師，他竟然說：「**眞實心如果在色身之內，祂會不會悶？如果在外面呢，那麼會不會很累、很苦？**」誰講的？來果禪師呀！他是這麼講的（編案：詳見公案拈提第一輯《宗門正眼》），因爲他以離念靈知心作爲眞如心。那他如果遇到了我，可就倒楣了，我會問他：「**你這個離念靈知，這一輩子出生之前在母胎中住了十個月，請問你悶不悶？你這十個月中都在幹嘛？**」他也只好搔搔後腦勺說：「**我怎麼沒想到這一點？**」那時候我就給他一巴掌。他說：「**你幹嘛打我？**」我說：「**我這麼老婆爲你，竟然不懂！**」我就走了，不理他了，且讓他疑三十年去。

所以說，只要有知有覺，不管是有念或是離念，都是有爲有作的心，一定只能住在六塵中，不可能住在無六塵而絕對寂靜的涅槃中。涅槃中是沒有六塵的，連定境中的法塵都沒有，不是依根塵才能存在的意識所能入住的境界。所以，只有無始的心才是無作的，無作的才能無起。假使是以離念靈知或是意根去住在無餘涅槃中，未來一定還會再起；這樣的入涅槃，有什麼意義？有時涅槃，有時不是涅槃，那不是生滅法嗎？那種涅槃不要也罷！更何況意識與意根根本就入不了涅槃！

無起的心，當然就能無盡，所以眞如心如來藏是無止盡的；有起的心一定有止盡。是什麼心有起？當然是識陰。識陰既然每天早晨都會生起，就是有起的心，當然就一定有止盡；都是夜夜斷滅的心，所以一生之中滅了又起，起了又滅，每天不斷重複這個過程。到了死亡以後，轉到中陰身上，藉中陰身入了母胎以後就永遠滅盡了，這一世的意識永遠都不會現起了，因爲下一世的意識已是藉全新的五根爲緣而生起的，已不是此世的覺知心了，所以此世意識入胎後就永滅而不會再出現了，所以意識是有盡的。

以前我們也常常在書中寫著：意識不是從前一世來的，而是這一世獨有的。這一世的意識不能去到下一世，所以這一世的意識死後入胎時消滅了就永遠沒有了；下一世是另一個全新的意識，不是這一世的意識了。這樣確認了以後，一定會這樣想：「我貪那麼多錢財，我求得這麼大的世間名聲，能夠留給下一世的我嗎？不能。那麼我辛苦的求財、求名，有什麼意義？所以就不需要求財、求名了，只要夠用就行了。」於是求財及求名的有作之心就滅除了。可是很多人讀了還是不信，繼續堅持說「意識是不滅的」；凡是印順派的法師、居士，到今天都仍然是這麼說。可是我們從理上告訴他說：「你如果說意識是不滅的，那你的意識從上一世來到這一世，請問你上一世姓甚名誰？住在哪個家庭？幹了哪些事業？」又都不知道了，那顯然不是由上一世的意識轉生來此世的。

也許有人聰明地說：「因爲我不小心喝了孟婆湯，所以忘了前世的事。」誰告訴你有孟婆湯的？你能證明給我看嗎？孟婆湯是存在的嗎？但是我們講的如來藏，卻是可以證實的。世俗人傳說的孟婆湯，可不能隨便聽了就相信。也許對方狡辯說：「我怎麼不可以信？我就是可以信呀！」如果只聽人家這麼一講就可以信爲正確的，如果這個邏輯可以成立，那你就告訴他：「你現在從大樓頂跳下地面去，可以立刻成佛！」他也同樣要相信才是。所以，不能聽了就信，而是應該可以實證的才可以信。既然這樣講，他還是不信，你沒辦法說服他，那麼就舉出教證來說好了：「意識現起時一定要有五色根作俱有依，你上一世的五色根有沒有投胎來到這一世？」沒有啊！這一世的意識是依這一世的五色根爲俱有依而出生的，當然是附屬於這一世的五色根才能生起的，那怎麼可以說意識是從上一世往生過來的？

印順法師更可笑，他說意根是頭腦，或者說是腦神經；因爲印順只承認有六識，當然意根就不可以說是心了，於是就把意根物質化。接著問題來了！因爲聖教中說意法因緣生意識，而意根是恆審思量的，是從往世來到此世而且要繼續去到下一世的；假使哪一天你夢見他，就問他：「**你這一輩子去投胎，有沒有帶著你的腦神經去投胎？**」你就只問印順這一點，他一定答不出話來。所以，從教證來說，意識既然要依意根以及五色根（頭腦是五色根的勝義根）作俱有依才能生起，那麼上一世的意識是依上一世的五色根作俱有依才能生起的，可是上一世五色根中的勝義根頭腦並沒有來到這一世，當然這一世的意識一定是依此世全新的五勝義根作俱有依而生起的，那麼此世意識當然就不是從上一世轉生過來的，因此才會有隔陰之迷。

知道這一點以後，你就可以當謠言終結者、傳言終結者，可以公開指稱孟婆湯是不存在的，民間傳說的孟婆湯就可以在這個世紀終結掉了。如果這樣的教證還不夠，再講明確一點好了。有一天，荼帝比丘說：「**如我所知，佛這麼說：這個識可以去到未來世。**」比丘們說他的講法是錯誤的，勸說很久，他都不聽；只好去向 佛陀舉發，佛就派人把他找來問：「你有沒有這樣講？」他說：「有，因爲我聽到佛陀您是這樣講的。」公然賴給 佛了，佛就先問清楚：「你說的這個識是指哪個識？」因爲他如果說這個識是本識，那就沒有錯，而是那些比丘們笨。所以 佛要先問清楚。茶帝比丘說：「就是現前這個能見、能聽的這個心，我能想東西，我能來來去去，我說的識就是這個心。」佛就說：「你這個愚癡人！我什麼時候這麼講過？」佛就問那些比丘們：「我有這樣講過嗎？」比丘們說：「沒有！」這時候茶帝比丘可就不知道怎麼辦了。

根據阿含中的這個聖教，不是很清楚告訴大家了嗎：識陰六個識都不可能去到下一世。這是阿含聖教裡面講的，不是我們編的，但他們還是繼續堅持意識是不生滅的。你說：這些法師、居士們，居心何在呢？我倒覺得佛教界都要對他們默擯。如果是在禪門中這樣繼續主張、繼續堅持，禪師一定會褫奪他們的僧衣與戒牒，然後把他們趕出門去，在叢林中絕對不容許凡夫們這樣妄說的。意識既然是有取的心，又是依五色根與意根爲緣，而且還要有六塵或法塵才能生起；既是有俱有依而且是有起的心，當然一定是有盡的心，所以意識不是無盡的心；只有本就無起的，才會是未來無盡的。

如果以凡夫位來說，意根是恆時都在而永遠不會滅的，直到成為阿羅漢以前都是如此，所以唯識學中才會說意根是「**恆**、審、思量」。祂無始以來就從如來藏中不斷地生起而不曾一剎那間斷過，祂一直都存在的；有如來藏的時候祂就跟著存在了，所以從凡夫位來說，意根是無盡的；所以說從凡夫位來看意根時，是恆審思量的。但是到了阿羅漢位時是可以把意根滅盡的，所以從佛法中的解脫道極果來說，祂就不是恆了，是可以滅的，更何況是依意根為緣而出生的意識呢？意根無始劫以來就一直與如來藏共同存在，雖然祂是剎那剎那生滅的，卻是依附如來藏才能存在及運作，都不曾中斷過，而且是意識等六心不可一時或缺的俱有依；連意根都是可以滅盡的，何況是夜夜眠熟就會斷滅的識陰六識呢？當然更是有盡的法。

連無始恆在的意根都是從如來藏中流注種子而存在的，這個恆在的意根尚且不是無盡之法，何況是夜夜斷滅而日日有生的意識？由此可知，只有從來不曾生起的心才是可以無盡的心，而這個無盡的心一定是離盡的；因為祂永遠沒有「盡」這個法，所以不可能有盡。意識心既然有生，就一定會有盡，不是無盡法；有盡的法就不能離盡，一定會與盡同在：這一世投胎後永盡無餘，下一世已是另一個全新的意識了。所以意識有盡，當然就不能離盡，只有無盡的法才能離盡。即使是意根，因爲祂畢竟是依如來藏而出生、而一直存在的，所以阿羅漢入滅時，也能把祂滅盡，所以意根也是有盡的；既是有盡，就不能離開盡，一定會與盡相應。所以，只有無始、無作、無起、無盡的如來藏才可以離盡，祂從來都與盡無關，永遠不會有盡，恆存而不滅，沒有一個法可以滅掉祂。即使是一隻小螞蟻在地上爬著、爬著、爬著，假使你能夠集合十方諸佛的威神力合爲一力，用這個極大極大威神之力，也不能把那隻螞蟻的本識滅掉——只能滅掉牠的五陰，不能滅掉牠的本識。

所以，一神教徒都很怕上帝，因爲上帝會賞賜，但也常常會處罰人，上帝的瞋心很重。可是我不怕上帝，縱使他把我的五蘊滅了，我下一世還是照樣跟他對立——繼續否定他說的法；因爲上帝滅不掉我的本識，也滅不掉我的意根，他連自己的意根都滅不掉，可是我每一世都有五蘊繼續在破斥耶和華是造物主的說法，他也拿我沒辦法。我若連續破他一萬世，他也會累的；可是我不累，我繼續破斥他。而且，我若願意生天，我生到初禪、二禪天去，勢力也比他更大。所以，應該說上帝怕我才對，他若惹上了菩薩，只有倒楣，沒有好日子過；他若不惹上菩薩，菩薩其實只稍微說他一些錯處，也沒很多時間來處理他。

所以說，一定是無始的才可以離盡；若不是無始的法，一定有盡，有盡的法就不能離盡。離盡的一定是永遠沒有盡的，那祂就是常住法了，所以眞正的佛法一定是常住的法，不是在捨棄本識恆存的前提下來說緣起性空。如果有人主張蘊處界滅了以後不會再滅，而說**滅相不滅即是眞如**；那其實仍是盡——滅相就是盡了，這個盡相永遠存在，當然就不離盡，不離盡就不是常住法。那麼請問：印順主張**滅相不滅的眞如說**，是不是常住法？（眾答：不是）當然不是嘛！他常常主張有盡法，卻說這就是佛法。解脫道所證的涅槃，依照佛陀的說法是要滅盡蘊處界，可是滅盡以後印順怕會落入斷滅空，所以就發明一個「滅相不滅名爲眞如」。

他以這個邪理來否定常住不變的法，極力否定 佛說的如來藏本體論。但他犯了一個大過失——違背聖教量。在四阿含中 佛陀常常說，阿羅漢滅盡、清涼、解脫、解脫知見知如眞、眞實，有時又加上四個字「**常住不變**」，所以無餘涅槃是常住而不變的，涅槃中是有實體法存在不變的。印順的滅相可以叫作眞如嗎？可以說是常住不變嗎？滅相是空無，是斷滅空，只有蘊處界自我存在時才有滅相的觀念可說，當蘊處界滅盡了以後，印順自己都不存在了，也就沒有滅相這個觀念可說了！那時哪來的眞與如？而蘊處界的滅相正是盡，盡則不是常住，既不是常住就一定會變異，將來還會有蘊處界重新再出生，根本就不符合四阿含中的聖教，更不符合阿羅漢們的實證。

由此可見那些所謂的阿含專家們其實都不懂阿含，眞懂阿含的人絕對不可能否定常住的本體論。而他們否定了可知可證的常住不變的本體如來藏以後，卻不得不另外再發明一個不可知亦不可證的本體，或者名爲意識細心，或者名爲滅相眞如，用來取代可知可證的本體。同樣是本體論，卻否定眞實、常住、性如金剛而可實證的本體論，發明想像、生滅、純屬名言而不可知不可證的本體論，豈不是多此一舉而且全無意義？所以印順的法不是常住法，既不是常住法就是生滅法，生滅法則不離盡；是可滅盡而不是無盡，那就是有起，有起的就是有作的法，有作的法就不是無始。那種錯誤連篇的法也會有人信受，眞的是很奇怪的事。

常住的法是不是完全沒有自性呢？常住的法絕對不是只是一個名相，所以不能說常住的法是**性空唯名**。般若諸經不是在宣揚滅相法，而是宣揚常住法恆離二邊的中道性，是法界中的實相；而印順所講的**性空唯名**，正是斷滅空，也是只有名相的戲論。緣起性空而只有**名相**，當然是戲論；所以印順定義的般若既是**性空唯名**，他的意思就是要告訴你：「般若就是戲論，只是言語等名相翻來覆去地講，全都是在講解脫道的一切法無常故空。」所以印順心中是認定般若諸經中的法義全都是戲論，可是很多人都不知道他的想法，不知道他要告訴大家的是「般若就是戲論」。當你說：「印順認爲般若是戲論。」他們就會生氣起來罵你：「你們怎麼可以毀謗我們導師呢？」還振振有詞的大聲斥罵你。奇怪的是就沒有一個人去告訴他們說：「請問：體性是空而只有名言，是不是戲論？」

從來沒有人把這個道理告訴印順的門徒們，眞的很奇怪！只有我們講出來讓他們知道。印順的意思是說：「般若就是在講一切法緣生故空，而一切法空在解脫道中已經講過了，所以般若諸經只是重複多講的法義，所以是戲論。」這就是印順的意思，只是印順講得比較委婉，把它定位爲三系中的一系，叫作**性空唯名系**。而那些愚癡人也都信受了，只有我們不信，看來眞的要感歎：「衆人皆醉，我獨醒！」就只有你們這些人跟著我清醒著，外面那些人都已經醉到胡言亂語了。

當印順已經公開主張「般若就是戲論」時，當他否定法界中的常住法時，他已經不可能相信這個常住法是有自性的。凡是常住的法必然是能生萬法的法，除了能生萬法的法以外，沒有一個是常住法。什麼法能生萬法呢？只有入胎識。只有這個入胎識能生萬法，以外沒有另一個能生萬法的任何一法，所以祂就是常住法而能生萬法。這樣看來，祂是不是有自性呢？當然是有自性。可是問題來了！當你說如來藏有祂自己的功能性，不是無自性的，印順的門徒們又要罵你了：「你是自性見外道！」他們這樣不斷地對你扣帽子，你就必須不斷地解釋；當他們扣你一頂帽子，你就得要解釋一大堆；對付應成派中觀等六識論者就是這麼麻煩，因爲他們會不斷地向你扣帽子。

如果競選縣長、省長、總統，只要每天扣對方一個帽子，讓對方永遠都來不及解釋，對方就沒有機會發表政見了，就沒有獲得選票的機會。但我們不一樣，今天他們應成派中觀不論怎樣扣我們自性見的帽子，我們都有辦法應付，而他們無可奈何；因爲我們會藉被扣的帽子，作出法義辨正的事情來弘法，反而成就我們弘法的另一個機會。但因他們常常對如來藏扣上「自性見外道」的帽子，所以我們就不得不在書上寫明：**如來藏的自性不是他們講的六識的自性**。他們說的自性見外道的自性都是六識的自性，六識的自性是無常的、可滅的，所以說沒有眞實自性。不能說現象界中的六識心沒有自性，在現象界中的六識還是有自性的，不然眼識爲什麼能見？意識爲什麼能知？可見是有自性。但因爲祂們都是無常法，所以六識自性就不眞實，不是常住法而是可滅法。不論是佛門內或佛門外的自性見外道，都落在這六識的自性上面，妄將六識自性說是佛性，所以斥責他們是自性見的外道。

但是我們講的如來藏本識有眞實自性，不是六識的虛妄自性；是在六塵萬法之外的自性，也是能生蘊處界的自性，不是應成派中觀所知道的六塵中的六識自性；所以如來藏的自性，不同於自性見外道的自性。反而是他們應成派中觀落到自性見外道法中，自己還不知道呢。現在我們證明他們的法與外道神我一樣，與自性見外道一樣，他們仍然不敢寫書出來辨正；儘管他們放話說要寫書反駁我，但是已經過去兩年多了，曾經寫出一本小冊子來沒有？不要說書，連小冊子都寫不出來。要是他們不懂得愛惜羽毛，不怕名聲羽毛被我拔光，可以儘管寫；寫出來以後用不著我來拔，我們隨便哪位同修寫本書，就把他們的名聲羽毛都拔光了。

諸法都有自性，但是自性二字指什麼法的自性？可要先弄清楚才好，千萬別含糊籠統而亂說一氣。他們卻不管這個道理，只要你說本識如來藏有祂自己的自性，就對你扣帽子——自性見外道。猶如魯魚亥豕分不清楚，又好像俗話說的「錯把馮京當馬涼」，根本不去弄清楚你講的本識自性與自性見外道所說六識的自性有什麼區別，直接就扣你自性見外道的大帽子。凡是常住而有眞實自性的心，祂的自性必然也是恆而常住的；這一種自性也一定是清淨性的，絕無可能是染污性的。但自性見外道的自性只是六識的自性，六識能見、能覺、能聞、能知，外道說現前六識這樣的境界就已經是涅槃，是在五塵當中快樂享受時即是涅槃，而正在痛苦時也是涅槃，這就是自性見外道所知的五現涅槃中的第一種，西藏密宗正是落在這裡面。但那種自性其實是無常的，不是無始的，所以不是清淨性。

但是本識有能生諸法的自性，生諸法以後也有能配合諸法來運作的自性，也有能實現因果的自性，以及能攝取四大種的自性；祂有種種的自性，而祂是無始以來就存在而且無始就有這些自性。本識並不是出生以後才有的，而是因為祂無始以來一直就存在著，所以祂才能夠有這些自性：**恆時存在而擁有出生萬法的自性**。若是有生、有始而非常住的法，就不可能有這些自性。不管是悶絕了、死了，或者進入滅盡定中，本識都存在，繼續在運作著，不曾間斷過；這樣的自性並不是識陰六識的自性，也只有這樣的自性才可能是清淨的自性。如果非無始，是有作、有起的，而且祂是可以滅盡的，就不離滅盡而不是常住法，不是常住法就不可能有這種恆而永存的自性，那祂的自性一定會是染污的，祂不可能是清淨的。

有這種能生萬法的自性的心，一定是本來就清淨性的；不是修行以後才變清淨，而是本自清淨；是無始以來就這麼清淨，所以祂就是涅槃。當你證得這樣的一個法，次第進修到佛地而使心中的種子都清淨了，你就離一切煩惱種子的執藏了。菩薩初證這個心時，無妨自己仍在煩惱當中，卻可以拍胸脯大聲的說：「**我從今起不見有煩惱！**」明明自己還在煩惱中，還必須繼續上班賺錢養家，可是卻沒有煩惱；因為有煩惱的是蘊處界我，可是背後的眞實我從來都沒有煩惱，所以大聲說：「我離一切煩惱執藏！」從這一天開始，你說：「我自學佛以來沒有拜過佛。」你也可以說：「來正覺講堂學法這麼多年，我沒有聽過一句法，我從本以來沒有幹過一件惡事。」你都可以這麼講，因為你是轉依如來藏，依如來藏而說離一切煩惱藏。但這是從因地方便說離一切煩惱藏，仍然不同於佛地連種子都清淨了的境界。

關於眞正的苦滅，並不是把蘊處界一切法壞滅以後才稱為苦滅，那是二乘人所知道的苦滅。在大乘法中，蘊處界的滅盡並不是眞正的苦滅，因為二乘法的滅盡蘊處界而入無餘涅槃，那是特地從唯一佛乘裡面分析出來，為了利益二乘的根性者特地這麼說；由於它可以使人一世之中遠離一切苦，實證以後對 佛有信心了，就可以對即將宣講的大乘妙義生起大信心，否則很難信受深妙的大乘法。可是從實際理地來講，把自己滅盡了以後說清涼、寂靜、解脫，那到底是誰清涼而寂靜呢？當自己蘊處界全都不存在了，怎能說有清涼與寂靜呢？凡是有清涼、有寂靜、有離熱惱，不可能是斷滅空，一定是有一個實存的法存在，才可以這麼說；所以說，二乘涅槃的清涼寂靜等，只是一個方便說。

在大乘法中，菩薩很透徹地看清楚清涼與寂靜的實質，不是像二乘人只看到滅苦的表相；菩薩是看到滅苦的本質，但也一樣把表相看透。二乘人就是看不透表相，所以捨壽時一定要入無餘涅槃；但菩薩看透了，蘊處界出生是由如來藏出生的，蘊處界死了也是由如來藏死的，同是如來藏的眞如性所運作出來的，故說生死一如；菩薩這樣看透生死一如了，所以不用入無餘涅槃。這就是說，大乘與二乘的滅苦，二者的智慧境界是差異極大的：菩薩不必壞掉諸法，也不必要把現象上確實存在的眾苦滅除，苦就已經滅了。這是二乘聖人所不能懂的，也是一般凡夫眾生所不能懂的。

這不是現在正覺同修會中才如此實證，不是現在諸方大師才弄不懂，古時就已經有很多人弄不懂；所以菩薩的這一種滅苦，自古以來就是很珍奇、很稀有，所以說很殊勝。二乘人把蘊處界滅後，不會再有未來世的蘊處界繼續受苦；但菩薩無妨未來世繼續有無量的蘊處界，繼續有蘊處界所顯現的無量苦，可是菩薩在苦中就已離苦，這才是殊勝。離苦主要是離什麼苦呢？最重要的就是離生死苦。二乘人是要滅盡蘊處界而不再出生，所以沒有生死，叫作滅苦；菩薩卻是在生死當中就已經離生死，這才稀奇，所以才會說菩薩追隨諸佛所學的眞實滅苦之道，是無始的。因爲無始才能無作，無作所以無起，無起就無盡，無盡就不需要有盡可以離，因爲本質上已經離盡，那祂就是常住法，常住法就一定是自體清淨而有種種識陰做不到的自性。有眞實自性的心，一定是本來就清淨的，這樣來遠離一切的煩惱藏。

你只要明心了，就可以印證勝鬘菩薩說的這些經句都是講眞實理，沒有一絲一毫的欺瞞。這樣親證了，在煩惱藏當中就離煩惱藏了！不必像二乘聖人一般要把蘊處界一切法滅盡，也不必灰身泯智才叫作離一切煩惱藏，而是正在煩惱當中就離了煩惱藏，因爲從此以後不再繼續像凡夫一樣執藏種種煩惱種子了。所以，二乘人是把色身滅除，不再受生於三界中，所證的解脫智當然也就不存在了，所以，身滅智亦滅。可是菩薩不同，死了還照樣去投胎；是有能力出三界而照樣再度投胎，再來人間自度度他。菩薩在人間繼續有五蘊的生死，可是他已經不在生死中，因爲他依止於本識，而本識是本來就沒有生死；所以證悟的菩薩們，心中沒有所謂生死來去可說。

即使是只有證得如來藏的總相智，別相智尚未大量發起，但死的時候就可以說：沒來也沒去，沒什麼事情。眞的是如此！你若明心了，就可以這麼講了。明明捨報要走了，卻說沒去；明明是有出生的，竟說沒有來。明明來到人間，學生從小當到大，學佛證悟後終於出來弘法了，弄得天下皆知有你這麼一號人物，事情明明是一大堆，結果臨捨報要走的時候卻說：**什麼事也沒**。明心了就可以這樣。所以菩薩與眾生不一樣，因爲菩薩是在生死當中已經沒有生死，眾生是在生死當中把生死看得很眞實。而二乘人嘴裡說：「**沒有生死了，我已經自知不受後有，生死永斷。**」既然自知不受後有，生死永斷，卻堅持要入無餘涅槃，到底他心中是有沒有生死存在呢？顯然是有嘛！

因爲有生死才要說永斷，有生死才要自知自作證說：「**我生已盡，不受後有。**」可是菩薩根本無所謂，說繼續保持後有也好，說不受後有也好，反正我本來就沒有生死，無妨照樣世世有生死。不懂佛法或是悟錯的人可就會這樣想：「**這眞奇怪！**」但眞正的佛法就應該能夠這樣實證，才是眞實大乘佛法。如果都是口上說得天花亂墜，諸天天人都來散花供養，結果還是不離生死，那有什麼用呢？因此說「即一切煩惱藏，而離一切煩惱藏」，這樣就可以說「不即煩惱藏，也不離煩惱藏」，如是解脫生死，這就是明心者所證的本來自性清淨涅槃。

由於實證這樣的涅槃，菩薩現前觀察到：明心了卻還有許許多多的法要繼續修學，所以悟了以後還得要請佛常住、常轉法輪，自己才有機會繼續修學；因爲如果單憑自己明心以後的智慧要走向佛地，那得要整整三大無量數劫，一分一秒都少不掉。但是如果有佛常住，法就常住了；法常住，菩薩就有因緣可以實證，就可以把三大無量數劫不斷的壓縮，到後來把一個大劫在一年中過完。那麼三大無量數劫就變成三大無量數年了，這樣子成佛之道就縮短很多了。一個大劫到底是幾億年？我不會算。但已經確定自己可以把三大無量數劫變成三大無量數年，心裡面想起來就快樂得不得了，成佛的速度可就是快幾百億倍了。如果生生世世都能隨佛修學，還可以更快，也許你一個月當中就過完一個大劫，乃至一天、一個時辰、一個小時就當作一個大劫來過，那可就更快了！所以成佛三大無量數劫，這個時間的長短都是看個人，精進的人一個月就過完一個大劫；娑婆的三十天是很短的。如果是一般人，三大無量數劫可就一秒鐘都少不了。

爲什麼要三大無量數劫？原因在哪裡呢？原因是因爲如來藏法中有超過恆河沙數的無始無明所攝上煩惱要斷，每斷一個上煩惱就證得一個法。「過恆河沙數的上煩惱」，可能諸位聽起來覺得不太耳熟，我們換三個字來講就很耳熟了——塵沙惑。塵沙惑，很多人都聽過了，以前讀人家寫的書，看到塵沙惑三字，心想：「塵沙惑是什麼？」不懂。說穿了卻很簡單，就是所知障含攝的超過恆河沙數的上煩惱，簡稱為塵沙惑。超過恆河沙數的極細塵沙，眞是無法計算。恆河很長，到了下游又很寬（在下游瓦拉納西，你可以坐著船，看太陽從恆河的水面升上來，在恆河上面看日出，你說它有多寬？）恆河沙又很細，想一想：超過恆河沙數的上煩惱，到底是什麼數目？

也許有人心想：「你這句話未免太誇張了吧！」其實一點都不誇張，因為上煩惱非常的微細，還未入地的菩薩都很難發覺它的存在，這才是個大問題。上煩惱是一直都在的，只是眾生不覺不知，阿羅漢、辟支佛也是不覺不知；乃至大部分菩薩證悟以後也還是不覺不知的，一定要修到初地心了才會偶爾發覺那些上煩惱的存在。而這些上煩惱的數目超過恆河沙數，不可計數；但它們到底在哪裡？是在虛空嗎？或是不在虛空而可以自己存在？或是在色身中？或者是被上帝執持著？或者是自然存在？或是由種種因緣聚集起來而成為上煩惱？或是依附於如來藏而存在？學大乘法的人對於這些問題都必須要注意到。

先別談那麼深的上煩惱，光說見惑與思惑就好了，光說學佛人都會認同的業種無明就好，它們到底在哪裡？是自己可以存在嗎？不行！都要依於如來藏而存在。他們那些人學了藏密外道的應成派中觀以後，只信六識論邪見，不信有第七識意根及第八識如來藏，個個都自信滿滿，敢胡說八道欺瞞眾生說：業造了以後，業是過去了，可是業還是存在的。我們提出質問：「請問你：業存在哪裡？在虛空嗎？在色身嗎？還是在上帝手裡？」他們都不敢答話。印順書上就明明公然的寫著：業造了以後，業還是會繼續存在的，不必有第八識來執持業種。請問：「這個業的種子是誰持的？是意識心嗎？」他們又不敢答，因爲他們早就知道我們一定會告訴他：意識是根塵二法因緣所生，是緣生緣滅法，不可能持種。

他們都很清楚，因爲《眞實如來藏》就是特地爲印順寫的，書中雖然沒有指名道姓，我寫好印出來了，就親自去郵局寄給他。天底下可能就只有我這麼一個怪人，我爲誰特地寫了書，就寄給他。就好比我寫了《護法集》，就寄給專門弘揚月溪邪見的自在居士。也許有人說：「你太誇張了，這是對人家挑戰！」但我不是挑戰，我的意思是說：明人不作暗事，我既然寫了你，**出書時就寄給你**。《公案拈提》寫了聖嚴師父，我就寄給他。

所以印順等人不敢說是意識執持業種或無明，他們也不敢說業種或無明是在虛空中。印順讀過《眞實如來藏》以後，他知道只要一作答覆，鐵定會出差錯。這位被人評論以後從來不會默不吭聲的人，眼裡容不下一顆極微細、極微細的細沙的人，但我把他眼裡揉進很多沙子了，他卻一點動靜也沒有，究竟是什麼原因？他後來死了，他的門人也仍然不敢寫文章辨正，因爲知道只要作了辨正，就會出更大的問題；因爲他們所說的全都不符合法界的實相，而法界的實相是永遠不可能被改變、被演變的。只要尚未親證實相，講出來時一定會出錯，不是他們想要怎麼說就可以怎麼說的。

假使所證的，確實符合法界的實相，那就隨便你怎麼說，橫說豎說都有理，因爲你說的是同一個實相，只是從不同的面向來說祂而已，或是從不同的層次來作深說與淺說，一定不會互相矛盾。可是，如果所說的實相智慧是意識想像得來的，與法界實相互相違背，即使依文解義時有時都會出問題，何況是妄加發揮而說。所以印順及其門徒們，不敢主張無明業種、見思惑、上煩惱是存在虛空中，也不敢說是由意識執持著。那它們到底存在哪裡？依附誰而存在著？當然是依附如來藏而存在於如來藏中。離開如來藏，就不可能有成佛過程中所應該斷除的上煩惱；煩惱障所含攝的習氣種子也都不離如來藏，不能稍離如來藏的執藏性而存在。所以說一切煩惱藏（不論是煩惱障所含攝的習氣種子，或是所知障所含攝的上煩惱），全都不離如來藏、不脫如來藏，也不異如來藏；因爲離開如來藏就沒有這些煩惱與業種的收藏，所有的無明就全部不存在；所以上煩惱、起煩惱、見思惑、習氣種子、無明，都不離如來藏、不脫如來藏、不異如來藏。

可是卻要作個提示：**這些煩惱種子現行以後卻都與如來藏不相應，相應的是我們眾生蘊處界自己，如來藏只是攝藏及遇緣時加以現行而已。**離了如來藏，沒有一切的無明、業種、煩惱；菩薩爲了成佛，不得不探究上煩惱的內容，不得不隨緣了舊業及滅除習氣種子，不再有現行了，然而這也只是煩惱障所攝的內涵；至於上煩惱則是與地上菩薩相應的，就是只與已經證悟而進入通達位的有情相應。可是既然說只能與有情相應，不與如來藏相應，而有情既不能離如來藏而存在，這一些業種、上煩惱同樣不能離如來藏而存在，所以依這個道理而說一切上煩惱不離、不脫也不異於如來藏。能夠通達這個道理而把一切上煩惱斷盡無餘，他的不可思議佛法就具足成就了。成佛過程的三大無量數劫，說穿了就是過恆河沙數的上煩惱及習氣種子的斷除過程。如果你在一個大劫中，能把全部上煩惱及習氣種子斷盡，那你的過恆河沙數上煩惱斷盡，就是三大阿僧祇劫已經過完了。如果是一萬大劫斷盡過恆河沙數上煩惱及習氣種子，那這一萬大劫就是你的三大無量數劫。

能不能把成佛時間壓縮而快速的成就，就看你能不能依止諸佛。譬如諸位現在這個時節因緣，是依止 釋迦牟尼佛，因爲現在是 釋迦牟尼佛的法仍然存在的時代。也許你想：「我又沒見到釋迦牟尼佛，我每週來這裡聽經學法，只看到你蕭老師！」但我告訴你：「我依止於釋迦牟尼佛，我說的法也是釋迦牟尼佛弘傳下來的法，你這樣學習、證悟、修道，不就依止釋迦牟尼佛了嗎？」如果你要問：「什麼人沒有依止釋迦牟尼佛？」那你可以到各大道場去看那些大法師們，他們都是沒有依止 釋迦牟尼佛，因爲他們沒有得到佛的正法，都不能進入內門中廣修六度萬行，都在外門轉來轉去。

不但如此，你看慈濟功德會，他們假使有四百萬人，一定是三百九十九萬人都還在十信位中，其餘的一萬人是剛才進入初住位中，仍然是外門廣修布施行；那萬人中的極少數人只不過是二住位修持戒行，更少數人修忍辱行乃至精進行；至於廣修禪定與般若的人，可就是鳳毛麟角了。你仔細去觀察，他們之中已經能進入初住位，開始在外門廣修六度萬行的人，是極少數的。他們絕大多數人現在修的都只在修學對三寶的大信心——修學十信位；當他們對三寶的大信滿足了，那就是說一劫乃至一萬劫修學信心已經圓滿了，才進入初住位中。當他們進入初住位以後，一定會反問自己：「修學佛法就只是這樣布施財物與人力嗎？只有不斷的布施嗎？我這樣是不是眞的在修學佛法？」當然會這樣反問。當他反問完了，將會廣爲修習諸經、諸論。

修習諸經、諸論時當然讀不懂，只好去尋找善知識的著作，看看當代有哪些善知識說法是比較勝妙的，這樣就表示他已經正式開始了六度萬行的外門廣行了。可是在慈濟中，這樣的人多不多？眞的不多。所以說，若能進入內門廣修六度萬行，是任何一個年代都很不容易的事。諸位可以想一想：爲什麼大部分的佛教研究學者會說「大乘佛教是後來才演變出來的」？因爲他們發覺大乘佛教初期時的勢力薄弱，而解脫道聲聞教的勢力很普遍，而且信眾非常多。至於爲什麼會產生這個現象？爲什麼要五六百年、一千年後大乘佛教才廣爲弘揚？都是因爲難知、難解、難修、難證，能夠證悟的菩薩永遠都是少數。

我們正覺同修會今天有這樣的局面，在中國佛教史上來看，幾乎可以說是破天荒的；等到我捨壽時會有多少人證悟呢？一定是很多的。但這只是說破初參的明心見道，至於破重關的眼見佛性，我想要幫助一百零八個人眼見，目前看來好像是只能懸爲目標，似乎是不可能完成的。那麼你想：**像這樣進修到佛地，能夠說是很稀鬆平常的嗎？**明心者不知眼見佛性的境界，而眼見佛性的境界不知道初地菩薩的隨順佛性的境界，初地又不知二地，二地不知三地，乃至等覺、妙覺仍不知諸佛的境界。而阿羅漢卻都是在一世之中就修證完成了，可見二乘菩提與大乘菩提的完成，差異眞的是天懸地隔。

大乘法的實證眞的很難，單只一個明心，會外那麼多人幾十年來擠破了腦袋、絞盡了腦汁，怎樣都想像不出來。以印順、聖嚴、惟覺、星雲、昭慧等人而言，他們或是在世間法上很聰明，或是口才如此伶俐，才能弄成那麼大的局面，而他們都想不透：**爲什麼自性清淨心會有染污？**自性清淨就是清淨的，爲什麼會染污？想不通！不但他們想不通，不肯迴小向大的阿羅漢們也都想不通。所以你們不要小看了自己的明心，他們可是絞盡腦汁都沒辦法想像的。可是你明心以後再來想想看：那眼見佛性是什麼境界？能想像得出來嗎？狗屎上面明明就沒有自己的佛性，卻可以肉眼看見狗屎上有自己的佛性，你要憑什麼想像？你絕對無法想像的；更何況諸佛境界，當然是不可思議的佛法。

所以那些悟錯的凡夫自以爲悟，就大膽的說他的證量與諸佛一樣；甚至於藏密外道所有法王連我見都沒有斷、連明心都沒有，竟然敢說他們比 釋迦牟尼佛的證量還要高。你說荒唐、不荒唐呢？這種事情，永遠都只是凡夫才會作得出來；眞正的證悟者，沒有一個人敢這樣作。證悟了以後，《大藏經》請出來，發覺還有很多是不懂的。且不說《大藏經》，只說玄奘菩薩的《成唯識論》就好了，不過才十卷，請出來讀時，第一頁就得讀上半年，還不一定眞的懂；再花個半年把第二頁讀完，接下來把第三頁讀過幾行，想一想：「不讀了，讀不懂！」不是只有諸位這樣，我這一世當年剛破參時也是這樣，沒有人教導我明心以後要怎麼整理（不像你們現在眞的很幸福，在禪三時可以深入整理）。讀不懂，好難過，後來就先放下，去研讀其他的經典，用明心的見地一一貫通起來以後，再回來讀《成唯識論》，終於懂了！在這種情況下，敢說自己已經成佛了嗎？絕對不敢的！

所以，凡是有人自稱他成佛了，你就知道他一定是凡夫，只有凡夫才敢自稱成佛。你們明心以後又深入整理而很有智慧了，可以讀我的書了，可是我寫書比你們讀書更快；但是以我這樣的狀況，我都知道自己離佛地還很遙遠、很遙遠，當然你們更不會妄想自己與佛一樣。所以，以後你如果想要斷定某位大師是不是凡夫，就先用這一點來判斷：**如果他說已經成佛了，你就可以斷定他一定是凡夫**。我保證：**他連初果都沒有證得**。如果他一直都沒有標榜說他成佛了，那你再來從別的地方去判斷；如果說宣稱成佛了，你不必研讀他任何著作；直接就判定他是凡夫，保證沒有錯。

究竟地的佛法絕對是不可思議的，這樣不可思議的佛法具足圓滿了，才能說已經成佛。這時的無垢識就稱爲如來法身，這裡講的就是果地的法身。凡是還在菩薩位中都叫作因地，因爲你學的是成佛之道，所以包括等覺、妙覺菩薩都還是在因地中。今天你明心了，不退轉了，住於第七住位中成爲不退轉住菩薩，也是因地。可是如來法身名爲無垢識，並不是成佛時突然變出來的，這個心體是本來就存在的；祂在八地心開始只稱爲異熟識，七地以下都同時稱爲阿賴耶識；只有一個例外，大乘通教阿羅漢或者聲聞阿羅漢迴心轉入大乘別教法中，求證本識如來藏時雖然還沒有進入七住位，也可以稱爲異熟識——只有這個狀況下的七地以下可以稱自己的第八識爲異熟識。

但這只是方便說，如果要說得明確一點，所有因地菩薩乃至凡夫菩薩都可以稱他們的第八識爲異熟識；因爲同樣都還有異熟生死，這個異熟識名稱與阿賴耶識名稱是可以同時存在的。到了七地滿心，阿賴耶識分段生死種子的集藏性被滅掉了，所以不再有阿賴耶識名稱，只剩下異熟識名，這樣叫作滅阿賴耶識。這時不能再稱爲阿賴耶識了，只能稱爲異熟識。在凡夫位，既可以稱爲異熟識，也可以稱爲阿賴耶識。但一般爲了方便說法，都說到了八地心改名異熟識，這是方便說法，這樣眾生比較容易懂。如果你要說兩個名稱並存，就得要講上老半天；對一個初機學佛人來講，爲他花那麼多時間，沒有用！因爲他們距離異熟識太遙遠了，你解說之後他們也聽不懂。

所以，從因地菩薩來講，如來純淨法身雖然在三大阿僧祇劫以後才有，但那個如來法身正是第八識心；而這個心體是在因地現在就已經存在了，叫作異熟識，也叫作阿賴耶識，也叫作所知依、無始時來界、非心心、無心相心、菩薩心、不念心、無住心，簡單一句話叫作眞心。如果要依禪宗來講呢：**本地風光、吹毛劍、莫邪劍、石上無根樹、花藥欄、胡餅、綠瓦、露柱⋯⋯**。禪師可以發明很多名稱出來。只要你喜歡，你悟了以後也可以新發明，因爲那個不是東西的東西，你如果說得正確，都可以通。無量無數諸名所講的都是這個第八識心，而第八識心是無始以來就在，只是因爲斷了一個染污部分就捨掉一個名稱：**斷了我見我執的能藏、所藏性以後就捨掉阿賴耶識的名稱，剩下異熟識名稱；再把異熟生死的種子變異都斷盡了，那就改名叫作無垢識了**。可是這個無垢識心體是因地就存在的，所以不是如來才有法身，凡夫菩薩及所有凡夫有情也都有法身，只因智慧尚未生起，所以說他們還沒有法身，但法身如來藏其實都本自具足圓滿。

因此，很多人明心了以後，看見螞蟻爬來爬去時，心想：「**牠也有法身呀！螞蟻菩薩！未來佛！**」所以過去的不良習慣就會改變。以前看到螞蟻時，手指伸出去一揉就解決了。現在卻說：「**螞蟻菩薩，對不起！請你趕快走開，免得我不小心把你壓死了。」以前常用的一指禪功就不見了，因為現見牠與你在實際理地中是平等的；所以這個法身不是如來地才有，是因地就有的。正因為因地就有法身，所以：第一、稱為不可思議，第二、稱為不離煩惱藏而沒有煩惱。不可思議，是因為祂是法界的實相，而這個法界實相永遠是離兩邊的，祂永遠不會落在其中一邊。可是你若說祂永遠離兩邊，祂卻又不離兩邊；祂是兼含兩邊，而祂自己不落在兩邊中，這才厲害！這是聲聞聖人及凡夫菩薩、外道天神都無法想像的，所以說是不可思議。

所以自古以來很多人喜歡當禪師，不樂意當論師、經師、法師，為什麼呢？因為禪師特好當，像我這樣是很辛苦的。如果只當禪師，最輕鬆；不管誰來求法，都叫他去幫我工作就行了！等他忍上好幾年，以為說我會幫他開悟，結果忍上三年、四年了，心想：「人家學徒都是三年就出師了，為什麼我到現在連個影子都沒有？」忍不住上來問了，禪師說：「你要問法？那好，開田去！開田就是法，你還要什麼法？」如果強忍著去開了田回來：「師父呀！你也得跟我開示正法呀！我開田都累了一天。」禪師一棒就打過去：「這就是正法！」禪師就是這麼好當，隨便什麼都可以；禪師一言一語、一舉一動都是大法。徒弟每天上來請示，禪師說：「田裡該鋤草了！」明天又指示說：「竹子該培土了。」有時徒弟上來問安：「師父！您吃飽了沒有？」「吃飽了！」吃飽了也是開示呀！所以說禪師特好當。

所以，自古以來有很多人願意當禪師，都不願意當法師、經師、論師；因爲那日子眞是逍遙快活，再也找不到比禪師更逍遙的營生了。打從他悟後，就只是息心靜慮，什麼事都不必幹，供養自然就源源不絕地來了。可是這樣的禪師，得要以一生來過一個大劫，還不如諸位。你們可以用一年來過一個大劫，他卻得要用一生來過一個大劫；因爲他的日子過得太輕鬆了，他荷擔如來家業時是找最輕的擔子來挑，這樣就不容易與上煩惱相應；因爲他都在般若的總相、別相上面來用心，根本沒有機會進入種智境界中。

這樣說來，我辛苦地當禪師、法師、論師、戒師，忙個不完，還是有代價的，所以我常常會說：「你若眞的努力爲正法付出，佛陀從來沒有辜負人的。」當你越發的努力，你成佛的因緣就越發成熟，每一個因緣成熟了，就可以跳過很大一步。事實確是這樣，這樣一來，你可以一個月過一個大劫，乃至一天過一個大劫，因爲你會相應到很多的上煩惱；相應得越多，日子過得越不如意，但是道業修證越快，所以經濟學家說：「天下沒有白吃的午餐。」我們佛法中就說：「功不唐捐。」許多事情從表面上看來都是吃虧的，實際上吃虧就是佔便宜。所以禪門之中在大乘法上的承擔，都沒有白白付出的；你付出的越多，得到的回饋就越多。而且你付出的都是世間財、世間的時間，但你得到的卻是無上法財。這個無上法財，一生過完以後，會追隨著你去到下一世，生生世世如影隨形。既然如影隨形，你就可以快樂自追。等到有一天眞的悟了，你會想起我今天講的話，然後就知道我時時刻刻都在爲你講第一義諦，問題是你有沒有相應到而已。

從這些佛法實證的境界來說，如來藏的不可思議就在這裡：因地的法身就已經不可思議了，那你想佛地的如來法身，連等覺、妙覺菩薩都覺得不可思議，而凡夫大法師們竟然動不動就說他們證境與佛一樣；他們認爲自己可以思議　釋迦佛的證境，可是等到他們把自己心中所思議的智慧說出來時，若是你正巧在吃飯，只怕你會噴飯的。所以說，因地就已經不可思議的佛法，到了佛地當然更不可思議。而這個法是二乘聖者無法想像的，連等覺菩薩都無法想像了，何況那些我見都還具足存在的凡夫大法師們？可是這個不可思議的如來法身，卻是在因地就存在，而且已經極不可思議了；並且祂是與煩惱一起存在的：無量無邊的上煩惱，無量無邊的習氣種子煩惱，包括未斷我見的凡夫們的見惑與思惑煩惱，也都同時存在，卻是本來就清淨的心。所以說：這樣的如來法身，祂在因地時不離煩惱種子的含藏，也是由此緣故而叫作如來藏。因此說，這個不可思議的因地如來法身，雖然含藏了無量無邊的煩惱，但是祂同時含藏著能夠使人成佛的功德性，也同時含藏著有情在因地時的一切煩惱。所以明心的人從另一個面向來講，也可以叫作見性——是看見成佛之性，但不是我們傳授的眼見佛性，二者不一樣。譬如六祖《壇經》中也說見性，可是他講的見性不是《大般涅槃經》中的眼見佛性，而是看見如來藏具有使人成佛之自性。

證悟如來藏的禪宗祖師，自古以來就不多。假使你找出最早的三十位禪師來，他們每人每一世都有一個名號，這三十位禪師每人都一世又一世乘願來人間受生，經過兩千五百年下來，應該有多少名號？所以被記錄的禪宗祖師雖多，其實眞正人數並不很多。那些禪宗祖師中，有眼見佛性的人更如鳳毛麟角，這幾位見性者一樣是不同世而有不同的名號，你想：會有幾個人能眼見佛性？所以，我們正覺會內有十幾位見性的人，也算是很多了，幾乎可以說是超過禪宗史的紀錄了。雖然很多了，但大家還是要努力再拚，不是爲了去保持紀錄說：「你看前無古人，後無來者，正覺最多了。」這其實沒有意義，而是因爲眼見佛性的人越多，這個比明心更深妙的眼見佛性的實證性，能信受的人就會跟著增多。

藉著見性的人逐年增多，未來正法的弘傳就會更有力量。如果只有度得三、五個人能眼見，人家都會說：「那有可能是串通好的，實際上沒有眼見啦！眼見佛性這回事不存在。」就像我們早期只有十幾個人明心，人家都不信，還有很熟識的法師到我家來當面說：「你們半年、五六個月就明心，我不相信。我努力參禪，如果三十年可以明心就很安慰了。」當面這樣跟我講，可是現在他們爲什麼不再講了？因爲每一期都有見道報告登出來給他們瞧。難道單憑事先講好而沒有實證的本質，能講得通那麼多人一起來欺騙佛門大眾嗎？爲什麼十幾年來沒有人敢出來拆穿說「正覺那個證阿賴耶識是騙人的」？正因爲是有實質而不是欺騙人的。同理，眼見佛性的人其實也應該隨著明心者的增加而陸續在增加，可是看來似乎一直都是很困難的樣子。我們現在不像以前一樣輕易引導見性這一關，要很有把握（要到某一個狀況出現了），我才會下手引導；在那個狀況還沒有出現以前加以引導，大部分人都不能眼見，這一世就沒有機會眼見佛性了，所以我現在變得很小心。

「過於恆沙不離不脫不異、不思議佛法成就，說如來法身」：為什麼說佛法這麼不可思議，卻又無法推翻？因為祂是法界的實相——一切法背後的眞實理，所以是無法推翻的。這個法界中的實相，不論是如來藏或是眼見佛性的實證，其實都不離煩惱，與所有的煩惱是同時存在的。明心或者眼見佛性的實證，都不是因為斷了煩惱以後才出現的，即使是低等動物的螞蟻、蚯蚓、蝗蟲，牠們的如來藏、牠們的佛性，也是時時刻刻分明顯露出來的，問題只是能不能找到祂、能不能看見祂。

自古以來那麼多的大師們，在他們活著當時都是響叮噹的人物，可是一旦死掉就隨即被人忘記而成為名不見經傳了。古時如此，現代仍然會如此，未來也仍將會如此。世間名聲多麼大都沒有用，死後誰都不在意他們了；而他們的書也沒有人會願意繼續讀，只有眞實證悟者所寫的書籍，才會有人願意在他死後繼續研讀。即使像印順那麼聰明，寫那麼多書，也曾造成一代風潮，二十世紀的台灣佛教，他眞的可以說是獨領風騷，特別是在顯教中。但是三十年後，你要再找幾個人願意信他的法、讀他的書，就不容易找得到了。爲什麼會這樣？因爲他的法是可以思議的，也是可以對他處處挑毛病的；被挑了毛病以後，他的門徒們就只能說：「**蕭平實程度太差了，我不屑於跟他對談。**」

包括曾經求見我的人，都私下這樣說。她其實很想見我，可是對外卻說：「**蕭平實程度太差，我不屑跟他對話。**」這是事相上的事，我們一直都沒有講過這件事，由著對方不斷地亂講一通，不去破斥她，現在終於開始準備要公佈出來了。看來我這個**生忍**修得還可以，因爲三、五年來一直聽人轉述她的不誠實語，我都不加以理會。其實我心中並沒有刻意在修忍，只因爲這種事情從來不放在心上，只當沒有這回事；因爲根本不想在這上面用心，因此就把它丢在一邊，不管她怎麼無根毀謗。（編案：此指昭慧法師。詳見正覺電子報 33、34 期及 53 期開始的報導）我今晚作了隱名式的公佈，是因爲她亂講的信已經來到我們講堂了，所以不得不稍微回應一下。我們轉依如來藏眞如性，所以只會被動回應而不會主動爭執，而眞如、佛性卻是一直都很分明在顯示著。

這意思是說，眞心與佛性都是在因地就充分顯露出來的，祂從來都沒有隱藏。一切有情的如來藏與佛性，從來都不像某些人一直躲躲藏藏的，祂反而是站在最前線。我們台灣的銀行經理是坐在最裡面，外國銀行經理往往是坐在第一線的。所以在原始佛法中，曾經親聞 佛說大乘法的阿羅漢們，他們說有內識與外識。內識是說意根以及識陰六識，因爲都不能接觸外法，只能接觸到內六塵諸法，所以叫作內識。外識則是說第八識如來藏，如果五陰死了，祂會再到別的地方去投胎；而祂能接觸外六塵，所以叫作外識。

如果印順來了，今天我要請問他：「**你說沒有如來藏、沒有本識，你是根據部派佛教那些不懂解脫道的人所講的爲依據；可是懂解脫道的——曾經在佛陀座下親聞佛說的阿羅漢們，卻說有這麼一個外識，那你怎麼解釋？**」印順還是開不了口的。所以他們的考證都故意取材錯誤，正確的資料都不用；因爲正確的資料（譬如舍利弗尊者寫的論）中都說有外識眞心，都把意根與識陰六識說爲內識；印順等人卻偏要把那些正論撇在一邊不用，然後從更晚期的聲聞部派佛教中有爭議性而不懂解脫道的凡夫法師所說的法，拿來作考證的資料；像印順這樣的人，他們的心態有沒有問題呢？正確的資料都不用，偏要拿不正確的資料來用，這樣的考證有什麼可信度呢？因此，印順等人對於不可思議的佛法，永遠都要用意識想像而企圖了知了。

不可思議的法，印順老是用意識來思議，怎麼可能了知呢？不可思議的法，一定是要親證；親證了才能知道那個不可思議的法，才會變成自己獨自可以思議的法，而別人仍然是不可思議的。就如同我們今天不斷的思議，講出了千言萬語，並且記錄成文字而出書流通，別人是挑不到毛病的。不可思議的法，印順偏要用思議的方法來研究，怎麼能思議得出來？經中明明說要眞參實修，他們不肯實修，偏要用意識來思議、想像，所以他們就不能夠瞭解：**爲什麼不離煩惱藏名如來藏，這個心自性清淨而又有染污**？他們永遠都弄不清楚的。可是你們去打禪三，四天三夜回來也就清楚了，因爲你們有實修的本質，而印順等人研究了一生，除了浪得虛名，以外並無實質——一點點佛法的實質都沒有。所以我說你們聰明，他們愚癡。

如果印順眞的聰明，拉下老臉來了，我們可以給他一個禪三名額；不必一定要兩年半共修，就直接給他名額；但是能不能破參呢？就看他的本事。我可以照樣給他機鋒，照樣普說給他聽。問題是他的老臉貼著厚厚的金箔，撕不掉。大法師們全都是死在這裡！而你們沒有這個問題，所以終於能夠實證不可思議法，出生了前所未有的法界實相智慧。你可以現觀如來藏自性清淨，但卻含藏著與自己相應的種種染污種子；所以不離煩惱藏名如來藏，祂對你而言已經是可思議的，但是對那些大法師們卻仍是不可思議的。也正因爲這個不可思議性，所以祂是無始、無作、無起、無盡、離盡、常住，自性清淨涅槃，所以祂具足了成佛之性，這眞是很難懂！

這一段經文講完了，接著來看看印順對〈法身章〉第八是怎麼註解的，請大家看補充資料。我們先引證《大寶積經》卷一一九對《勝鬘經》所作的別譯：【何等名爲二聖諦義？所謂有作及以無作。作聖諦者，是不圓滿四聖諦義，何以故？**由他護故**而不能得「知一切苦、斷一切集、證一切滅、修一切道」，是故不知有爲、無爲及於涅槃。世尊！無作諦者，是說圓滿四聖諦義，何以故？**能自護故**「知一切苦、斷一切集、證一切滅、修一切道」。】對這一段譯文，我加了兩個註腳，請看楷書文字：【註一：「由他護故、能自護故」二句，證實譯文淆訛，有背勝鬘原意。註二：「知一切『受』苦」之受字，於此別譯中無之。】

從這一段別譯看來，從「由他護故、能自護故」兩句，就證實《大寶積經》這段別譯還是有一些淆訛，是與勝鬘菩薩的本意有一些小小的違背。在《勝鬘經》正譯本中說「知一切受苦」，這個受字在此別譯之中是漏缺的；可是《勝鬘經》裡面有這個受字，就是經文中的**「能以自力知一切受苦、斷一切受集、證一切受滅、修一切受滅道」**；但是《大寶積經》這一段別譯中並沒有受字，所以兩個譯本有一點差異，這應當是翻譯者對經文認知不同而出現的問題。《勝鬘經》中這個受字，指的是領受，也就是十二有支的取，所以仍應有受字才是比較正確的譯文。

接著再看印順怎麼說：【所說的二聖諦義，到底「為說」那「二」種？即：一、「說作聖諦義」，二、「說無作聖諦義」。作聖諦，又名有量四諦；無作聖諦，又名無量四諦。天臺宗依此立四教四諦：藏教是生滅四諦，通教是無生滅四諦，別教是無量四諦，圓教是無作四諦。然依本經說，只有二種四諦：一約聲聞緣覺智境說，即作聖諦，或名有量聖諦；一約如來智境說，即無作聖諦，或名無量聖諦。作，是功勳、加行，約修行說，依四諦修行——知苦、斷集、證滅、修道。二乘名作聖諦，由於四諦事還未究竟，還有苦應知，集應斷，滅應證，道應修。佛於四諦事圓滿究竟了，不須再作功行，所以名無作聖諦。】（正聞出版社．印順法師著《勝鬘經講記》p.213）對於印順這一段文字，我如此評論：「1、天台的判教常常有過失，都緣於未曾證悟如來藏所致，印順如出一轍。大乘通教的法與攝屬三藏教的阿含聲聞道是相同而無別的，只是通教菩薩斷盡思惑之後特因悲願再起一分思惑，所以永不入涅槃而已，所修所證則都與三藏教的聲聞人相同。2、無作聖諦是因地時即是無作的，不是修到成佛時方才無作的。」

天臺宗的判教常常有過失，都是緣於尚未證悟如來藏而引生的，印順的判教如出一轍。大乘通教的法以及攝屬三藏教的四阿含聲聞道，其實是相同而無差別的，都只是通教菩薩斷盡思惑之後，特別因爲悲願而再起一分思惑，所以永不入涅槃而已，所以通教所修的法與三藏教的聲聞人是完全一樣的，因此，印順依天台宗的判教，把通教跟三藏教區分開來是不對的。

想瞭解其中的異同，就得要先瞭解三藏教與通教的意思。三藏教的法義就是聲聞法解脫道。在聲聞法中有結集出法藏、律藏、雜藏，具足了三藏，所以三藏教講的就是聲聞教；後來阿羅漢們又寫成了論藏，已是 佛陀入滅以後很久的事了。聲聞教的修行，是專修蘊處界的緣生性空，依四念處觀來修四聖諦、行八正道，滅盡見惑與思惑，果報是出離三界分段生死，這是三藏教也就是聲聞教所修所證。大乘通教菩薩修的也是這些法，他們因爲沒有福德值遇　佛陀說大乘法，也沒有因緣遇到別教中的證悟菩薩，所以只能修習三藏教的聲聞法解脫道；可是他們喜愛行菩薩道而處在大乘法中，想要世世救度煩惱痛苦的眾生；這是因爲悲願，所以在斷盡思惑，現前自知自證「梵行已立、不受後有、知如眞」，確定自己已經可以入無餘涅槃了，卻不願入無餘涅槃，因爲不忍眾生輪迴生死，所以故意再起一分思惑而發起受生願，死後不入涅槃，再去投胎轉到下一世來度眾生修學解脫道。正因爲這樣，所以他是大乘菩薩，可是他所修的法卻是通於三藏教的聲聞法，同樣是在蘊處界的無常、苦、空、無我上面來修，所以叫作通教。因爲他所修的法是通三藏教的，而在大乘教中也一樣要修這個法，緣覺法中也一樣要修這個法，這個法通於三乘，所以是通教法，這樣的菩薩就稱爲通教菩薩。由此看來，三藏教與大乘通教的法義，名詞不同而實質完全相同。完全一樣的法，印順卻把它分割開來，說通教是無生滅四諦，說藏教是生滅四諦。我們倒是想要問他：「**請問，這樣一來，你的意思是不是說：通教菩薩也要證悟如來藏？也要證悟般若？**」可是明明通教菩薩都不需要悟如來藏，只要斷我見、我執就可以了，所以印順作這個區分是錯誤的說法，是強不知以為知。

印順說：「**別教是無量四諦，圓教是無作四諦。**」這都是根據天臺宗的判教而說的。天臺宗這個判教可不可信呢？那就要從判教者有沒有證悟般若以及種智來講了。如果他沒有證悟般若及種智，他的判教就不可信；假使他單只證悟般若而仍然欠缺種智，他的判教就只能取信一部分，不能全信，因為他並不知道成佛之道的次第與內容。所以，印順自己沒有斷我見、也沒有證悟般若，卻依據一個凡夫的判教來宣講佛法，而自認為已經成佛了，這不是很好笑的事嗎？就像是三歲小兒，依據另一個三歲小兒寫的書，就公開宣稱：「**我的程度跟大學教授一樣。**」這都是世間的笑話！

接下來，印順後面的說法也是有問題的，因為無作聖諦，不是修到成佛以後才無作的，它是在因地就已經是無作的。有為有作是因地就一直有的，但這個有為有作是識陰的事情；可是因地的識陰有為有作之時，另有一個同時存在的心一直都是無為無作的，這就是如來藏，就是四阿含中說的入胎識、本識，是在因地就已經無爲無作了。因爲是在因地就已是無爲無作，才能說是如如。既然因地就已經是如如了，所以印順說「一切眾生是如來藏」，接著卻說還要加功用行以後才成爲佛地的無作，那不是自打嘴巴嗎？拿著自己製造出來號稱無法刺穿的盾，再用自己製造出來號稱可以刺穿一切盾的矛來刺，到底結果會怎麼樣？就是一場笑話嘛！因爲佛地的無爲無作是講佛地的七識心已成就一切無漏清淨，不是講第八識的本來無爲無作。

今天，當你悟後讀到我們寫出這些書來不斷地評論他，深入而確實理解我們書中的法義以後，一定會發覺：**印順學派七十年來努力弘法的結果，竟然只是中國佛教史上的一場笑鬧**。不僅印順是如此，整個西藏密宗也都一樣，所以我們說藏密是外道，說怛特羅「佛教」是一場千年大騙局，正是這個緣故。藏密，正是一千多年來最大的一場騙局，這場騙局騙了一千多年，仍在欺騙全世界愛好佛教的人士；現在終於被拆穿了，你說眾生可不可憐？該不該救？所以藏密外道這個騙局，眞的叫作世紀大騙局，因爲它不是只有一個世紀，而是十幾個世紀以來不斷有大量的人在欺騙世人。由此可知諸位責任重大，這個十餘世紀的大騙局，要靠諸位共同來拆穿；因爲我一個人作不了多少事情，得要大家共同分擔來把它作完。

印順的六識論邪法也可以說是世紀大騙局，因爲預計他的餘毒還會再影響佛教界三十年，總共是一百年，正好一個世紀。我們預計三十年後能滅掉印順的邪法，是因爲我們要不斷指出印順的錯誤，讓印順的門徒們沒有回應的餘地。事實上，印順自己活著時都無法回應，現在死了更不可能回應；而他的門徒們也都無法回應，這個世紀騙局就可以結束掉。可是藏密外道一千多年來的超大號、超世紀騙局，還要大家繼續努力，希望一百年後會絕跡於佛教界，讓他們以後回歸於世間的享樂技藝——世俗男女的閨房技藝；不能再讓他們存在佛教界中，這就是我們的計畫。除非他們把那些外道法都丟掉，重新回歸到經典中的法義上面來——別再掛著佛法羊頭而販賣閨房技藝的狗肉，否則，我們就得要讓他們在佛教界絕跡。因爲密宗的法義與中國道家的《洞玄術》一樣，與《黃帝素女經》的本質一樣，並沒有多大差別，都是三界中的欲界所攝世間法。

我這樣說明，是要讓大家瞭解眞正的佛法是究竟、清涼、眞實、無熱、無惱，而且是審諦；可是藏密外道法卻是熱惱而不是清涼——喇嘛們每天都想著女人與淫慾的滿足；是可被推翻而不是審諦——只是閨房技藝而無關於解脫及佛法智慧。印順派的藏密應成派中觀同樣是虛妄法，是否定本識常住而說蘊處界緣生性空的虛相法；虛相法即是一切法緣生性空而變成無常空，無常空不可能是實相，不是審諦，因爲可以被推翻，所以我們說它叫作兔無角法，與世尊所說依本識常住而觀察蘊處界緣起性空的眞義不同。

印順主張緣生性空是眞實理（他不懂諸法從何法中生起所以不懂緣起性空，只知道緣生性空），可是我們說他的「緣起」性空叫作兔無角。兔無角的道理原是不可被推翻的，但是我們用牛有角故說兔無角把它推翻掉；因爲兔子沒有角這個觀念，是依據牛有角、羊有角來施設兔無角。如果沒有實相的智慧，就不能推翻兔無角；因爲兔子頭上確實沒有角，你不可能推翻它。可是你若有智慧，就說這個兔無角是依牛有角而建立的，所以不是實相；而牛有角也是緣起性空，因爲牛角本身也是緣起性空，所以牛有角當然也是緣起性空，那麼兔無角、牛有角、牛角等三法當然都是虛相法而非實相法，因爲實相法是有體常住的。然而兔無角依牛有角而施設，牛有角及牛角都是緣起性空，所以兔無角更是緣起性空，是於緣起性空法上面再緣起性空，更加虛妄。牛角及牛有角都已經夠虛妄了，還弄一個更虛妄的**依牛有角而施設的兔無角來矇騙眾生**。這時我們得要有智慧去瞭解它的虛妄性，因爲緣起性空是依蘊處界牛角而施設的，那蘊處界已經夠虛妄了，再從這個虛妄的蘊處界建立緣起性空爲究竟法，那不是更虛妄嗎？

也許有人質疑：「**二乘法不是講緣起性空嗎？那你是不是在誹謗佛法？**」我告訴你：**不是**。因爲 佛陀講蘊處界緣起性空，是依一個前提來說的：**諸法由入胎識——本識而生，所生的諸法都是緣起性空**。佛是這麼說的，印順卻把本識常住的大前提捨棄而說蘊處界緣起性空，並且用這種錯誤的緣起性空來取代眞正的般若及種智，否定了般若及種智的所依體如來藏，當然是錯誤的緣起性空，也是錯誤的般若中觀。佛陀講因緣法時，是先說十因緣中的本識常住；佛陀也說明自己成佛時觀行因緣法，是先觀十因緣，然後再觀十二因緣（編案：詳見《阿含正義》舉述）。並且 佛陀解說諸法滅盡清涼之前，還特地提示阿難尊者：**如果沒有本識入胎，有名色否**？答案是沒有。**如果此識入胎以後離開了，將來會有名色出生否**？阿難也答沒有。**如果此識入胎與受精卵不能相遇，能出生名色否**？也是回答沒有。**如果識入胎以後中途離開了，**

名色能成長否？也是不行。你看，蘊處界都從這個本識而有，依這個識而說蘊處界緣起性空，所以阿羅漢的名色等諸法滅盡以後是清涼、寂滅、審諦、如、眞實、常住不變，不是緣起性空；因此說蘊處界緣起性空而被滅盡以後，阿羅漢所證的解脫境界是**法不離如、法不異如**；這可不只是般若經講的，而是四阿含中早就這樣講的。

請問：印順否定本識而說的蘊處界緣起性空，以及 佛陀依本識來講蘊處界緣起性空，一樣不一樣？（眾答：不一樣。）是大不相同嘛！同樣是緣起性空，可是兩個法全然不同，就好像同樣是兩個輪子的交通工具，而一個是要用腳踩的，另一個是附有引擎的，怎麼會因爲同樣是兩個輪子就算是一樣的呢？所以印順的說法才是謗佛，我們的說法反而是弘揚諸佛的正法；因爲印順是把 世尊的法砍掉一半來講：先把本識大前提砍掉，然後專說世俗法蘊處界的緣起性空。可是 佛依蘊處界根源的大前提來講這個根源所生的蘊處界是緣起性空，顯然印順所講的法並不是佛法，而是印順法。必須是所講的法與諸佛相同，才能說是佛法。從印順的錯誤說法加以辨正，與 佛所說的正法異同加以區分以後，大家對緣起性空才能有正知正見；有了正知正見就不會落到斷滅空裡面去，也不會隨著印順落入意識常見中，才能遠離意識而證得如來藏，才會有機會證悟般若。

接著再來看補充資料，印順說：【究竟圓滿，所以無作。進一步說，苦有無量相，如老苦，即有種種不同；集滅道亦如此。**二乘不但不知變易生死苦，就是分段生死苦，也不能盡知。**】（正聞出版社．印順法師著《勝鬘經講記》p.216）印順這段文字是註解這一段經文：「何以故？非因他能知一切苦，斷一切集、證一切滅，修一切道。」我對印順的註解不滿意，加上了這樣的評論：「（1）無作是本來就無作，不是印順說的佛地究竟圓滿時方才無作。印順否定如來藏，故有此一誤解。（2）分段生死苦，二乘無學已經盡知；不盡知者是有學聖者。」

印順說「究竟圓滿，所以無作」，可是我們上週以及上上週已經把作與無作的道理詳細解說了；不但是解說，可以說可能從古時候到現在，沒有人把這一段經文的作與無作，像我們講到那麼詳細的。印順說要到究竟圓滿才能夠說是無作，可是無作卻是本來就無作的，不是他講的要到達佛地究竟圓滿才無作。印順為什麼會這樣誤會？都是因為否定了如來藏，才會誤會到這麼嚴重，才會講出這樣錯誤的說法。在阿含部《央掘魔羅經》，央掘魔羅大士才剛破參時就已經說：「一切諸佛求如來藏作不可得。」是說：一切諸佛覓求如來藏的有作性，是求不可得的。同樣的，你們明心者悟後半年或者已經十幾年了，可以現前觀察自己的如來藏及眾生的如來藏，求祂的作性時，可不可得？祂會不會在六塵萬法中起貪厭取捨呢？從來不會。

你去觀察凡夫眾生，觀察三惡道有情，譬如阿貓、阿狗都可以，牠們的如來藏有沒有「有作性」？結果一定是沒有。這是現前就可以觀察出來的，現前就可以證實的，可是印順認爲無作是要到佛地（圓滿究竟地）時才是無作的，當然我們應該探究一下他說的無作是什麼意思？說穿了很簡單，如果不說穿，就會對他所說的法義永遠都像漿糊一樣弄不清楚。可是你如果把印順所謂的無作、無爲等等意思弄清楚了，就會知道他在講什麼，一點都不含糊，比印順自己還要更清楚。

印順所說的究竟圓滿的無作是什麼意思呢？是說對於解脫的實證已經究竟圓滿了。換句話說，印順認爲意識覺知心對一切諸法都到了無爲無作的狀態，就是佛地境界。這樣一來，印順說的究竟圓滿所以無作就合理化了，但這個合理只是在印順的腦袋中合理，不是佛法中的合理。所以，只要把否定如來藏後的緣起性空套上去，印順的《妙雲集》四十一冊所說法義，你就全部都通了；印順的思想就這麼簡單，叫作緣起性空。用六識論的緣起性空就可以把《妙雲集》一串提起，所以《妙雲集》中的說法並不難懂；乃至他講如來藏時也是如此，我們馬上就會說明印順是怎麼說如來藏的。

印順的意思就是說：以六識論的緣起性空道理來空盡了一切，所有的執著斷盡了以後，純淨的意識心就是究竟佛地，究竟佛地就是無作；不必如大乘經中說的必須先證如來藏的本來無作性，也不必將如來藏蘊含的一切種子全部實證。可是問題來了，印順這樣的無作，是說：到達佛地時意識心全部無作，所以究竟圓滿，所以無爲無作，只有究竟地的意識才能無作。可是佛說的是第八識如來藏本來就無爲無作，二者是大不相同的。佛說的心是如來藏識，是在因地就已經無作，而在到達究竟佛地時成爲如來的純淨法身，不是菩薩仍有染污的法身，而這個如來法身是無始的。換句話說，如來藏是本來就在的，所以這個無作性是本來就在，而不是後來才有的。這樣兩相比較，一個是南轅，一個叫北轍，根本沒有交集點。

以前在寫《眞實如來藏》時，有人勸我與人爲善：「各人弘揚各人的，不必講別人法義的錯誤。」不只一個人如此說，陳履安也勸過我：「蕭老師！你講你的，達賴喇嘛講他的，大家井水不犯河水。」我說：「井水不犯河水，當然可以啦！但問題是他的河水早就犯了我的井水了！」因爲自從我們的書講述如來藏而流通以後，他們藏密一直在說我們是邪魔外道，污濁的河水早就犯了我清淨的井水，我就得要講。但陳履安聽說我要寫書破斥達賴，就建議：不要寫專書破達賴喇嘛。我當時告訴他：「我沒有這個計畫。」這是因爲他聽人家說我正在寫專書要破斥達賴喇嘛，可是我個人並沒有這個計畫，我個人到現在也沒有一本書專破達賴，總算有一個唯一的交集點。

印順所說的無作，是要到佛地究竟圓滿時才稱爲無作；但問題是，他說的無作是意識未來可以無作，而 佛說的無作卻是第八識現在因地就已經無作。假使印順說的是意識本來無作，我們也不能認同；即使印順說意識到佛地時才無作，我們也不可能認同。假使意識都如印順所說是無作的，那麼破戒比丘（特別是優陀夷），佛特地爲他在淫戒及邪淫戒上面施設了許多戒，每一次他作了犯淫的事，佛陀就要找他來增設一條淫戒，請問當時 佛陀的意識要不要跟著忙？要呀！得要找人去查問，請人去把他找來；這段時間不是要等候他了嗎？這時到底是有作還是無作？找了來，問清楚了，要訶責他，那時 佛的意識心是有作或是無作呢？所以我們只能說，印順眞的是老糊塗啦：從年輕就糊塗，糊塗到老了，就變老糊塗了。印順是改不過來的，你沒有辦法要求他改正的。那麼，你記得這個原則：用否定如來藏爲前提的緣起性空，套在印順的著作中，就可以將印順的中心思想一串全都提起來了！四十一冊《妙雲集》的法義就只是四個字：緣起性空。也就是否定了如來藏以後的緣起性空，成爲**無因而起**、**無因而滅**的**無因唯緣**的**六識論**緣起性空論，不是 佛在四阿含中說的**有因有緣**的**八識論**緣起性空論。

接下來，印順說：「**二乘不但不知變易生死苦，就是分段生死苦，也不能盡知。**」印順這三句話，正確嗎？看來，印順是連二乘法也不懂的。如果對於分段生死苦也不能盡知，爲什麼四阿含中 佛陀處處說慧解脫阿羅漢就能自知自作證「我生已盡，不受後有，不由他知」？爲什麼慧解脫就能這樣而不必俱解脫？更不必是三明六通的大阿羅漢。既然阿羅漢們都是自知自作證，可以公開向大眾說「我生已盡，後有永盡」，佛並且說「自知自作證」，顯然分段生死是已經盡知的。如果你悟後已經斷了貪瞋而發起了初禪，五個下分結你就已經斷除了；未來一年中，你把《阿含正義》（編案：已經於 2008 年全部出版完畢了）讀完了，就會知道：**有了三果的證量就能夠知道分段生死是怎麼解脫的**。那時你就會發覺：**慧解脫阿羅漢是不可能不究竟了知分段生死的**。可是印順號稱為台灣佛教的導師，竟然連這個道理都不懂。當你把最上品三果的中般涅槃弄清楚時，讀了印順對解脫道的敘述，一定不會嘲笑他，只會搖頭可憐他。印順公然指責二乘聖人連分段生死苦都不能盡知，這是何等嚴重的指控？而印順這樣的指控又正好是莫須有的指控，那麼印順這個佛教導師的名號，該不該剝奪？

我們再來看補充資料，印順說：【聲聞學者，如經部說等：滅諦無為，是非實有法，如火滅、衣燒一樣。一切有部等，雖說擇滅無為實有，而無餘涅槃中，身智都泯。大乘法不如此。病除了，應有健康；除齷齪，應有清淨。所以批評他們說：『**滅尚非真**，三諦焉是』？佛法真義，「非」是滅「壞」煩惱業苦「法」，就「名為苦滅」諦，這如革命的決非止於破壞一樣。】（正聞出版社．印順法師著《勝鬘經講記》p.219）

請看楷書的部分，我這樣評判他：「印順這一段話說得很好，他早期仍然有些認同大乘批評二乘的『滅尚非眞』；但卻因爲否定了第八識心，恐怕墮於斷滅空，不得不建立『滅相眞如』的說法，仍然返墮二乘被大乘批評的『滅尚非眞』的斷滅見中。」所以印順自己提出說，大乘批評二乘的滅仍然不是眞實法，可是印順自己後來也落入這個窠臼中；他說「聲聞學者，譬如經部師」，經部師即是安慧、般若趜多等人。安慧不是寫了一本《大乘廣五蘊論》嗎？我們用《識蘊眞義》把他破斥了。

可是在這裡還得要告訴大家：不管你已經明心了沒，或者說未來你即將會明心，請都不要迷信《大藏經》中所有的論（包括密教部的大部分經典），要先確定寫論的人是凡夫或是眞的菩薩。如果是凡夫菩薩所寫的論或註解的經典，你都別信。因爲：被收入《大藏經》中的論或者對經典的註解，並不是全都由明心證眞的人所寫的，並且有些是聲聞僧人假冒大乘菩薩的名義來寫大乘論，本質卻是在破壞大乘法，安慧師徒即是一個最具體的例子。安慧等人全都是小乘僧人，卻冒充菩薩身分而寫了《大乘廣五蘊論》，內容正是在破壞大乘教。這種例子不少，所以已明心或者即將明心的人，不管什麼時節，讀論時都要先弄清楚那個寫論的人到底是在弘揚大乘？或是在破壞大乘？他到底是證悟了或是還沒有悟。

如果證悟以後還會迷信說：「人家寫的論著已經被收在《大藏經》裡面，你蕭平實的東西還沒有被列入《大藏經》，怎麼能跟人家比較？」但是我告訴你：我過去世說的法或文章也被收藏在《大藏經》裡面，但我說的卻與他們正好相反，那你到底要信誰？所以，愚癡無智而全然迷信沒有證悟的凡夫古人註解經典的內容，迷信沒有悟道的凡夫古人所寫的論，到底有什麼好處？你已經破參了，反而迷信未悟古人的錯誤說法，只因為未悟古人的論著被凡夫藏經編輯者編入大藏中，那你的般若智慧在哪裡？要先為諸位打好預防針，可別入了寶山以後卻出來向人家說你得到的不是眞金而把它丟棄了，卻把未悟古人進入寶山放置的黃銅認作眞正的黃金，那多可惜！

印順說的「經部」之師，其實就是佛護。經部師流傳下來的錯誤法義，一直都有人繼承著，最著名的即是月稱、安慧、般若趣多、寂天、阿底峽，然後是宗喀巴、克主杰、歷代達賴，一脈弘揚下來；到今天則是印順、星雲、聖嚴、昭慧，還繼續在弘揚應成派中觀的六識論邪見。他們說的是：滅諦無爲不是實有法，就好像火滅了就沒有了——把木頭燒盡了，火也同時不存在了，這個滅相就是眞如。就好像衣服被燒掉了，連火也不存在了，一切法空，這個空就是眞如。他們從六識論的緣起性空而得到的結論，就是一切法空，認爲般若說的只是四阿含講的一切法空，只是重講一遍緣起性空，並無必要重講一遍。他們這麼定義以後，把《般若經》中的實相心否定掉，然後認爲：般若講的就是一切法空，這在四阿含中已經講過了，沒有重講一遍的必要。所以印順判定般若時期諸經中的義理是**性空唯名**。**性空唯名**的意思就是「戲論」：佛不必再講《般若經》，因爲都同樣是解脫道；既然解脫道在阿含期就已經講過了，何必重講？所以 佛陀所說的般若被印順判攝爲**性空唯名**。印順只是不敢明目張膽用戲論兩個字來判攝般若，但印順的意思正是判般若爲戲論：因爲其性本空，只有名相。那不是戲論，又是什麼呢？這就是印順要暗示給大家的意思。可是很多人把性空唯名當作眞實法，抱著不放，正是星雲、證嚴、聖嚴、昭慧等人。他們其實都誤會了印順的意思，所以他們其實沒有資格當印順的門人；若眞要說印順的門人，我最有資格，因爲我最懂印順的思想；可是我卻把印順思想破了，也沒有誰能爲印順辯護。

這些人都像印順一樣說「如火滅、如衣燒一樣」。可是問題來了，經部師、正量師或者說一切有部等僧人，其實都是聲聞人，部派佛教的所有僧人都是聲聞部所攝；而菩薩所弘傳的大乘法卻是與聲聞部等部派佛教同時存在的，卻不在部派佛教的聲聞法中。若要考證大乘法的如來藏說，當然應該用大乘菩薩所弘傳的法教來考證，不可以將那些從來未證本識的聲聞部論師所說的法，來考證同時也在弘傳的大乘菩薩本識法。印順張冠李戴取材不實而作考證，眞是不倫不類！所以他的考證沒有絲毫可信之處。

聲聞法中的說一切有部主張說：擇滅無爲實有，而無餘涅槃中，身智都泯。這個說法是正確的。擇滅無爲並不是斷滅空，他們認爲滅了蘊處界以後，本識還是繼續存在的，所以他們承認有外識——第八識——住胎識，不像經部師的六識論。聲聞部派佛教的說一切有部，承認本識存在；所以他們認爲入涅槃後身智都泯，也沒有錯；因爲那時蘊處界都滅盡了，意識及色身當然也都不在了，當然解脫智也隨之不存在了，這樣才能入無餘涅槃。但有些人所謂的入涅槃，是想要把意識的解脫慧繼續保持著，而說他已入無餘涅槃、智慧還存在著，這叫作癡人之言！所以大乘法還是比較正確的。而大乘法中的定義卻與印順不同，印順說「病除了，應有健康」，可是「健康」是第八識所有的，是本來就存在的；不是第六識的病除了才存在第八識的健康，印順是張冠李戴而亂配一場，所以印順對大乘的認知是誤會的。

印順說「除掉了齷齪，應有清淨」，這話若從世間邏輯來說時並沒有錯，可是他仍然誤會大乘法了；因爲不論是否已除掉意識的齷齪，或者尚未除掉齷齪，第八識的清淨性都是本來就已經存在的。所除掉的齷齪，是識陰的齷齪，不是在除掉阿賴耶識的齷齪；而是識陰體性的齷齪除掉了以後，阿賴耶識所含藏識陰的齷齪種子也跟著除了，但是阿賴耶識心體的本來清淨卻是一直都在而不曾一時不在，這樣才是大乘正法。所以印順對大乘法完全誤會，都肇因於否定第八識而信受應成派中觀六識論邪見，就把經中所說第八識的法義全都套在意識頭上，於是種種荒誕不經的矛盾說法就不斷出現了。

大乘法中說：「滅尚非眞，三諦焉是？」這樣責備二乘人，還眞是說得好！因爲二乘聖人在菩薩面前沒有開口的餘地，他們早就領教過了！菩薩們個個口才便給，法義勝妙、深不可測，凡是能夠在佛前開口說法的菩薩們都是大菩薩，輪不到阿羅漢們來開口；即使是我這樣的菩薩開口說法，阿羅漢們也是覺得深不可測呀！何況佛世都是等覺位的大菩薩 文殊、維摩開口說法時，阿羅漢們如何能開口？那麼你設身處地想一想：假使你是當時的聲聞阿羅漢，你準備要結集經藏時，會不會邀請菩薩們來？如果邀請了菩薩來，根本就不可能由阿羅漢們來主持結集大事。你想，他們會願意邀請菩薩們一起來結集嗎？在習氣種子還沒有開始斷除之前，他們不可能要求 文殊、普賢、維摩詰等菩薩來結集法藏的。他們更不會邀請 央掘魔羅，因爲 央掘魔羅會罵人，連 文殊也照罵不誤，更別說十大聲聞了！他們怎敢邀請菩薩們？所以只好自己結集。於是就把所聞的大乘經結集成《雜阿含、增壹阿含》那個模樣。如果你當時已悟了，也不會同意他們那樣的結集。當你聽他們誦出四阿含而說已經包含大乘經了，你當然要抗議說：「我們也要結集！」你都如此，何況那時候的大菩薩們。所以，菩薩們當然要罵他們：滅諦尚非眞實法，其餘苦、集、道等三諦焉有可能是眞實法？

所以印順接下來這一句話講得不錯，卻是因爲經典中這麼講，所以他不得不這麼講；印順只要是依文解義講出來就對了：「佛法的眞義，並不是滅壞煩惱業苦的種種法，而能夠稱爲苦滅諦。」佛法眞正的苦滅諦，是滅了無常壞苦之蘊處界以後，有個眞實法常住不滅而離苦的；並不是只有在大乘佛法中這麼說，在二乘法中也是這麼說的。在四阿含中 佛陀常常說：諸阿羅漢滅盡、清涼、眞實。不但說眞實，有時還加上四個字：「常住不變」。而經部師卻說如衣燒、如火滅，顯然與 佛的說法相違背。所以如果要考證聲聞佛教，應該要從說一切有部、上座部所講的去考證，那才是聲聞佛教的眞實歷史。但印順是把經部師凡夫的錯誤說法拿來作考證的依據，而經部師依六識論所說的解脫，是識陰六識全都滅盡而如同衣燒、火滅一樣，變成斷滅空。

可是上座部、說一切有部，認爲滅盡蘊處界以後，仍然還有本識存在。所以無餘涅槃並不是滅壞法，滅壞的只是蘊處界，本識是常住不滅的，成爲涅槃中的本際。可是印順偏偏不取聲聞佛教中正確部派的法義來考證，偏要擷取經部師凡夫誤會解脫道的法義來作考證。而我們辨正了印順的法義邪謬之處以後，今天印順什麼都作不了；所能作的就是同意潘煊把他的傳記加上個副書名：〈看見佛陀在人間〉，宣示說印順已經成佛了，希望這樣可以免掉別人繼續對印順加以辨正。可是這位「佛陀」爲什麼不效法 佛陀遊行人間而來正覺講堂把我收作徒弟呢？佛陀常常這樣做。人家外道說：「瞿曇不懂法義，我如果遇到他，一句話就問得他開不了口！」佛陀天耳聽見了，第二天就提早去托缽，先彎到外道那裡去，就把外道降伏而收作徒弟。印順既然成佛了，有什麼樣的徒弟收不了？應該去度所有菩薩作徒弟呀！然而這位現代「佛陀」竟然沒有來找我。我在書中寫了他，也寄書給他，竟然都麻木不仁地沒有反應，眞不知道這是什麼樣的「佛陀」！

接著請看經文同頁最後一行：「**非壞法故名爲苦滅，所言苦滅者名無始、無作、無起、無盡、離盡、常住、自性、清淨，離一切煩惱藏。**」印順法師對這一段經文是怎麼註解的呢？請看補充資料，印順說：【煩惱與滅——如來藏性，是離是盡的；而無邊功德性，與**滅諦**是不分離，不脫開，無差別，是無二無別，渾然一體的。自性清淨的常住涅槃，如太陽，所攝持的十力、四無所畏、大慈大悲的不思議功德，如光明；光與太陽不離，有光即有太陽，有太陽即有光。眾生雖本來**攝持這些功德**，而**離障顯現**，一切功德成就，即名為**如來法身**。**法身**，也就是**大功德法聚**，就是**果地圓滿顯發的滅諦**——大般涅槃。】（正聞出版社．印順法師著《勝鬘經講記》p.220）

請看楷書部分，我對他這段註解，作了這樣的評論：【1、勝鬘菩薩明明在此段經文中說「無盡、離盡」，印順卻解說爲二乘滅諦的盡。2、印順此處所說的「攝持這些功德」是指滅盡煩惱的滅諦，不是指實相心體的第八識攝持這些功德。因爲他說的是：「離障顯現」而使「一切功德成就」，所以是在佛地時才「名爲如來法身」，不是在因地就本有的。3、所以他講的如來法身，是指大功德聚的種種功德法，不是講如來藏心體。這是他早期一貫使用的暗示手法，若有人私下問他，才會眞正明白他的意思所指。昭慧等人親近他，問明了他的意思，所以才在印順邪見廣被承認以後，公開的否定第八識心如來藏；所以印順派的法身說內容，都不是以第八識爲核心的以五法爲身，而是僅指佛地種種功德法而無心體，成爲憑空存在的佛地功德法。】

請先看前面的兩句，印順說：「煩惱與滅——如來藏性，是離是盡的；」既然他說**是離是盡的**，現在問題就來了，因爲勝鬘菩薩在這段經文裡面很清楚地說：**法身如來藏是無盡也離盡**。無盡與離盡，與印順說的既離又盡，意思剛好顚倒。印順把經文作一百八十度的顚倒解釋，竟然也有人會信受，我們只能稱讚印順和門徒們眞的是天才；如果不是一貫道的「天才」，一定無法使人相信。或者印順可以比一貫道的天才更天才，明明經文中說如來藏是無盡也是離盡的，印順卻說是離也是盡，這個意思是完全相反的。

印順又說：「而無邊功德性，與滅諦是不分離，不脫開，無差別，是無二無別，渾然一體的。」從文字表面看來，印順與《勝鬘經》的說法似乎是統一而一致的，但事實上是如此嗎？那就要探究印順心中是怎麼想的。印順對無始的法——如來藏，是怎麼想的？印順的認知是如何？這才是最重要的。也就是說，如同上一週我告訴諸位的，你要把握住印順的思想中心；把握住了，用印順的中心思想來解釋他的所有著作就都可以通，只是在佛法中不通而已。

你要怎麼把握印順的中心思想呢？印順所謂的如來藏或者涅槃、空性，全部都解釋或匯歸於緣起性空。因爲緣起性空的關係，所以諸法滅盡了成爲空無時，這個空無就是如來藏；而這個空無是本來就存在的，因爲不斷地變異終歸於空，所以這個空無就是如來藏。如來藏，佛經說祂是本來就存在的，不是修行來造成的；而印順說的如來藏則是指緣起性空，他認爲緣起性空法是本來就存在的，而緣起性空就是如來藏，所以如來藏是本來存在的。印順正是這樣把如來藏與緣起性空統一起來，表面上看來就不會有矛盾與衝突了。如果你能夠把握住印順這個思想要領，以這個中心思想來讀他的書，就不會讀不懂，就不必像昭慧一樣要常常去請問他。

你們都不用去請問印順，你只要把握這個原則：一切法空相、一切法空、一切法空性，都是緣起性空，如來藏即是緣起性空義。印順將這些法統一為同一個法，來解釋所有的三乘經典，也就一致了，因此印順就可以說第二轉法輪的弘揚是多餘的，所以般若就是戲論——性空唯名——純粹只有名相。因為第二轉法輪所講的般若，所謂的非心心如來藏其實就是緣起性空，而緣起性空在初轉法輪解脫道中已經講過了，根本不必再講一遍，所以《般若經》講的法都屬於名相而性空，並無實質。不論「名相」二字是解釋作語言文字的名相，或者解釋作蘊處界中的受想行識名相都可以。

《般若經》講的法義就是一切法性空，這在聲聞道的四阿含中已經講過了，所以《般若經》只是增說一遍。換句話說，印順認為：佛陀在人間只要講十幾年的阿含解脫道就夠了，佛法已經全都講完了，所以第二轉法輪所講的般若其實只是性空唯名，是戲論，與阿含道完全相同，根本沒有必要重講。般若如此，第三轉法輪的唯識諸經更是如此，因為總共只有六個識，而六個識的虛妄性——虛妄唯識，是在阿含道中都已講完了，第三轉法輪只是在補充說明阿含道講的六識的虛妄性，所以第三轉法輪的唯識諸經所講的就是虛妄唯識。印順是以這樣的定義來判教而成立他的佛法三系。如果你用這個要領來讀印順的《妙雲集》，就無往不利。只要懂得印順這個中心思想，不必像昭慧那樣常常去找印順請問，就已經把印順抓在手裡了。

我今天講了這個話，昭慧有可能會聽到別人轉述這個消息，心中又會生氣起來；可是等她氣過了，冷靜下來，用我講的這個要領去把《妙雲集》翻出來重讀，她將會發覺：原來蕭平實才是眞正懂得印順思想的人，我們每年辦印順思想研討會，反而不如他一個人。她將會這樣發覺而無法推翻，因爲事實確是如此。這是什麼道理呢？這就是上地能知下地事，下地不知上地事。今天你們抓住這個要領，並且已證得如來藏心而有實相智慧，用上地的智慧來看下地的印順，就會知道印順說的是什麼道理，他的《妙雲集》內容也就一目了然了！對於印順的居心所在，你也一目了然了。當你這樣觀看下地的印順而一目了然時，印順就無法與你對話了。

若能把握住這個要領，讀《妙雲集》就通，就能看破印順的手腳。如果你是第一次來聽我講經，心中有所懷疑，回家以後可以用我說的道理，漏夜把《妙雲集》讀完，那四十一冊並不難讀；只要抓住這個要領，不需一個鐘頭就可以讀完一本。你若是用一般人摸索印順思想的方式，他的一本書可能要讀四、五個月。我說的是老實話，因爲已曾經歷了這個過程。我在破參以前，那時是夏天陪我小兒子去參加高中聯考，他在裡面考試，我在外面烤太陽。那時我拿著印順的書勤讀，也就忘了熱；可是眞的很難讀，那時不曉得他的思想是什麼，自己也還沒有證悟，沒有實相智慧，總是讀不懂，可是又覺得他的說法很怪異。等到破參以後，取來翻一翻，很快就把他的中心思想弄清楚了——原來如此！怪不得印順會說如來藏是虛妄法。你如果說如來藏就是緣起性空，印順就會認同；如果你說如來藏是眞心、是眞實法、是常住法，印順就會指責你與外道梵我、外道神我一樣，或者責備你是跟自性見外道一樣。因爲印順只承認有六識，不承認有一個法是第八識而常住不變，所以印順所說的如來藏就是萬法緣起性空，特別是指蘊處界的緣起性空。

從這裡再來看印順接著怎麼講：「自性清淨的常住涅槃，如太陽，所攝持的十力、四無所畏、大慈大悲的不思議功德，如光明；光與太陽不離，有光即有太陽，有太陽即有光。」把剛剛講的道理套進去就讀通印順思想了，就不會讀不懂印順在講什麼。譬如印順說「自性清淨的常住涅槃，如太陽」，講的是說：一切法緣起性空，一切滅盡，一切皆離，就是眞實法；這個眞實法能攝持十力、四無所畏、大慈大悲的不思議功德；就好像光明，由這個緣起性空顯示出佛地的種種無量功德。印順的意思是這樣，所以他說：「光與太陽不離，有光即有太陽，有太陽即有光。」再把它套進去：緣起性空這個法跟解脫是不離的，有緣起性空就有解脫，有解脫就有緣起性空。

「眾生雖本來攝持這些功德，而離障顯現」，印順意思是說：「眾生蘊處界中本來就有緣起性空，本來就攝持這個緣起性空，只是眾生不知道；如果能夠離一切蘊處界的執著，能夠把蘊處界緣起性空的道理現前觀察弄清楚了，沒有我執了，就是功德成就，這時就叫如來的法身——如來藏，所以緣起性空就是法身，法身就是大功德法聚，就是果地圓滿顯發的滅諦，就叫作大般涅槃。」這樣讀印順的《妙雲集》就全都懂了。

可是問題來了：印順這樣解釋，與勝鬘夫人實際上的意思是不是相同？顯然不同。因爲 佛所說的法身——勝鬘菩薩所說的法身，是指萬法的本源，是能生萬法而自身是無始、無作、無起、無盡、離盡；可是印順所說的緣起性空明明是有始的（每一世的蘊處界都是有始），緣起性空所依的蘊處界既是有始的，那麼緣起性空也就跟著蘊處界成爲有始的法；有始就有終，那就不是常住了。然而勝鬘夫人說的如來藏卻是常住的，印順講的法身如來藏則是蘊處界的緣起性空；依蘊處界而有的緣起性空當然是因緣所生法，不是常住法。而且其中沒有一個能生諸法的自性，是沒有法性的。因爲緣起性空必然要歸於無常、斷滅，若是無常斷滅，怎能夠說有自性呢？正與經中所說的「自性」相違背。

可是，你如果向印順說如來藏實有自性而能生萬法，他會罵你：**自性見外道**。昭慧也是一樣隨意指責親證如來藏的人是自性見者。可是勝鬘菩薩明明說如來藏是有自性的，也說是常住而不是緣起性空；這與自性見外道所墮的六識自性生滅無常，大不相同。因此印順這一段註解所說的法理，問題是很大的；所以印順所說攝持這些功德，講的是滅盡煩惱的滅諦，而不是指實相心體第八識攝持無量的功德。而印順所說的涅槃是離障顯現而使一切功德成就的，所以是只在佛地時才可以說爲如來的法身，因此印順的如來法身不是在因地本有的，這與勝鬘菩薩所說因地本有的如來法身是不一樣的。

印順接著說：「**法身，也就是大功德法聚，就是果地圓滿顯發的滅諦，稱為大般涅槃。**」所以印順所說的如來法身是講大功德聚的種種功德法，不是在講如來藏心，而勝鬘夫人在經中講的法身卻是如來藏心。印順所說的法身是到達佛地以後，六識出生了種種功德，那些功德才稱為法身，不是講如來藏心體。這就是印順一貫的暗示手法，假使有人私下去請問，才會懂得印順講這話是什麼意思；所以昭慧等人去親近，問明印順的意思以後，才會在印順的邪見廣泛的被佛教界承認以後，出來公開的否定第八識如來藏。因此，印順派的法身說內容，都不是第八識以五法為身，而是佛地的種種功德法；但是識陰等六識都只能存在一世，不能去到後世，又如何能有因地所修的種種功德法去到佛地存在呢？那時的種種功德法要依附於什麼心而存在呢？印順等人都沒有智慧來思考這個問題。

經中說的法身，譬如諸地菩薩以五法為身而被稱為法身菩薩，是依第八識而說的，這個道理與印順講的緣起性空作為法身是不同的。也就是說，如來地的法身無垢識種子中，具足了戒身、定身、慧身、解脫身、解脫知見身；

也就是說，如來地的如來藏無垢識，是以這五法的具足而能夠具足出現這五種功德性用，所以說無垢識具足五法爲身，就是以這五法作爲祂的功德能力作用，所以無垢識才被稱爲佛地的法身。可是印順講的緣起性空，假使他說的緣起性空是大般涅槃，不論他怎麼不斷的衍伸下去，說：「**緣起性空，阿羅漢也修證的，因爲阿羅漢也證緣起性空，但是阿羅漢與佛有所不同，不同之處在於阿羅漢沒有把習氣種子斷盡，所以不能成佛。**」表面上聽來似乎有道理，但是問題又來了，假使阿羅漢與佛的差別只是在於煩惱障的習氣種子有沒有斷盡，那顯然同樣是解脫道了。這樣一來，大乘通教的菩薩修到阿羅漢位以後世世不入涅槃，繼續在人間常住利樂眾生，三大阿僧祇劫以後斷盡了習氣種子，他是不是就能成佛了呢？顯然不能。印順卻要大家認爲能。

因爲大乘通教菩薩把習氣種子斷盡以後，仍然無法現觀名色之所由：**名色是從哪裡來的？**仍然無法現觀，仍然只能想像。雖然知道名色是從本識來，而本識在哪裡？仍然不知道。這樣，他們能成佛嗎？他們能爲人宣說本識法嗎？能爲人宣說般若以及一切種智嗎？都沒有能力。像印順這樣的「成佛」，來到破參的你們面前，可就開不了口。你只要問他：「**如何是佛法大意？**」

他會跟你講：「蘊處界都是生滅法，有生即有滅。」他還沒講完，你就一巴掌給他，他說：「你幹嘛打我？」你告訴他：「這才是佛法大意！」他說：「你爲什麼說這才是佛法大意？」原來他還眞的不懂，然後你就向他的鼻子戳：「你呀！三十年後自己就會知道了！」說完就轉頭走了，讓他去納悶三十年。所以印順顯然還沒有見道，即使再修三大阿僧祇劫之後，斷盡習氣種子了，結果連般若總相智都還不懂，還不如你這位還沒有修完第一大阿僧祇劫的賢位菩薩；所以印順的說法，問題是很大的，處處都有毛病。

印順都是用暗示性的手法來曲解經義，因爲他不想讓人家直接去挑他的毛病，所以印順註解的經典、論典，說法都非常隱晦；文字故意寫得很艱澀難懂，所以大家拿到《妙雲集》時，讀了老半天還是讀不懂，明天再讀還是不懂，讀了三年還是不懂，於是心中就覺得：**印順眞的很高竿**！正因爲讀不懂，所以覺得他很高竿。所以印順所說的法義是與般若無關的，也是與增上慧學的一切種智無關的，純粹只是在解脫道上面來說。但他的解脫道又與佛所說的解脫道有兩點不同：佛說的解脫道是有意根第七識的，也是有本識第八識常住不滅的，所以佛說的解脫道，入無餘涅槃以後是常住不變、清涼、眞實，不是斷滅空，不是緣起性空；緣起性空只是針對蘊處界來說，而不是說涅槃中的本際識，這是第一個不同。印順的解脫道是無因有緣論的解脫道，佛說的解脫道是有因有緣論的解脫道。印順的解脫道是否定本識而憑空出生了名色，而講名色的緣起性空，那就成爲名色無因生，憑著無明及父母四大爲緣就可以生，不必有本識爲因，是無因有緣論。可是 佛說的是以本識爲因而以父母及無明爲緣，所以說六界——地水火風空以及本識；有六界中的本識，藉無明、父母及四大爲緣而有了名色，是以本識爲前提來說名色的緣起性空，是有因有緣世間起、有因有緣世間滅；但印順是否定本識而成爲無因有緣論的緣起性空，與佛法完全不同。

第二點：佛說的解脫道，是在蘊處界上說緣起性空，可是入了涅槃以後是**常住不變**、清涼、眞實、寂靜；但印順說的是一切法變異滅盡，不是常住，是前世一切法滅盡以後，再從無到有，再變成空無，不是常住不變。所以印順所說的解脫道與 佛的解脫道，有這兩個截然不同的內容。所以，印順弘傳的解脫道只能叫作印順非解脫道，那是再怎麼修都無法得解脫的，不能稱爲佛教的解脫道，大家要如實瞭解。所以，印順所說的法身雖然也是如來藏，而他的如來藏與法身其實就是緣起性空；把這個前提帶進《妙雲集》來讀，怎麼讀都可以匯通，只是在佛法中不通而已。

這一段經文的最後一句：「如是如來法身，不離煩惱藏名如來藏。」印順怎麼註解的呢？請大家看補充資料，印順說：【佛所圓證的**常住滅諦**，非作非始，眾生也就本來具有了。所以說：「如是如來法身」，在凡夫位，為煩惱所纏，「不離煩惱藏」，但「名如來藏」，不名法身。如來藏即因地的自性涅槃。如來藏雖還沒有成就不思議佛法，但也能**攝持**過於恒沙功德。如來藏與法身，本質是一樣的，僅是**離纏**與**在纏**，如日處重雲而隱暗，與日出重雲而大明而已。因名如來藏，果名法身，無二無別。在四諦中，即**滅諦**。】（正聞出版社．印順法師著《勝鬘經講記》p.221）

我對印順這段註解是這樣評論的：「1、印順認為：緣起必滅的滅相，是本來就存在的，所以認為滅相是常住而且永恆的。2、印順對大乘經中的『本來自性清淨涅槃』的看法是：蘊處界在未來終將必滅的滅相，是本來就存在的，不是以第八識的本來就涅槃來說。3、印順認為諸法的緣起性空即是苦滅聖諦，而如來藏就是諸法的滅相，滅相不滅所以是如，就是佛地境界，所以他認爲釋迦佛已經過去了，不存在了，這和一貫道的想法是相同的。」

你們讀到這一段，已經有人忍俊不禁——忍不住而笑了起來。爲什麼會這樣？因爲知道他的落處在哪裡，覺得可笑。印順一開始就說：「佛所圓證的常住滅諦，非作非始，眾生也就本來具有了。」仍然把他無因有緣論的六識論中心思想帶進去，意思是說：佛陀所圓滿證得的常住滅諦，就是常住的緣起性空的眞實理，這個眞理不是修行作出來的，也沒有一個開始；因爲當眾生存在的時候，這個緣起性空就存在了；因爲緣起性空存在了，所以這個滅諦也是常住的。他的常住是這樣解釋的：既然諸佛如此，眾生自然也是本來就具有緣起性空的常住滅諦了。

諸位想想看，這個道理講不講得通？這就好像說：這一把木柴生起的火是一定會熄滅的，因爲緣起性空，火熄滅了就清涼了；而這個清涼是不會再改變的，因爲火必然會滅，如今也已經滅了，所以這個火本身也就是清涼的。這其實是拐彎抹角、不死矯亂，已經把一大堆愚癡人拐騙了，那些愚癡人還拍手叫好說：「哎呀！你講得眞好，原來火是清涼的。」就變成這樣了。然而相信火是本來清涼的愚癡人，還眞不少。也許你們還不知道，法鼓山也是這樣的思想，因爲他們的網站說：「我們法鼓山也是以親證如來藏作爲所弘揚的禪宗思想。」把這一個網頁讀完了，看來是沒問題的；可是延續下去的網頁中卻告訴你：如來藏只是假名施設，並無如來藏心可以實證。就等於印順派的緣起性空，所以法鼓山的開悟境界都是在生滅性的意識中作文章。他們的意思就是說：「你們不用去正覺學，如來藏妙義我們法鼓山也有。」但他們的如來藏卻是無自性的名言施設，是跟印順一樣的無因有緣論，是以六識論爲前提而說的緣起性空。這樣一來，終於弄清楚了：原來法鼓山也是六識論的應成派中觀邪見。他們一樣是不承認第八識如來藏正法的。

像這樣弘揚「佛法」，把眾生的法身慧命都毀壞了，可是仍有許多眾生願意繼續奉送修行的時間與錢財給他們。奉送給他們以後，卻沒有得到法身慧命，還有可能成爲支持破法行爲的人，將來要一起擔起破法的共業。眞是冤枉！可是佛門中這種冤枉事是一直都普遍存在的，佛教的未來究竟該怎麼辦？你們眞的應該攘臂而出：「佛教的未來要靠我！」人家質問說：「你那麼偉大？」你說：「我就是這麼偉大。」是哪個我？如來藏！一定要依靠如來藏妙義，否則誰都拿他們沒辦法的。這正是唯我獨尊的如來藏。

印順接著說：「所以說：『如是如來法身』，在凡夫位，爲煩惱所纏，『不離煩惱藏』，但只是『名爲如來藏』，而不能稱爲法身。」又自打嘴巴了！他剛才明明說，這叫如來法身，可是現在卻又說只是如來藏，不叫法身了，那印順到底在講什麼呢？印順的意思是說：「只有修到如來地的，才能叫作法身。這個緣起性空的道理，你還沒有究竟；等你修到佛地了，緣起性空的道理已經究竟了，才能稱爲法身，而那個法身仍然是緣起性空。」那麼請問：到達如來地以後，究竟滅盡蘊處界了，是不是究竟斷滅空？阿羅漢入無餘涅槃時並不是究竟斷滅空，印順說的如來卻是究竟的斷滅空。究竟的斷滅空是以什麼爲身？變成空無、斷滅了！然而，如來法身不能像他這樣解釋。

接著，印順又說：「如來藏即因地的自性涅槃。」如果你讀他這一句話時還沒有看穿他的思想，明心以後還是可能這樣說：「印順這句話對呀！如來藏就是因地的涅槃。」因爲你現前可以觀察自己以及一切眾生的如來藏都是自性清淨涅槃，都沒有錯，你將會認同印順這一句話。但是，你眞的不能認同他，因爲印順講的如來藏是依蘊處界而有的緣起性空。意思就是說：緣起性空就是因地的自性涅槃。也就是說，凡夫位所有有情的蘊處界都是緣起性空，本來就有滅盡的涅槃性，將來你只要把我執斷盡了就成爲涅槃了，所以蘊處界的自性就是涅槃，緣起性空就是涅槃。這樣一來，印順講的本來自性清淨涅槃，依印順自己的思想來看，也就通了！

但問題是，印順講的如來藏、法身，全都是緣起性空，叫作本來自性涅槃；是因地蘊處界中本來就有緣起性空，所以因地時也有自性涅槃。如果像印順這樣來講本來自性涅槃，顯然是倒果爲因；因爲印順說的自性涅槃是要滅盡了蘊處界才有涅槃的，是說將來可以證得涅槃，而那個將來可以證得的涅槃的本來性是存在的，但不是現在就已經涅槃了。這顯然是修行以後才有涅槃，不是因地就已經不生不滅而說涅槃，其實不能稱爲**本來**涅槃。可是 佛所說的以及菩薩隨 佛修行所證的，卻是在因地中就已經**本來**涅槃了；不管有沒有修學佛法，一切有情的第八識都是**本來**涅槃的，這樣才能叫作**本來**自性涅槃。印順說的卻是現在有未來的涅槃性，但現在仍無法涅槃；將來才可以成就涅槃，那已是將來的事，怎麼可以說**本來**就涅槃？由此可見，印順對**本來自性涅槃**的瞭解是多麼虛妄。而這樣的妄想之所以會產生，也是由於印順堅持六識論而否定第八識本識的存在，才會產生的妄想。

接下來，印順又說：「如來藏雖還沒有成就不思議佛法，但也能攝持過於恆沙功德。」那麼就得要請問他：「過恆沙功德是緣起性空所能攝持的嗎？」因爲他講的如來藏是緣起性空，而緣起性空能攝持過恆河沙數的無量功德嗎？行不行？（有人答：不行）當然不行，因爲緣起性空是依蘊處界而有，緣起性空只是在顯示蘊處界的藉緣而起，其性無常、空無。緣起性空只是依附於蘊處界而有的，依附於虛妄的蘊處界而有的緣起性空概念，當然更是虛妄法；虛妄法的緣起性空又怎能執持過恆沙數的功德法？

緣起性空只是一個現象，顯示蘊處界是緣起性空的，這個現象並沒有實法，怎能攝持無量無邊的功德法呢？所以，咱們只能說印順很會強詞奪理。這樣假名無實的緣起性空假如來藏，能攝持過於恆河沙數的功德法，其實只是印順個人的想像；因爲他也無法證實緣起性空何以能攝持過恆河沙數的功德法，因爲他說這是佛地的境界相，而他既然還沒有成佛，就必然不知道過恆河沙數的功德法究竟在哪裡。但是 佛說的如來藏攝持過恆河沙數功德，是因爲如來藏是確實存在的心體，既是蘊處界之所由，也是萬法的本源，是一切法生住異滅的動力所在。但是印順並沒有證得如來藏心體，改以緣起性空代替如來藏心，所以印順當然不知道如來藏爲何是萬法的本源；而印順所知道的佛法都是想像的，因此，印順的說法是有很多問題存在的，一切有深妙智慧的菩薩都會知道印順的過失。

印順又說：「**如來藏與法身，本質是一樣的，僅是離纏與在纏，如日處重雲而隱暗，與日出重雲而大明而已。**」既然是這樣，如來藏顯然就是在纏而非清淨光明的，這樣的在纏就不能夠說祂有本來涅槃。在纏之際而本來不生不死的心才能夠說有本來涅槃，凡是出纏以後所得的涅槃都是經過修行而達成的，顯然不是本來就涅槃的。如果是本來就涅槃的，應該是蘊處界在纏時同時存在的如來藏就已經是不生不滅的涅槃了，是還沒有修學佛法以前具足繫縛的凡夫身中的如來藏就已經是本來涅槃的，這樣才能說爲本來就涅槃。所以，印順所說依未修行的在纏與修行後的離纏來定義本來涅槃，這個道理是講不通的。

印順又說：「**在因地名爲如來藏，在果地名爲法身，沒有差別。**」可是我看卻大有差別！因爲依印順的說法，因地是在纏，果地是出纏，在纏與出纏顯然是有修與不修的差別，也是有證與不證的差別。如果說，到達果地時才稱爲法身，因地就稱爲如來藏，顯然因地如來藏不許稱爲法身，一定要到果地才能稱爲法身，那就與本經及諸經所說全然不符了。這個差異是非常大的，當然不能像印順一樣說成是無二無別的，但印順就以這樣錯誤的說明來定義爲在纏的如來藏。把煩惱斷盡以後成爲果地的法身，也就是在纏的緣起性空修到佛地完全沒有繫縛了，這樣的緣起性空就叫作滅諦，就將緣起性空（如來藏）改名爲法身。那麼問題又來了，**六識論**的印順要如何修到佛地呢？因爲意識心不能去到下一世，這一世的蘊處界當然是緣起性空，死後既沒有意根也沒有意識，只剩下緣起性空的概念，但這個概念也隨著意識的斷滅而消失了，成爲斷滅空了。六識全都斷滅了而稱爲緣起性空，而緣起性空的智慧也不存在了，因爲緣起性空只是意識心中的觀念或智慧，緣起性空是依蘊處界、依意識覺知心才能存在的。當印順否定七、八識，死後蘊處界滅了就沒有意根與如來藏存在，而意識又無法去到下一世，斷滅了，印順連下一世都沒有了，又要怎麼修到佛地而成就無餘涅槃？而成就佛地的無量功德？所以印順講的一大堆佛法，其實都是廢話。

不管誰來見我，都一樣是這個道理；昭慧法師不敢來，原因也在這裡。

她不敢向正覺踢館，她以前一再的要求要見我，我一再地拒絕。如果要說踢館，她常常在出書，也有月刊發行，為什麼不趕快踢？她在三、四年前就寫信給別人說：「我的意思表示得很清楚，蕭平實要是有種的話，儘管放馬過來！」可是我把她放在印順名下放了很多匹小馬過去了，卻都沒看到她放過來的馬影子，卻常常這樣講：「蕭平實程度太差了，我懶得跟他論法！」如果眞是懶得跟我講話，為什麼前後四次要求要見我？這又是為什麼？等你們看到電子報公佈出來時就會知道事實眞相了。不必說是見到我，昭慧見到你們時，你們也會用這個道理問她，昭慧那時也只能口掛壁上，或者只能嘴似扁擔——張不開口，因為昭慧一定會答非所問，亂扯一番。

堅持只有六識的人，修學緣起性空觀怎麼可能去到佛地呢？因為佛在初轉法輪時期明明說「意識不能去到下一世」，那麼印順的緣起性空的眞實性其實是只存在一世的，意識斷滅之時就不能再存在了；說穿了，印順其實是個斷滅論者。當印順判定般若為性空唯名時，恐怕成為斷滅論者，就只好再建立一個新法，說意識的細心是常住不滅的；可是這樣建立時問題又來了，建立了常住不滅的意識細心時本質上又落到意識上面去了，那又成為常見外道了。所以，眞的只能說印順很笨，把常見否定了就落到斷見去，落入斷見時卻又建立一個意識細心，又回落到常見來，結果印順是具足兩邊邊見了！可是愚癡的人還是繼續相信著，眞可憐。

說一句老實話，昭慧他們心中都是很痛苦的：**不繼續信受印順是不行的，否則一大片弘法基業就得要放棄，從頭再來建立，以往建立起來的名聲都將變成一文不值。**改信八識論以後又無法自己實證如來藏，只能進入正覺同修會中，與你們剛進正覺同修會共修時的程度是一樣的。是可忍，孰不可忍？所以只好繼續堅持原來印順的法理：緣起性空即是成佛之道。問題是每當徒弟們來請問時，該怎麼回答？無法回答時就只好說：「**蕭平實這一類人的程度太差了，不值得我跟他講話，你來問這個幹嘛！**」就這樣籠罩而推掉解惑釋疑的責任。這一招倒也很好用，因爲信受印順法義的眾生都是愚癡人，所以面對一個人時可以這麼推，面對百千人時還是可以這樣推卸；只有對少數依理而學的人是推卸不成功的，這幾個人就是我要度的有智人。

禪宗祖師曹山本寂說，悟後要懂得「異類墮」的道理，進入畜生道中利樂有情也願意，一樣是本來解脫的。人家聽了來問：「**悟後豈不當聖人了嗎？**

怎麼還會落到畜生道去？」禪師說：「落到畜生道，有什麼過失？」還眞的沒有過失，仍然是涅槃。有人問南泉禪師，南泉說：「死後去當牛去！」「和尚爲什麼去當牛？」他反問：「有什麼過失？」有一天潙山靈祐禪師說：「老僧死後往山下作一頭水牯牛去！肚子旁邊寫著幾個字：潙山僧靈祐。請問，到那時，要叫我作水牯牛？還是叫我作潙山僧靈祐？」你要怎麼稱呼呢？其實你不必叫喚任何名字，把牛鼻子拉著說：「來喔！吃草了！」

所以大乘佛法單單一個禪宗般若禪的見道，裡面的差別智就有很多了。印順那些人連如來藏是什麼都不懂，一天到晚在講蘊處界緣起性空，印順還說緣起性空就是如來藏；可憐的是，他們對蘊處界的瞭解還是很膚淺，而我們講出來的蘊處界道理比他們還要深妙。換句話說，他們的底細，我們都摸得清清楚楚；可是他們若是來到這裡，心想：「阿含道講的蘊處界法，蕭平實比我內行很多，可是他證的如來藏到底是什麼？說是可以實證的，是有個心體的，可是我全然不知，那麼我去了正覺時，要如何與他對話？」根本就沒辦法對話！他們心中很清楚：根本沒有辦法與蕭平實對話，若是去正覺，名聞利養將會嚴重受損。那就胡亂推托的說：「蕭平實的程度太差了，不值得跟他談。」這雖然是妙招，可是夜路走多了，總會見鬼吧？這個謊話說久了，總會被拆穿的。

其實我已經聽她們講了好幾年的謊言，只是不想理她；現在終於要把眞相公佈了，因爲她搞得太過分了！我們將把來往的書信照相製版公佈在正覺電子報中，平面版也會跟著印出來。這時候該怎麼辦？我不曉得昭慧該怎麼辦？大概是要挖個地洞把臉埋進去吧！所以我們是不想理她，不是招惹不起她，因爲她的底細很容易摸，不必五個指頭，一個指頭觸一觸就知道了，還有什麼不知道的？所以當你把印順的思想弄清楚了，所有追隨他的人，你沒有一個不清楚，不管是聖嚴、證嚴、星雲，總之都逃不出緣起性空這個框框，永遠都被這個框框給匡住了。只要把印順這個思想弄通了，你就會成爲印順學的專家。以後你們都可以去報名她們辦的印順思想研討會，你們都可以把論文提出來參與。但是要記得把論文的規格弄好，不是把印順的思想弄好；因爲她們只看規格，不看思想；因爲她們自己也弄不懂印順的思想，你們比她們更懂。以上辨正完了，接著進入第九章。

〈空義隱覆真實章〉第九

【「世尊！如來藏智，是如來空智。世尊！如來藏者，一切阿羅漢、辟支佛、大力菩薩，本所不見，本所不得。」

「世尊！有二種如來藏空智。世尊！空如來藏，若離、若脫、若異一切煩惱藏。世尊！不空如來藏，過於恒沙不離、不脫、不異不思議佛法。世尊！此二空智，諸大聲聞能信如來；一切阿羅漢、辟支佛空智，於四不顚倒境界轉；是故一切阿羅漢、辟支佛本所不見，本所不得。一切苦滅，唯佛得證；壞一切煩惱藏，修一切滅苦道。」】

講記：「空義隱覆眞實」這幾個字，大家先要斟酌一下。當你將這幾個字斟酌清楚了，就可以走遍佛教界的五湖四海；因爲這幾個字有眞實的含義存在，佛教界的大德們都是弄不清楚的。

首先來看空義，空的道理究竟是什麼？空，有兩個道理：一個是**空性**，一個是**空相**。**空性**，講的就是不空的如來藏，因爲這個空確實有眞實性，不是緣起性空，所以稱爲不空如來藏；緣起性空是沒有眞實性的，可是如來藏這個空，有眞實性，所以不能說祂是緣起性空的空無。另外一個空是指**空相**，蘊處界等法都是其性無常故空，無常空就一定有生住異滅的法相存在；既然有生住異滅的法相存在，有生則必有滅，那就叫作空相，而這個空相卻仍然是附屬於如來藏；這個空相，就叫作空如來藏。

懂得了空性與空相，你就知道空性講的是如來藏心體自身，空相講的就是如來藏所生的蘊處界等萬法；空性與空相二法都如實知了，就會知道爲什麼這二法是隱覆的。如來藏一向隱覆於眾生身中不斷地運作著，眾生都找不到祂。觀察當代的有名大法師、大禪師，不論是台灣或是大陸，不論是南傳或是北傳，有哪一位大師能如實了知空性與空相的異同呢？他們都找不到如來藏空性，所以才說如來藏是隱覆的。

從另一方面來說呢，當你把空性與空相如實了知了，再把《般若經》請出來讀，你將會發覺：原來 佛陀在經中是明講的。然後再把禪宗眞悟祖師的公案打開來讀，原來禪宗祖師之中有許多人也是明講的，可是眾生都讀不懂；是因爲明講之中仍然有隱覆之說，悟者讀了是明講的，眾生思惟研究時卻覺得是隱覆的。而這個隱覆之說卻是不得不然，因爲眾生的信力不具足，慧力也還沒有發起，若爲他們明講時，心中必然生疑不信，當然會毀謗正法，因此就只好隱覆密意而說。

如來藏心體的所在，不單是在第二轉法輪、第三轉法輪時期才隱覆而說，其實在聲聞法的阿含諸經中就已經是隱覆密意而說了！當你證悟以後讀到那些經文時，你還是會覺得經中是明講的。可是對那些不肯迴心大乘的聲聞阿羅漢們而言，仍是隱覆密意而說的。**空義**及**隱覆**的道理，你若清楚了，就不會再對三乘菩提純然依於想像來瞭解，你將會發覺：佛法是很眞實的，不是推論的哲學思想，也不是虛無飄渺的想像法。但在眞的開悟明心之前，對於開悟的境界純然只是想像，所以一些有品味的人都很喜歡在茶杯、宣紙弄上一個禪字；或者在竹簾寫上斗大的禪字，覺得很有禪味。

可是，對於這個禪字覺得很有味道的人，其實都是凡夫，表示他還沒有開悟；若是悟了以後再看到那個禪字，根本就不是禪，而禪悟之中也根本沒有禪；不管那個禪字寫得多妙、多殊勝，龍飛鳳舞、神韻超然，還是沒有禪味；因爲對你來講，禪已經是很明白、很公開地完全呈現在眼前，有什麼神秘呢？可是沒有悟的人就會覺得很有禪味。特別是當他問你：「禪到底是什麼？」你就寫個草書的禪字。他懂得書法，可是仍然聽不懂你的弦外之音，只好再問你一遍：「如何是禪？我還是不懂呀！你告訴我清楚一點，如何是禪？」「這就是禪！」他不懂，所以就覺得：「你這個意境，我眞的想像不出來。太深了！太高了！」從此以後他就覺得你很有禪味。可是對你自己來講，你還會覺得有禪味嗎？沒有！悟後一點點禪味都沒有，只有實相智慧。

假使要說眞的有禪味，那是別人對你的看法，你自己卻覺得一點禪味都沒有了；因爲實相已在你眼前，一點點神秘感都沒有了。禪味的意思是表示心中還有一分神秘感存在，假使有人號稱學禪三十年、四十年，還很喜歡那個禪字，就表示他根本就沒有悟。所以你們如果去探望開悟的大師，他的會客室牆壁若還有個斗大的禪字，你就不必再跟他談了；因爲他還覺得禪字很有味道，就表示他對禪還是充滿著想像。對你來講，禪已經不是禪了，只有眞實而沒有禪味了！因爲你把般若諸經請出來一讀：啊！**原來是講我心裡面的法，祂是那麼的清楚，而祂是眞實的存在**。這時你心中已經沒有一點點的想像空間了，只有一份禪悟後的眞實感恆存。

常常有人在破參前，覺得自己是開悟了，可是他腳下浮逼逼地不實在；等到後來眞的參出來了，體驗過了就會覺得很實在，所以當你問他：「悟前與悟後的感覺怎麼樣？差別在哪裡？」「太實在了，很眞實。」假使是聽來的，雖然知道密意了，絕對不會有眞實感；因爲他沒有體驗，無法如實分清楚蘊處界與如來藏之間有什麼關聯，如何互動；所以他一點眞實感都沒有，打探密意而不是眞參實究的人就是這樣。所以，如果有人告訴你說：「我被蕭老師印證了，我直接把密意告訴你好了。」最聰明的辦法，就是趕快摀著耳朵溜走；否則當你知道了密意，卻還是腳下浮逼逼地，一點都不眞實，智慧出不來，將來也會跟他一樣不珍惜，想把密意爲人明講，那有什麼用呢？

這意思就是說，空性與空相的道理必須要弄清楚。緣起性空只是空相，而這個空相的了知，是要依眞實法不空如來藏來建立蘊處界的緣起性空，否則蘊處界空相的瞭解與現觀也將全是假的，不可能會有實證的智慧，這就是印順他們無法斷我見的原因所在——於內有恐懼、於外有恐懼（編案：詳見《阿含正義》引述的阿含經義）。假使他斷了我見，就不會再去建立意識細心不壞說；正因爲印順不知道本識出生名色以後才會有名色的緣起性空，所以他的緣起性空觀即不能成就；恐怕落入斷滅空中，就必須要再建立意識細心的常住說法，免得緣起性空之後變成斷滅空。但這只是印順對空相部分的了知，而且是錯誤的了知。空性的意思則是說，如來藏有眞實自性，不是想像法。眞實自性的意思是說，祂能出生蘊處界等萬法，使得蘊處界具有**緣起**（藉緣而生起諸法）以及**性空**（所生諸法其性無常故空）的現象，祂這個自性就叫作**空性**。

對**空義**有了眞實理解以後，就懂得如何隱覆密意說法；而這個空性的眞義要怎麼懂得呢？要靠實證。實證的方法則以禪宗的方法最快，以禪宗的公案參究最快悟入。可是有很多人不喜歡讀公案，因爲讀起來都好像天馬行空一般，言語對話很難讀懂：每一個字都認得，就是不懂其中的意思。所以有些人拿到我的《公案拈提》不斷地讀，心想：**哎呀！這蕭平實眞會打啞謎**。他覺得我是在打啞謎，我不如就老實承認是在打啞謎，當啞謎打破了也就破參明心了。可是再怎麼讀，總是讀不懂，問題是出在哪裡呢？出在沒有找到如來藏。可是有人也許想：「**我如果找到如來藏，我幹嘛還要讀你的《公案拈提》**？」可是我告訴你：「**你不讀我的《公案拈提》，你就更難悟！**」就是這麼奇怪。

這意思就是說，必須要親證如來藏以後才能眞的懂得空性這一邊，不會只落在蘊處界空相一邊。而空性與空相之間本來是沒有分隔的，本來是一體的，當你兩邊都弄清楚的時候（其實不是靠兩邊去研究弄清楚，而是靠著你在中間把如來藏找出來），你就兩邊都通了。想要通兩邊，不要往兩邊去研究，只要在中間把如來藏找出來就結了。可是那些佛學研究的大師們，都向兩邊去找：**在這一邊的蘊處界中找答案**。研究了以後又回頭再來研究：**如來藏是什麼？**雖然經中說祂會出生蘊處界，可是這也許是方便說，因爲印順法師研究到後來也這麼說：**這是爲了攝受計常的外道才講如來藏，所以顯然是方便說，原來沒有如來藏心可證**。如此研究的結果，最後是連兩邊都摸不著邊，莫說中道了！這就是佛學研究的盲點。

禪宗祖師可不是這樣修行，不管你是空或是有，不管你是空相或是空性，就只要負責把如來藏找出來就夠了。這一找出來時，兩邊就都通了；因爲兩邊其實也都在如來藏裡面，不在兩邊。事實上是：空性與空相、有與無，都在如來藏裡面；說祂有兩邊是爲度眾生的方便說，結果他們還眞的當作有兩邊。你說那樣的佛學研究，會有什麼用呢？

當你找到如來藏了，你發覺：原來空性、空相，它根本是混合在一起的，不是兩邊的，都是如來藏。那你就懂得如何隱覆密意而爲眾生說法。隱覆了密意而說法，是在保護眾生，讓他們不會在將來謗法；等到眾生證悟的時機成熟了才悟入，就會有智慧生起，就不會謗法而受惡報。但是在隱覆密意中而爲眾生說法時，就在不斷的聞熏當中，建立了眾生對佛菩提的正知正見，建立對如來藏的正知正見；將來他的緣熟了，突然間觸證時就進門了。進門以後也許會來告訴你：「師父啊！禪，一點都不神秘，一點禪味都沒有。」如果他說一點禪味都沒有了，表示他眞的悟了，他一定是很眞實在佛法中，不會是像以前那樣純靠想像，所以就沒有神祕可說了，也就沒有禪味了。

空義隱覆，隱覆的是眞實法如來藏的所在。而眞實法被隱覆起來，其實也是方便說，因爲如來藏從來沒有對你隱覆過；你一天到晚住在如來藏中生活，卻每天詢問說：「如來藏在哪裡？」就好像住在廬山中的人看不見廬山煙雨，廬山煙雨不是很有韻味嗎？但是眾生住在廬山煙雨中，卻看不見廬山煙雨在哪裡？又如很多人聽說每年到了八月十八日的錢塘潮如何地壯觀，一定要去看一看；等他從廬山趕到浙江看過以後回家，家人問他說：「你看過廬山煙雨，也看過錢塘潮了，究竟是怎麼回事？」他說：「廬山煙雨浙江潮，未到千般恨不消；及至到來無一事，廬山煙雨浙江潮。」當你身歷其境時，有什麼煙雨和錢塘潮可說？就是那個樣子。

所以，錢塘潮一直滾過去的時候，那水裡面的魚都親歷其境，可卻一點錢塘味都沒有；只有人從錢塘潮旁邊或遠處看著錢塘潮時才會說：「喔！眞壯觀！」禪宗祕密也是一樣，眞實法如來藏其實並沒有隱覆，一直都很清楚地顯現著，只是眾生自己在如來藏中身歷其境而找不到如來藏。因爲一切法都是如來藏，可是眾生卻都找不到如來藏，所以禪宗才顯得高超可貴。等你悟了，你說：「禪宗不過爾爾！」可是當你說「禪宗不過爾爾」的時候，遇到了久悟的禪宗祖師時，你照樣沒有開口的餘地。所以很多人自以爲悟了，沒想到去禪三精進共修而期待我爲他印證時，卻還要弄到第三天才能夠開始整理，還是到第四天才被我印證，所以沒那麼簡單啦！

如果我們眞的把手頭抓緊了，其實一個也過不去。如果要以禪宗祖師的標準來講，一個都考不過去，因爲有一些禪宗祖師的最高標準是通達了差別智。可是禪門的差別智有那麼好通達的嗎？所以說，眞實法才是最勝妙、最廣泛而最深奧的法。可是，廣大勝妙深奧的法，其實卻很平淡、很眞實。所以當初我開始寫書時需要一個筆名，就取名蕭平實；因爲眞實法很平凡而又很實在，一點都不是想像而是很實在。如來藏就是這麼眞實，可是祂在眞實平凡之中卻顯現出無比的高超、無比的勝妙、無比的深廣，完全都不平凡。而這個平凡是要在你眞實、腳踏實地覺得祂很平凡、很實在的基礎上，去往上進修才能達到。所以眞悟的人從來不會說他成佛了，只有沒有悟的凡夫才會說他一悟之下就成佛了。

你們就記住這一點，以後凡是有誰說他成佛了，你就可以斷定那個人不但沒有明心，一定是連我見都沒有斷。已斷我見的初果人，絕對不敢說他成佛了，只有凡夫才會說他成佛。初果人會很清楚的瞭解：阿羅漢不能測度佛的智慧。而阿羅漢們都沒有一個人敢自稱成佛，因爲阿羅漢們遇到了維摩詰、彌勒、文殊、普賢等菩薩時，他們連開口的餘地都沒有。可是這些等覺菩薩們，卻是個個都對佛恭敬得不得了，佛又授記說：「**當來下生成佛的人是彌勒菩薩。**」他們心裡都涼了，哪有誰敢出來說：「**佛陀入滅後由我繼承佛位。**」因爲彌勒當來下生成佛，是五千六百萬年以後的事，現在都還輪

不到 彌勒菩薩成佛，何況那些不迴心的阿羅漢。所以，凡是自稱成佛的人都是凡夫，不但沒有明心，連我見都沒有斷。你們就用這一個原則去判斷，只要有誰說他成佛了，你就知道他是凡夫，可以直接告訴他：「**你是個凡夫。**」所以眞實證得法性的人，他覺得很眞實，但是也能夠很清楚的決斷——作抉擇而判斷出來：**我距離佛地還很遙遠**。如果他是這樣想、這樣說的，你大概就可以判定說：**這個人雖不悟，亦不遠矣**。也就是說，這個人雖然現在還沒有悟，但他證悟的時節將不會拖很久。**空義隱覆眞實**，道理就是這樣。

現在來看本文，勝鬘菩薩說：「**世尊！對於如來藏的智慧，就是如來對於空所證得的智慧。世尊！如來藏這個法，是一切阿羅漢、一切辟支佛、一切八地菩薩，本來所不曾看見的，本來所不曾證得的。**」這一段經文的意思說得很清楚，其實沒有誰是眞正很厲害的，那些人誇耀說有多麼厲害、多麼有智慧，動不動就自稱是八地、十地、法王。且不說他們都是凡夫這件事，回到經文來說，一切阿羅漢都不曾證得如來藏，更不可能有如來藏空性、空相的智慧，辟支佛也是如此。

那麼八地菩薩難道沒有證得如來藏嗎？有呀！將近二大阿僧祇劫前就

已經證得了，可是他那時證得如來藏，是完全沒有修學佛法就能證得嗎？不可能！在證得如來藏之前，都是要經過無量無數劫奉事諸佛、多聞熏習，建立了如來藏的正見，終於修到第六住位滿心了，我見斷除了，能取所取的空相也都現觀完成了，開始找如來藏時才不會再落到蘊處界中；然後，終於有一天突然間一念相應：**啊！原來是這個心**。他終於知道了，然後加以檢查，檢查的結果發覺確實沒有錯，把經典請出來再作比對、檢查、印證；反覆的檢查，反覆的印證，確實沒有錯了，才算進入第七住位不退。

每一位菩薩，不管他現在已經修到第幾地了，過程都是如此，都必須要在因地隨佛修學。所以 佛陀在說法時，座下固然有非常多的凡夫菩薩，佛陀卻沒有輕視過；不管哪一位凡夫菩薩，即使他心性很惡劣、很貪，或者脾氣很大，佛陀也不輕視他。因為即使是很貪心的凡夫菩薩、脾氣很大的凡夫菩薩，都遠勝過阿羅漢，因為他們有菩薩種姓；佛陀的看法是這樣，你們將來也應當這樣看，有菩薩性的凡夫，再怎麼貪瞋，都遠勝過阿羅漢。所以不管善知識悟了以後，為你傳授佛菩提道時從你身上挖了多少錢去，佛陀還是疼他，遠勝於疼阿羅漢；因為他這個貪，遲早終究會滅除，不會永遠存在，而他未來世中將會度很多人入道。可是阿羅漢死後蘊處界就斷滅了，三界中再也找不到他了，對利樂廣大眾生來說，他沒有什麼大作用。他只是短短的幾十年當中願意利樂眾生，而被他利樂的眾生也都跟他一樣，死後都會入滅。

假使一個凡夫菩薩證悟了，但是心中仍然很貪求錢財；你若沒有送上五十萬元或一百萬來供養他，他就不幫你開悟；即使有這樣的惡行，佛陀還是會看重他遠重於阿羅漢；因為他這一世貪習改不掉，未來世終究會一世比一世淡泊；最重要的是他不會入滅，未來世可以利益無量人，佛陀當然還是看重這個貪心很重的七住位菩薩。這個正見，現在先種到你們心中去，你們以後若是遇到了座下有個徒弟雖然很貪心，出去弘法時喜歡搞錢，但總是比阿羅漢要好一些。所以諸佛還是會繼續攝受這樣的初悟菩薩，因為畢竟他還在習種性中，只是要不要重用他而已；是因為考慮到眾生會不會因此而反感，斷了法身慧命。可是永遠都會有一批眾生跟他是有因緣的，因為每一個人無量世以來都有一大批眷屬，那些眷屬寧可讓他弄去了一百萬、一千萬都沒有關係，還是要跟定他，那你為什麼不讓他去度那些人？就讓他去度。

你有了正確而比較深廣的看法以後，對那一些人就不會生氣。這就是你們未來世出去弘法，不論到哪一個星球去獨當一面時，一定要有這樣的心量；而這個心量不是靠定力建立，是靠智慧來建立的。如果不是這樣，我早已歸隱去了。我心中不曾爲這種事情生氣過，我只是隨緣應對罷了。如果生氣了，就表示你退步了，這是你們應該建立的知見。廣大的心量就由這樣的見地來產生，心量並不是刻意去拉高擴大的，而是由智慧自然而產生，使你不會爲這種事情生氣，因爲眾生一向是這樣的；而初悟的菩薩才剛剛從凡夫眾生位轉過來，這也是正常的。所以說，一切地上菩薩雖然是已經證悟如來藏，但都不是自己本來就能證得，都是無量世以來奉事諸佛而多聞熏習、廣修福德，建立聞思慧以後才能夠在某一世第一次證悟。

也許你心中這樣想：「你講的未免太玄了吧！」但我告訴你，一點都不玄，事實上確實是如此的。且不說證悟的事，單說對《金剛經》章句生起信心——聽聞之後能夠信受而不懷疑，請大家背一背經文吧：「**當知是人不於一佛、二佛、三四五佛而種善根，已於無量千萬佛所種諸善根。**」光是對《金剛經》的章句生信不疑，還不能證得如來藏，就得要先在無量佛所種善根了！一定要奉事過很多佛，每一佛都供養過了，供養時當然也要聽聽法義嘛！已經於無量劫中供養了無量無數諸佛以後，才能對《金剛經》的章句生信不疑，不會把它當作斷滅空，那你想：證悟之前要不要先奉事無量無數佛？當然要。只是因爲都還有胎昧，所以大家忘記了，不曉得自己過去無量世以來，已經奉事過無量諸佛，聞熏過很多很多遍的《金剛經》《勝鬘經》等等，然後才有機會在這一世悟入。

可是在此世悟入之前有沒有把握呢？都沒有。在證悟的那一刹那之前，你也是沒有把握的，直到突然間找到時才說：「我可能是開悟了！」所以要證得眞實空——具足空性與空相，並不是自己能夠悟出來的，都是經過很長久的時節親近奉養無量諸佛之後才能證悟。那個時間劫數是多長呢？是第一大阿僧祇劫的三十分之七。想想看，你以前曾奉事過多少佛了？如果你眞的奉事過這麼多佛了，絕對不會謗佛、謗法、謗賢聖。奉事過那麼多佛以後，每次聽到佛這個字，就會有一點雞皮疙瘩生起來了；因爲很感動嘛，怎麼還會去謗佛！假使有人說：「佛之將老，其言也亂。」這個人一定不是久學菩薩，這表示他奉事過的佛還不夠多。所以，沒有哪一個菩薩是多麼厲害的，智慧再怎麼好，修證再怎麼高，也都是無量劫來奉事諸佛，不斷修集福德、熏習法義，才終於能悟；悟後再經過無量無數劫的修行，才能成爲八地大力菩薩。所以說如來藏這個法，一切阿羅漢、一切辟支佛，乃至一切大力菩薩，都是本來不曾看見過祂，本來不曾證得如來藏的，換句話說，都是多聞熏習、奉事諸佛以後才能證得的。

關於這一小段經文，印順是怎麼註解的？請看補充資料，印順說：【「如來藏智」，即「是如來空智」。**如來藏**，約衆生本依的**一切法空性**說。如如法性中，攝得無邊功德性；無邊功德中，主要的是般若。般若智性，與如來藏不二，衆生雖本有而還不曾顯發大用。要到修道成就，圓滿顯發，即如來空智。因地的如來藏智，與果證的如來空智，相即不二。】（正聞出版社．印順法師著《勝鬘經講記》p.221 ~ p.222）

我如此評判印順的註解：「1、『一切法緣起性空』就是印順認爲的佛法空性，就是如來藏。2、意識是緣生法，不是常住心，如何能攝持無邊功德性？3、般若智慧是意識相應法，但意識只存在一世，不去到後世，就無法累積三大阿僧祇劫的般若智慧，如何到達佛地？4、他認爲的如來空智就是因地的如來藏智，但因爲因地對一切法緣起性空的認知仍不究竟，所以不是如來的空智，所以如來藏不是心體，他認爲如來藏就是緣起性空的方便說，法界中沒有第八識的存在。由前面四點的舉證，以及他在此段講記中的說法，很清楚的證實了印順的內心中的想法：如來藏法身就是佛地滅盡一切煩惱以後生起的種種功德法，不是心體。

印順說：【「如來藏智」，即「是如來空智」。**如來藏**，約眾生本依的一切**法空性說**。】這裡很清楚的表示印順的意思了：「如來藏就是一切法的空性」，就是在講一切法都是緣起性空，他所認知的如來藏是這樣的，所以我沒有冤枉他。一切法的緣起性空，就是印順認爲的如來藏，就是佛法空性。所以，印順其實已經把中心思想告訴大家了，可是佛教界那些大法師、大居士們以及學人們都讀不懂；就是因爲對他的法義本質沒有如實理解，才會有誤解印順法義的現象出現。但是印順講的如來藏就是一切法緣起性空，緣起性空就叫作空性，他是這樣定義或認定的。

印順又說：「**如如法性中，攝得無邊功德性；**」現在問題來了，他既不許有第七識意根，又不許有第八識如來藏，但問題是：意識是緣生法，沒有常住性；這個緣生法只能存在一世，而且這一世中也是夜夜斷滅，除非熬夜不睡覺，但是到第二個晚上還是要睡覺斷滅。如果能夠熬，我知道有人最長熬過半年都不睡覺，可惜的是他後來離開我，又回到道教裡面流浪去了。他曾經六個月沒睡覺，他做自助餐生意，那是二十幾年前的事。他當時做生意時賺了三戶公寓，全都賣掉而供養了一貫道去，很努力修道。後來發覺那不是他想要的，就又從頭開始營生，白手起家賣自助餐，整整六個月沒睡過覺；他想要成就永遠的不倒單而不必睡覺，結果後來還是失敗了，還是開始睡覺了；因爲睡覺是人間必有的法，是爲了身體的存續。

可是對一般人來講，意識心總是夜夜斷滅，一睡著就滅了、斷了。如果這個意識心是能執持一切所熏法種的心，當這個心滅了以後，祂所持的法種是不是也會跟著滅失了？當然會滅失了。也許有人說：「那不會滅，法種還是存在，只是散開了而已。」請問：散開以後會不會被人拿去？或是散開以後要在第二天早上起床以後再找回來？要從哪裡找回來？若眞是這樣，你們哪位就去發明一個機器，可以把散失的法種再掃回來，一定會大賣。因爲眾生昨天學習做麵包，今天醒來又忘了；他一定要跟你買這個機器，可以在明天早上立即想起來，這生意保證賺錢。但問題是，這些法種明明都還在，不因為意識眠熟斷滅而消失掉，顯然是有一個常住法被這些法種所依，所以意識晚上斷滅了以後，第二天還可以再生起。

如果意識可以持種，意法因緣生意識，顯然意根比意識更有資格攝取種種法種，因為意根晚上睡著時並沒有斷滅。如果意根能攝取法種，問題又來了：意根可以自己作主——反正所有種子都是由我執持的，那他殺人放火、詐欺了幾億元以後，可以自己決定把這些惡業種子丟掉，騙來的錢也可以留著繼續享用，因果管不到他。但事實上作不到，顯然意根不是受持法種的心；因為如果作得到的話，就不可能還會有三惡道有情，不可能還會有眾生願意當畜生。寵物們也很希望有一天可以跟主人一樣當人！事實上卻不行。所以印順的說法是很荒唐的，因為意識不能持種，意識也不是如如的法性，蘊處界也不是如如的法性，而緣起性空也不是如如的法性，因為緣起性空是斷滅法，只是蘊處界的緣起性空，是無常空的一個現象而已。緣起性空的現象並沒有功能，只是一個現象，並不是常住法，更不可能是如如的法性，當然更不可能攝得無邊的功德性。而如來藏是實有種種功德性的心，而且是執持一切法種的心，並不是印順所說的一切法空性。

接下來印順法師說：「無邊功德中，主要的是般若。」請大家看楷書的第三點，我說「般若智慧是意識相應法」，換句話說，般若是智慧，但這個智慧一定要是分別心才能擁有，假使不是能分別的心就不可能擁有智慧。這個智慧既然是意識所擁有的，當意識不存在了，入無餘涅槃了，或是在中陰階段以後入胎而永遠斷滅了，不可能去到下一世，所以意識所擁有的智慧當然也就跟著不存在了；下一世的智慧則是下一世全新的意識所擁有的，是來世全新的意識心。不能像某些人說的：「智慧是自己所擁有的，而智慧引生的來源也是自己，證悟的標的也是自己。」這是不對的，因為證悟的標的如果也是參禪的自己，這個自己入胎後已經不存在而永遠斷滅了，那時自己已斷滅了，自己所擁有的智慧當然也跟著斷滅。所以錯悟大師的這種說法是不通的，可是大多數人不明白這個道理，對不明白的原因當然要追根究柢。

你想要弄清楚一棵樹有什麼樣的用途，不但要弄清楚它的樹葉、樹枝各有什麼功能差別；乃至樹幹、樹根有什麼功能差別，也都要弄清楚。很多的法都一樣要弄清楚，不能含糊籠統。假使含糊籠統去用，可能會出問題的。很多植物的葉子有毒，但枝幹沒毒；有時是枝幹有毒，根莖沒毒；單單是同一棵樹，肉桂葉的功能不同於桂枝，桂枝又與桂肉不一樣，主幹又不同，根的功能也不同。就如同人蔘，中醫最懂它，我就班門弄斧說一些吧。一棵人蔘，蔘鬚的作用跟蔘體不一樣，蔘體跟它的頭又不一樣；人蔘是溫補的，不燥而溫性。可是當你如果火氣上來了，牙齒搖動了，你把人蔘的頭切下來熬了湯，喝了馬上就退去火氣了，因爲它是清涼的，與蔘體不一樣。而它的鬚，功能又不相同，所以不許含糊籠統。

同樣的道理，學佛法也不許含糊籠統。含糊籠統學上了三十劫，你會發覺每一世都是原地踏步，永遠弄不清楚佛法到底是什麼。有很多人是在佛法中混了三十年，但是大家來到同修會才一、二年，就知道整個佛法的脈絡，這就是因爲我們從來不含糊籠統的緣故。所以「覺與智慧、識與智」，是有區別的，智是識所有，智不能離識，但智不等於識，這一定要弄清楚。意識所發起的般若實相智慧，是意識所有的。意識爲什麼有這般若實相的智慧？是因爲意識證得本識擁有的本覺。

本識第八識，大家常常讀到經論中說：祂離見聞覺知，祂無分別。但問題來了，既然離見聞覺知而無分別，請問：祂爲什麼又叫作識——阿賴耶識、異熟識？爲何到佛地又叫作無垢識？爲什麼要叫作識？識就是了別，這表示祂也有識別性，只是祂的識別性不像意識都在六塵中運作而已。既然祂叫作無垢識、異熟識、阿賴耶識，顯然祂是有分別作用的，所以祂不是完全無知無覺的；只是爲了幫助眾生容易了知祂的體性而能區分祂與意識覺知心的不同，容易找到祂，才說祂是無分別性的。換句話說，祂在六塵中是從來不分別的，可是並非對六塵外法也不分別。既然有分別，就表示祂也有覺知，所以稱爲識。可是這個覺知並不是像意識一樣出生以後才有，祂是本來就在的，所以祂在六塵外的覺知性也是本來就在的，只是不在六塵中作種種覺知，所以就稱爲本覺。但這個本覺與我們悟後所發起的智慧並不一樣，這個本覺是我們證悟的標的，而證悟了第八識的本覺以後，我們發起了般若實相的智慧，這時所發起的實相智慧卻是意識所有的。所以意識所有的智慧，不是第八識本覺所有的智慧，千萬不要混在一起。

言歸正傳，這個本覺是存在的，是第八識所擁有的自性，所以不是意識所有的。印順卻是說：「無邊功德中，主要的是般若。」這個般若是意識所有呢？或是第八識所有的本覺呢？剛剛跟諸位講過了，是意識所有。無邊的功德性與智慧的本身不能說是一樣的，因爲有許多的功德都是從本覺性中流注出來的，包括意識本身也是由第八識的本覺性流注出來的。所以無邊的功德，其實說穿了就是意識心去證悟如來藏的本覺性，然後從本覺裡面繼續深入體驗觀行，發起無量無邊的智慧，心地也跟著變清淨了，種子也清淨了，無邊功德才能顯發出來；可是顯發出來的無邊功德，還是從第八識的本覺出生的，並不是意識所有的。但印順說的這些所謂的無邊功德卻都是意識所有，由意識出生；都因爲他不承認有七、八識，只能把七、八識的功德套在意識心頭上，於是種種矛盾與違逆聖教的說法就出現了。

既然印順認爲是意識所有，這意識既不能去到下一世，來世的無邊功德又要從何而來？這就是印順的問題。印順說「無邊功德中，主要的是般若」，眞的只有般若嗎？意生身及種種的無漏有爲法，以及佛地的成所作智，也都是無邊功德中的一部分，這些都是無漏有爲法，卻都不是意識所有的；而般若智慧只是其中的一個小部分而已，並且不是最主要的。因爲般若只是大乘佛法的入門而已，並不是最主要的妙法。般若只是大乘佛法入門階位層次最低的，只有在三賢位中的功德，以後還要再進修諸地的一切種智，才能夠成佛，才能夠顯發無量無邊功德。所以印順所說的這兩句話，是有很多過失的；若是要細說，可眞是罄竹難書。所以說，飯隨便吃沒關係，佛法不能隨便講。在四阿含中記載：說法不如實、違背佛意，而說是佛所說，那就是謗佛。印順不信，所以敢隨意亂講。

印順又說：「**般若智性，與如來藏不二，眾生雖本有而還不曾顯發大用。要到修道成就，圓滿顯發，即如來空智。因地的如來藏智，與果證的如來空智，相即不二。**」印順認爲如來空智就是因地的如來藏智，所以他說是相即不二的；但由於因地對一切法緣起性空的認知仍不究竟，所以不是如來的空智。所以印順認爲如來藏不是心體，他認爲如來藏就是緣起性空的方便說，在法界中實際上沒有第八識心體存在。這就是印順的看法。問題是，他否定第八識的實存以後，意識又是醫學常識中已知常常斷滅的法，從理證及教證上亦已證明是無法去到未來世的斷滅心，那麼此世修學的佛法智慧，又如何能延續到未來無量世之後成爲如來空智而名爲如來藏？印順並非不知自己有這個過失，但印順完全迴避這個過失，而印順的信奉者也完全不知道有這個過失；所以在我們出來弘法以前，不會有人出來辨正印順這個過失。如今我們提出來辨正以後，他的門徒們絕對無法如理作意地回應這個問題。

印順又說：「般若智性，與如來藏不二。」其實他沒有資格講這個話，因爲他所說的如來藏是緣起性空；但問題來了，緣起性空是依附蘊處界而存在的法，緣起性空既是蘊處界所攝的法，顯然印順所謂的般若智性與如來藏不二，意思是說：「般若智慧的自性與緣起性空是不二的。」這就有問題出現了，依照印順這個解釋，般若就是戲論，因爲般若即是阿含說的緣起性空，不必重新再講一遍。印順要告訴佛教界的正是這一點，只是不敢明講；所以，印順說「般若的智性與如來藏不二」，在別的地方又說如來藏就是緣起性空而不是第八識心，所以印順認爲：般若諸經根本就不需宣講，因爲四阿含中都已經講過了，而阿含解脫道就是成佛之道，所有的阿羅漢都已成佛了。這就是印順的中心思想。

但是緣起性空法是依如來藏出生蘊處界而說的，離如來藏或離蘊處界，就沒有緣起性空可說；所以印順說的緣起性空，不是四阿含眞正的緣起性空。而蘊處界是生滅虛妄法，所以是緣生性空，而緣生性空也是虛妄法，不是實相法。因爲緣生性空是依虛妄法的蘊處界而有，這個緣生性空法是在阿含道就講過了；初轉法輪的聲聞道四阿含中既然講過了，回頭再換個般若的名稱來講，所講的般若還是在講蘊處界的緣生性空，根本就沒必要講，所以般若就被印順判爲**性空唯名**，是在暗示你：**般若其實是戲論，在四阿含聲聞法時期已經講過而重新再講一遍罷了**。這就是印順的書中判攝般若爲**性空唯名**的理論根據，也是印順所有書中想要表達的思想。所以印順骨子裡其實只有阿含聲聞道，如果印順對阿含聲聞道沒有誤會，倒也無傷大雅，最多只是一個小乘人在向菩薩爭執而已，於佛法還是沒有大壞處；但印順所知的聲聞道偏偏又是錯誤的，這才是大問題。

印順說：「**眾生雖本有而還不曾顯發大用。**」換句話說：**眾生這個緣生性空的道理是本有的，可是對於蘊處界的緣生性空，還不曾深入瞭解所以尚未顯發大用，因此而不能斷我見、斷我執。**印順這句話正是這個意思。依印順的意思：**是要修道成就而成爲阿羅漢了才能圓滿顯發。換句話說，這個蘊處界的緣生性空道理，要修到阿羅漢位時才算圓滿的顯發出來，那時就成佛了，所以究竟了知蘊處界的緣生性空，就是如來空智，也就是如來藏空智。因地的如來藏智，也就是因地的蘊處界緣生性空的智慧，果證就是成阿羅漢**

——到達佛地，所以緣生性空的終極果證即是如來的空智，因爲如來的蘊處界和阿羅漢一樣是緣生性空的，所以與因地的蘊處界緣生性空是相同的，所以叫作相即不二。

正確解讀印順隱覆而說的思想以後，印順的意思是：大乘經典是可以廢掉而不需要存在的，因爲阿羅漢即是佛，因爲阿含解脫道即是成佛之道，所以成佛之道已在四阿含中具足宣說了，沒有佛菩提道另外存在，所以阿含期以後不必再宣講大乘經。但是依印順這樣講的意思，顯然是在指責 佛陀說法說錯了！因爲：既然沒有第七、八識存在，又有如來智可以從因地去到未來無量世以後的佛世，印順顯然是在倡說意識可以去未來世。可是 佛在阿含中明明說：意識不能去到下一世（編案：詳見《阿含正義》中的經文舉述與說明）。印順派的大小法師與大小居士們，到這裡就該作一個取捨了：究竟是要信受印順法師？還是要信受 佛陀？他們必須作取捨，因爲佛說意識不能去到下一世，而印順說的是：意識可以去到未來世究竟了知蘊處界的緣生性空而成就般若智性——如來藏。二者說法不同，究竟是誰講錯了？這就必須推究了。印順派的所有人都不能不推究推究這一點，否則，他們想要斷我見、三縛結，想要證初果就永遠不可能，只能永遠處在凡夫位中空言佛道。

印順把如來藏解釋作緣起性空，然後說緣起性空即是般若空智、即是如來藏，這是很大的錯誤。但是也許有人想：「這恐怕只是你蕭老師自己斷定的吧！印順的本意應該不是如此啦！」如果不是如此，那麼就應該說印順的定義是：如來藏心是確實存在的一個心。假使想到這一點，只好把剛才講的話又收回去，因為違背了印順的思想。如果說如來藏就是蘊處界的緣生性空，就是符合印順的思想了；可是這樣一來，在意識無法往生到未來世的大前提下，又要如何修到佛地而成就無量無邊的功德？印順的說法到這裡又不能成立了，必然進退兩難！這就是應成派中觀弘揚六識論的死路，他們如此鑽到牛角尖裡面，連轉身的餘地都沒有！唯一的辦法就是把牛角破壞——揚棄**六識論**邪見，承認確實有第七識意根、第八識如來藏，才能海闊天空、如實親證佛法，否則他們的「佛法」修證是無路可走的。

我們這個說法，從前面四點補充資料中的舉證，以及印順在這一段話中的說法，已經很清楚證實印順內心的想法，那就是說：**法身（如來藏）就是佛地滅盡一切煩惱以後，生起的種種功德法，即是佛地緣起性空的智慧，不**

是指一個心體。我們沒有冤枉他，將來整理成書本而流通天下以後，他的門徒們也是無法反駁的。以前李元松老師曾經稱呼昭慧是印順的門徒，我記得昭慧還爲了門徒這兩個字錙銖必較，說她不是印順的門徒。這就像一個很清楚的事實擺在眼前，明明是她父親生的，卻堅持說她不是她父親生的；結果是李老師有度量而禮讓她，不堅持把她算是印順的門徒。但是請問：昭慧所弘揚的法不正是從印順來的嗎？她的思想不正是從印順的嘴中化生出來的嗎？若說她仍不是印順的門徒，那麼「門徒」這兩個字要怎麼解釋？是否要重新定義了？所以她其實是印順最具代表性的門徒，將來我們整理成文字以後，她這個大門徒也是沒有能力作任何辯解的。

這些話假使明天傳到她耳朵裡，將來再整理爲文字出版了，她又要怎麼應對？還是只能顧左右而言他，扯一堆答非所問的話。假使有一天她眞的迴入大乘，悟了如來藏，那她必然更不敢開口，因爲她知道事實正好是如此。所以，學佛時一定要追根究柢，不要含含糊糊混吃等死，如果出家了以後仍然含含糊糊混吃等死，那就是粥飯僧——出家只是爲了喝一碗粥、吃一碗飯，謀生而已；那就不是參禪僧，更不是菩薩僧了。所以遇到有緣人，你們還是應該勸他們要追根究柢：**到底佛法的本質是什麼？佛法爲什麼又會說有三乘？三乘的差異又是什麼？**這些一定要弄清楚，否則永遠都只是個粥飯僧，連行腳僧都談不上。如果是行腳僧，得要四處去拜訪善知識——既然有人說法跟我師父講的不一樣，我一定要去拜訪，弄清楚誰的講法才是正確的。可惜的是，現在連行腳僧都難得一見了，多是粥飯僧。只有行腳僧才會來到正覺同修會，詳細聽過幾堂經下來，有一些概念了，終於打算要追根究柢，他這一世才有機會證悟般若，否則沒有機會。

因此，如來藏的智慧以及如來藏的眞實義，不宜先入爲主，用自己一門一派的狹隘思想來定義如來藏，一定要回歸到佛陀所說的正理；否則就不免會像印順一樣，用應成派中觀的**六識論**狹隘思想來函蓋一切佛法，佛道的修行就不可避免地會往岔路不斷偏邪下去。或者像藏密自續派中觀一樣，以意識爲中心，認爲意識可以常住不滅一直延續下去，永遠不能脫離常見外道思想。就像證嚴法師在書中明明白白告訴你：「**意識卻是不滅的。**」這樣看來，好像她的功夫比 佛陀厲害，因爲 佛陀說：「**意識沒有辦法去到未來世，一定會斷滅。**」證嚴很厲害，可以把意識帶到未來世去。那我們就等著看，她將來死後有沒有把頭腦帶去下一世；因爲意識一定要依勝義根頭腦才能存在，此世的意識若想要去下一世，當然必須把此世的頭腦帶去下一世，並且把來世的頭腦割除。

並且，單有勝義根頭腦單獨存在，也不能使意識存在，還得要有扶塵根；換句話說，證嚴死後必須要把整個屍體帶去投胎，否則她的勝義根必然無法投胎去後世，那麼此世意識也就無法去到下一世。我們就等她死後來看：她有沒有把身體帶去投胎。她如果眞的把身體帶去投胎，我告訴你：一定是天下第一條大新聞，絕對是最大新聞！全世界所有報紙都會列在頭版第一條。大家就等著看，那時就可以證明證嚴的意識不滅說是正確或虛妄了。當然有智慧的您，一定是現在就已經知道這是不可能的事。

這一段經文講解過了，勝鬘菩薩又說：「世尊！有二種如來藏空智。」空如來藏與不空如來藏，是兩種如來藏的空智。第一種說：「空如來藏，或者離一切煩惱藏，或者脫於一切煩惱藏、或者異於一切煩惱藏，即是空如來藏。」這意思是什麼呢？也就是說，如來藏這個心體，離開一切煩惱種子的現行，祂與煩惱的作用不相應，離一切煩惱種子功能，不但是離而且也脫。

脫與離有一些不同：離，是說如來藏收藏的七識煩惱種子與祂是同在一起的，但與祂不相應，只會與七轉識相應，所以是「離」；脫，是說這些煩惱種子的執藏，其實與祂無關，都是七轉識造作出來的，所以現行時也是只與七轉識相應，不是如來藏自己造作而收藏的，與如來藏無關，因此叫作脫。因爲一切煩惱種子含藏在如來藏中，卻不是如來藏造作的，也不與如來藏相應；這些種子流注出來而成爲煩惱的現行時，只有與七識心有關聯；所以這些煩惱種子假使會被如來藏流注出來，都是因爲七識心的緣故才流注出來，都不是爲了如來藏自己而流注出來的，所以與如來藏或脫、或離。

又說「**如來藏異於一切煩惱藏**」，這是說一切煩惱種子雖然還藏在祂心中，可是這些煩惱都與祂不同，因爲這些煩惱只有七識心才有關聯，跟如來藏沒有關聯。換句話說，如來藏只是負責收藏、供應。收藏進來又供應出去以後，七識心把那些煩惱藏種子怎麼轉變，轉變完了丟還給如來藏收藏，如來藏都不理會轉變的內容；七轉識要把它增長廣大也好，要把它縮減消滅也好，如來藏都接受，所以煩惱種子都跟祂無關，祂只負責供應、收藏。

諸位還記不記得？唯識學中有一首偈很有名：「**八個兄弟共一胎：一個**

伶俐一個呆，五個門前作買賣，一個家裡把帳開。」五個門前作買賣，就是專門負責對外接觸五塵，當然是前五識；有一個人在家裡管理門前面作買賣的五個兄弟，當然就是意識，祂統合五識去門前作買賣，能統合五識的心就是意識。至於專門管帳的：這個好、那個不好，這個要、那個不要，祂當帳房，就是掌櫃的，都是祂在判斷，祂就是我們一般講的公司的經理，當然還是意識覺知心，祂當然要管理門前的五個兄弟。剩下兩個：一個伶俐、一個呆。最伶俐的是誰？是意根。經理意識下班了，這個伶俐的意根還在繼續工作，祂從來沒有停止過。經理晚上睡著了、不在了，伶俐的意根還在忙著，沒有停頓過；祂不但在，而且很伶俐，祂比八爪章魚還要伶俐，因爲祂所緣的不是只有八種，包括你前世的臭骨頭，三世前、十世前的臭骨頭，只要不是火化過的，祂都會攀緣；可是你自己不知道，那是無生法忍以後的事。

所以，意根很伶俐，經理要聽祂發號司令；經理有資訊送來了，要不要去作，都由意根來決定，祂最伶俐了，祂就是總經理。那麼剩下的「一個呆」：祂就像倉庫一樣，人家想要搬出去，祂就負責給；人家想要送進來，祂就負責收藏，祂都不會拒絕，不會選擇，祂就像是公司中的董事長，收存或支付所有的財物。祂最癡呆，可是癡呆之中又無比的伶俐，祂能作的你都作不到，眞厲害，所以能當董事長。可是對眾生來講，你都必須要告訴他們：祂很呆，因爲祂從來不會分別六塵；你丟個壞東西給祂，祂也收藏起來；你要祂把好東西搬出來，祂也會給你。有一天你想通了，說壞東西我不要，全都搬出去，然後把法寶搬進來，祂也照辦，所以說祂癡癡呆呆的。癡癡呆呆的，正是你開悟般若智慧必須要證的東西，你證得這個癡癡呆呆的，以後就不癡呆，以後你就變成很有智慧，法界的眞相正是如此。所以，祂從來不伶俐，對六塵的取捨總是癡癡呆呆的。因此，最伶俐的人會去造業、會去行善，祂只是把所有的善惡業種子都收藏起來；但是將來緣熟而流注善惡業種子出來時卻與祂無關，所以惡業種流注出來以後七識心在受苦，祂卻不受苦；善業種流注出來以後七識心享樂，祂也不享樂。能享樂就會有煩惱，不享樂就永遠不與樂相應，也就不會與苦相應。

空如來藏，就是指祂的清淨性，祂離六塵見聞覺知，不與**一切煩惱藏**相應，所以是空如來藏；祂是本來清淨自守，不是修行清淨以後才清淨自守、不緣外塵，所以就從祂與煩惱不相應的特性來說，把祂叫作**空如來藏**。所以

空如來藏講的是祂與煩惱不相應，這就是第八識心如來藏的體性。如果與煩惱會相應的心就不叫作空如來藏了。這個與煩惱不相應的如來藏心，是不是一無所有？是不是全無功德？不然，祂有自己的自性，除了含藏七識心的自性以外，還有許多獨有的自性，不是七識心所能擁有，因此說祂具有**超過恆河沙數與祂同在、與祂有關，卻是愚凡所不能分別的不可思議佛法**；由於祂有這樣的自性，所以說祂叫作不空如來藏。所以，**空如來藏**是說如來藏煩惱空；**不空如來藏**，是說如來藏具有**無量無邊的功德性**，不是名言施設。

但是問題來了，當我在回信中提出來說：**如來藏是眞實存在的，因爲祂有無量無邊的自性，不只是一個名言施設，而是實有這個心**。昭慧法師馬上就扣我帽子說：**執著如來藏有自性，就是自性見**！只因爲我們說如來藏心體有自性。可是問題來了，自性見外道講的自性是六識心的自性，就是眼識能見、耳識能聞、乃至身識能覺、意識能知的自性；佛講的自性見外道是說外道執著識陰六識的六種自性，那都是妄心的自性。但我們說的是第八識的自性，不是這六識的自性，怎麼可以混同爲自性見外道呢？其實昭慧應該要罵我是**自性見「內」道**。所以，當我提出來說：「**只有未悟得如來藏的人，才**

會落入自性見外道中。」這句話昭慧法師是無法推翻的，因爲印順所謂證道的眞實法、眞心，只是直覺；而直覺正好是識陰六識的自性，也就是說六識接觸到六塵時還沒有生起語言文字的分別，還沒有生起遠近高低的分別，而在初觸之時就已產生的分別，就是直覺，那正是六識的自性。結果昭慧正好落在這裡，師徒兩個都是自性見外道，昭慧卻反而指責我是自性見。所以我不接受她這個自性見的封號，她得要自己帶回家去。

因此我就不回覆她的信，半年後印出了《眞實如來藏》，在扉頁提了幾個字寄給她；她讀過了，大約兩週後給了我一張卡片說要見我，我仍舊不回信。我不回信的意思並不是不理昭慧，是要等待適合的時間再見面；因爲我覺得見面的因緣還沒有到，所以一直置之不理。當昭慧寄來想要見我的卡片以後，我就沒有再給她任何的答覆。但是吝於相見，不是要給她沒面子，而是等待她轉變。昭慧心態若轉變了，就有因緣與我相見，就可以悟入般若了！可惜的是我沒有等到這一天。昭慧的錯誤作爲，其實是肇因於對**空與不空無二**的實際理地不懂，也就是不懂**空如來藏**與**不空如來藏**，才會被印順所誤導。所以說，眞實法一定是雙具空與不空兩邊的，兩邊都通的法才是眞實法，否則最多只能在世俗諦的現象法上面去觀察現象界的蘊處界緣生性空，還無法了知緣起；可是親證眞實法的人，一定通達**空**與**不空**，二邊都通。

如來藏，勝鬘夫人說祂不離、不脫、不異、不思議佛法。先說聲聞道好了，看聲聞道是否眞的不離乃至不異佛法？再來看如來藏是否不離乃至不異佛法。聲聞道不是講蘊處界緣起性空嗎？這是不是佛法？絕對是嘛！大家都承認，因爲這個法是含攝在佛菩提中的。這個蘊處界**緣起**性空的法是依蘊處界而有，蘊處界依什麼而有呢？依如來藏而有。如果有人要說：**如來藏是弘揚大乘法以後才說的，初轉法輪的二乘法中沒有**。那麼請他看看《阿含正義》中怎麼講？我已經一一舉證出來了！且不說《阿含正義》，幾年前我在《宗通與說通》就已經舉證一小部分阿含解脫道的經文了：**阿含部經文中的入胎識、住胎識不正是如來藏嗎**？不然祂要叫作什麼？叫作意識嗎？意識能入胎、住胎嗎？他們若說意識可以住胎，我就把來果禪師那一句話拿來問他們：**「請問印順、昭慧，你們的意識在母胎中長住十個月，悶不悶？」**所以第八識在四阿含中早就說過了，只是他們智慧不夠而讀不懂。阿含中說，緣起性空是從蘊處界而有，蘊處界是從住胎識如來藏而有，由住胎識出生了名與色以後才有意識，這才是眞正的**緣起**性空；印順派等六識論者所說的只是蘊處界**緣生**性空，不是阿含中說的**緣起**性空，因爲不曾涉及蘊處界**從什麼法中藉緣生起**的正理。那麼這個聲聞菩提的不可思議佛法顯現出來的無餘涅槃、有餘涅槃，是不是依**不空如來藏**而有？當然是呀！因爲必須先有如來藏能生蘊處界的自性，才能有蘊處界出生，然後才能有意識來理解蘊處界的緣起性空，才有聲聞菩提。有聲聞菩提才能證得有餘涅槃、無餘涅槃的不可思議出離三界生死的佛法，可見聲聞解脫道不離佛法，也不離如來藏。

聲聞道如此，回頭再來看緣覺道好了：**中乘法緣覺道，經由老病死而推斷苦從生而來，經由生推斷過去世因爲有了「有」的種子存在，三有的種子存在就有這一世的生。**爲什麼會有三有種子？因爲不斷貪取三界有的種子不斷地取，就會有三有種子。可是爲什麼會取？因爲貪愛三界有。爲什麼會有貪愛？不論苦受、樂受、不苦不樂受都貪愛，有誰不喜歡三受？也許有人說：「**我才不喜歡苦受！**」可是如果讓你都沒有苦受，你願意嗎？你絕對不願意，因爲你一定活不到兩歲就會死掉了，色身早就被用壞而不會寶惜了。既然有受，就會有貪愛。可是受從哪裡來？接觸呀！如果不是能觸就不會有受，一定是能觸才會有受。可是觸又從哪裡來？因爲有六入，有六入才能觸六塵，沒有六入就不能觸六塵，可是六入從哪裡來？因爲有名與色。好，現在答案快出現了，名與色是不是由虛空生、憑空而生？或者只要無明就能生名與色？也不行呀！因爲無明不是憑空而有的，無明種子一定是執藏在無分別心中，意識卻從來不是無分別心，也不能由前世意識來住胎出生此世的名色。

能出生名與色的就只有入胎識——如來藏，因爲只有心能生名色，若不是心就不能生心，但後世的意根與六識都是名所攝。你總不能夠像《西遊記》那樣，從一個石頭中忽然就蹦出一個孫悟空來——不能無中生有；一定要有一個常住的心才能出生名色，所有的法都要歸結到這一個心來，不能超過這個心而有其餘的法。回頭來看這個**十因緣**，這個**十因緣**法修行成就時才能夠成就十二因緣觀；這個道理且先不談，讓你們直接去閱讀《阿含正義》。這個**十因緣**法中已經告訴我們，六根、六塵、六識一切種子，以及一切的心所有法，都從這個入胎識而來；可是單有入胎識時仍不能有生死，一定要由入胎識先出生六根、六塵、六識，然後再供應種種色、心所有法，才會有五遍行、五別境，才會有觸、受等等，然後不得不領受苦受、樂受、不苦不樂受，才會不斷地流轉生死，這就是緣覺菩提。所以緣覺菩提仍要歸結到大乘菩薩所證的入胎識，以入胎識爲根本，這也證明二乘菩提不離如來藏。

二乘菩提能不能離開名色而有？顯然不行！因爲二乘菩提妙理，都要靠名色才能出現、存在，而被二乘聖人所知。愛、六入、觸等等心所有法，與名色一樣是從如來藏本識中出生的，而這個住胎識從來與這些煩惱藏不相應，卻有這個功能、這個自性，能夠出生名色及種種心所法，才能成就緣覺所證的因緣法。把這個**十因緣**弄清楚了，就可以去探究十二因緣。十二因緣無非就是探究名色、六入及心所法，爲何會一世又一世不斷的出生？結論是由無明引生的，但無明及名色都從住胎識如來藏中生出來。所以必然是由於如來藏能出生名色、六入、心所法，具足了五陰及諸心所法，才會有小乘聲聞菩提及中乘緣覺菩提。中乘因緣法緣覺菩提也是不可思議佛法，而這個不可思議佛法，還是從**不空如來藏**來；正因爲如來藏有能生名色萬法的自性，才能有蘊處界及緣覺菩提可證。如果沒有如來藏就沒有名色，沒有名色就沒有不可思議的緣覺佛法，所以又叫作**不空如來藏**——祂有眞實自性。

再來看大乘菩提好了，說證悟了般若，知道什麼叫作無分別智，而無分別的智慧卻是意識所有的。可是這個無分別的智慧，是講有一個從來都不分別的住胎識如來藏心被意識所證，所以意識知道如來藏是無分別的心，因此瞭解法界的實相，所以意識有了無分別智。這個無分別智只是般若的根本智，而這個根本智仍然是要靠意識去親證，但意識還是要靠如來藏所生的六根與六塵才能存在，所以意識所得的智慧還是依如來藏而有。結論是：由如來藏所生的六根與六塵來出生能返觀自己的意識心，然後由意識覺知心來證知如來藏的所在，來返觀如來藏的不可思議自性，所以出生了般若總相智——根本無分別智；若不是因為名色（含意根）而有六入，就沒有意識；沒有意識就無法證得般若根本無分別智，而根本無分別智的實證標的卻是**空**、**不空如來藏**；所以歸根究柢之後，大乘菩提智還是依**空**、**不空如來藏**才有。

證得如來藏而有了根本無分別智，再深入一一細觀以後就變成更深妙的後得無分別智，這就是大乘別教**相見道位**應該要修的法。後得無分別智比根本無分別智還要勝妙很多倍，可以使人在圓滿具足**相見道位**的後得無分別智時，進入初地的入地心中。可是這個智慧又是從哪裡來的？還是要從**空**、**不**

空如來藏來。

再講到大乘中更深妙的不思議佛法，什麼是更深妙的不可思議佛法？三賢位實相般若的根本無分別智、後得無分別智，已經是阿羅漢、辟支佛絞盡腦汁也想不出來的智慧，已經是不可思議佛法了；那麼諸地所修所證的道種智，也就是一切種子的智慧（因爲還沒有具足圓滿，所以不稱爲一切種智，名爲道種智），如果具足圓滿了也就是一切種子都親證了，那就是佛地的一切種智。可是問題來了，是你的種子跟我的種子混合雜在一起嗎？或是各人的種子都收藏在各自的如來藏中？如果混合雜在一起，那就可以高唱「你儂、我儂」而沒有因果律可說了。可是明明各人所造的善業都是各人自己領受，所造的惡業種子也是由各人後世去受報，互不相雜、互不轉移，顯然業種不是收藏在虛空中，那又收藏在哪裡呢？當然在各人的如來藏心中。

各人的業種各自收藏，不管是有記業、無記業或者善業、惡業、淨業，這些種子都由各人自己的如來藏收藏，不會互相雜亂。既然諸地分證的種智及佛地圓滿的一切種智，都是在如來藏所含藏的無量種子的修證上面實修，這個種智的智慧顯然也是依如來藏而有，而能證種智的意識心又是從如來藏中出生的，可見如來藏具有這個功德性——有這種無量無邊的自性，不是證得實相般若的三賢位菩薩們所知，所以才能夠說第三轉法輪的唯識諸經是比般若諸經更勝妙的不可思議佛法。由此以觀，三乘菩提的不可思議佛法，都是不離、不脫、不異如來藏的，而這些不可思議佛法是超過恆河沙數而不可計算的，因爲如來藏含藏的種子是無量無邊而無法計數的。如來藏有這樣的不離、不脫、不異的不可思議佛法，所以又說祂是**不空如來藏**。

但是爲什麼要講**不離**、**不脫**、**不異**？因爲這三乘菩提含攝一切無量無邊的過恆河沙數不可思議佛法，都不能離開如來藏心而存在，不能離開如來藏心而親證，也不能脫離如來藏而有所證；所以說，這些不可思議佛法是如來藏所生的。雖然都是由意識所證，但卻不能夠說它異於如來藏。也許有人想：「蕭老師！你說這話自相矛盾，因爲你明明講過，這二乘菩提不必證如來藏，只要斷盡了我見與我執，就可以成爲阿羅漢與辟支佛了，那二乘菩提豈不是離、脫、異如來藏？」問得好！似乎有些道理，可是我卻要先回答他一句話說：「你不懂佛法！」「爲什麼不懂佛法？」我還是要答覆他：「你還是不懂佛法！」如果再問：「爲什麼你這樣講就是懂佛法？」我卻反過來說：「因爲你太聰明，所以你懂佛法，**我不懂佛法！**」對方一定是聽不懂的，然而我已經把佛法大意告訴他了。這還只是不可思議大乘佛法的總相智而已，還只是剛入門的根本無分別智。光是這個無分別智，阿羅漢來問我好幾遍，我都答了，也跟他們明講了，他們絕對聽不懂；那可不能怪我，何況是更深的？

且不從理上來講，我們從修行的事相來講好了！二乘人修聲聞菩提、緣覺菩提而成爲阿羅漢與辟支佛了，他們是依什麼而修？是依名色。他們現前觀察：**把名色滅了，如果沒有住胎識如來藏，還能用名色來修行嗎？不行。如果捨壽時把名色滅盡，入了無餘涅槃以後十八界都滅盡了，完全無我了，是不是斷滅空？不是！那麼無餘涅槃裡面是什麼？是自己所不知道的住胎識如來藏單獨存在**。所以他們所證的涅槃還是依如來藏而施設的。所以大乘法中會說涅槃不是實有法，說涅槃也是名言施設，因爲涅槃其實就是如來藏不再出生蘊處界的現象，還是依如來藏獨住的狀態而施設涅槃。那你說二乘菩提能夠離如來藏而有嗎？不能嘛！所以他們雖然不必證得如來藏，實際理地卻不能不依如來藏而有二乘菩提，當然二乘菩提不離如來藏。

一切證得**空、不空如來藏**的人都能現觀這個事實，所以說超過恆河沙的不可思議佛法，其實都不離、不脫、不異如來藏；所以如來藏不是名言施設，不是假名施設，不是緣起性空，而是實有清淨涅槃及出生世間萬法的自性。因爲**緣生性空**沒有自性，既然是**緣生**法而其**性**無常故**空**，當然沒有常住不壞而出生萬法的自性。可是如來藏有這個自性，所以又叫作**不空如來藏**。

這兩種**空**的智慧，一個是**空如來藏**，另一個是**不空如來藏**，如來藏具足這兩種**空**；意識若實證如來藏了，就具有這二種智慧。那些大聲聞，也就是已經證得羅漢果的人，他們能信如來所說無餘涅槃中有本際常存不滅；然而聲聞凡夫不信，所以《法華經》準備開講，即將宣說諸佛出世示現在人間的唯一大事因緣時（那個唯一的大事因緣就是開如來藏、示如來藏，教眾生悟如來藏、入如來藏，就只是要幫助眾生開、示、悟、入**諸佛所知所見**不生不滅的如來藏時），那些聲聞凡夫們沒有一個人肯信，於是五千聲聞凡夫當場退席抗議。想想看：我們這三個講堂位子坐滿時也才一千人，那時有五千聲聞人當場退席抗議，那聲勢有多麼壯觀！可是 佛陀默然而不制止他們，由著他們離開；因爲他們那一世是無法實證聲聞菩提的，更何況是進入大乘菩提中？

但是阿羅漢們都相信，因爲阿羅漢很清楚知道入無餘涅槃時是把自我滅盡，可是自我滅盡以後，是不是成了斷滅空？不是的。他們早就探討過這個問題了，佛陀也開示過了：入無餘涅槃以後剩下本際眞實、清涼、離熱惱、常住不變，所以不是斷滅。因此大聲聞們都能信解佛語，能信受如來所說。雖然信了，可是阿羅漢、辟支佛的空智，都是在四不顚倒的境界上面運作的。四不顚倒——常樂我淨——這叫作四個不顚倒。如果是聲聞凡夫、緣覺凡夫，可就是四顚倒了，都是在四顚倒上運作：於無常計常，非樂計樂，無我計我，不淨說之爲淨，這就是四個顚倒，落入異生性中。

阿羅漢與辟支佛不會再起這種顚倒見了，只有凡夫才會。凡夫就是對於五蘊不如實知，特別是對識蘊不如實知，所以把不淨的意識說爲淨，無常的意識說爲常，把與苦受相應的意識說爲樂，把無實我性而無常空的意識說爲眞實我，這就是聲聞、緣覺種性中的凡夫行者的落處。換句話說，凡是認定意識或意識自性是常住法的人，他們的知見都是於四倒中在運作的，這一類人都不會信受有第八識如來藏。那麼大家可以檢查一下，當代北傳、南傳佛法，是不是都在意識上轉？你會發覺，他們都無法把如何斷我見的方法告訴大家，關於識陰的內涵也都不如實知，所以都是非常計常、非樂計樂、無我計我，然後把染污誤認作清淨，都落在四倒中，當然都會否定第八識。

阿羅漢、辟支佛卻是在四種不顚倒的境界來運轉，也就是說無常的他就說爲無常，無我的就說爲無我，不淨的就說爲不淨，知道是與苦相應的、樂中也有苦的意識，他就說那是生死苦法。他們雖然也有四不顚倒，可是四不顚倒之中的眞實法在哪裡呢？還是不知道。由於這個緣故，所以說一切阿羅漢、辟支佛，對於四不顚倒的眞實境界，都是本所不見、本所不得；因爲他們的四不顚倒，只能在蘊處界的範圍內運作，無法涉及法界實相。蘊處界的四不顚倒如實知了，但是這個四不顚倒的背後是什麼？依什麼爲根本而說四不顚倒？他們並不知道，本所不見、本所不得。他們必須要迴小向大，轉入菩薩法以後才能夠隨佛修學、聞熏正理，最後才能悟入般若。

決定性的聲聞、緣覺聖人，都沒有辦法如同菩薩一樣受生再來而自己悟入，只有迴小向大成爲菩薩的聲聞、緣覺作得到。可是你們這一世悟後，去到未來世，雖然還沒有離開胎昧，也不用害怕；因爲你此世已經悟過了，只要來世仍然有人教授正知正見，你就有機會重新再悟入，一世勝過一世的修行上去。未來世若是被誤導以後想要重新再悟，是比較困難，但是只要有正知正見存在人間，你未來世就一定可以自己重新悟入。而我們同修會正在完成這個工作，一步一步在完成，要把大乘證悟的正見留存在人間。

也許有人不太相信：「**未來世的事情，你怎麼看得見？你就這麼有把握？**」正因爲我這一世是被誤導以後自己參出來的，而別人也有這個狀況。我向諸位報告：我們有位親教師很有趣，以前在中台山打七，惟覺老和尚說：「**眞如在哪裡？**」我們這位老師當時還沒有悟入，還在那邊混，他卻自然地舉起手來：「**在這裡！**」完全不假思索。後來想：「**爲什麼在這裡？**」自己也不知道。可是爲什麼會這樣？後來終於明白，原來過去世就學過，是過去世已經悟過了！所以當時種子流注出來，就使他直接這樣。所以他不接受惟覺法師「**清清楚楚、明明白白的心就是眞如心**」的說法。這就是往世證悟的種子繼續存在著嘛！所以只要遇到正知正見，未來世不破參也難，所以你們這一世還是要繼續把往世所學正法的種子引出來。如果過去世沒有悟過，這一世就要很辛苦的摸索；而我們則是要想辦法把你的無漏法種引出來，眞的很辛苦！假使過去世沒有悟過，這一世是第一次要開悟，就很辛苦。如果過去世悟過，這一世就容易悟了，除非是被瞎眼阿師誤導。

所以說阿羅漢、辟支佛對這個法——**空如來藏與不空如來藏**——只能相信佛陀的聖教而無法實證。當他們迴小向大之後想要實證，還是要依靠佛陀幫忙，自己悟不出來。但菩薩不一樣，菩薩很多劫來，早就悟過了，所以能自己悟。接下來就是要引生過去世證悟的種子，悟後去利益眾生。但是菩薩擁有佛菩提及二乘菩提的智慧，雖然遠遠勝妙於阿羅漢與辟支佛，但仍然不是究竟的苦滅，因爲種子的流注變異仍然是繼續存在的，尚未究竟滅盡。要究竟滅盡這個流注變異的現象，只剩下無漏有爲法的功德種子流注，而使智慧種子流注不再變異了，這時才能夠說是一切苦滅。因爲這是變易生死斷盡了，所有過恆河沙數的上煩惱全都滅盡了，任何大乘修道引生的上煩惱都不存在了，才叫作一切苦滅，也就是種子的變易生死現象滅盡了。

這不是像二乘人只有世間法上的煩惱滅盡——只有蘊處界的煩惱滅盡而已；二乘聖人無法把習氣種子煩惱滅盡，所以苦還會在，只是沒有生死流轉的苦而已。他們想到佛道的勝妙而自己不能入手，然後心想：「**迴小向大是很好的，可是三大無量數劫修習佛道之中要受多少的苦？**」分段生死的苦一世就可以斷盡，可是一旦迴小向大，不知何年何月才能斷盡變易生死。乃至將來成佛了，有時在這個星球示現八相成道入無餘涅槃，還要到另一個星球無佛法處，再重新去開疆闢土救度眾生，一再示現八相成道。這樣說起來，諸佛是不斷的在生死中常住度眾的，這麼一想，往往腳底都涼了，生不起佛道的熱情了。

但這個生死之苦，對諸佛而言已經不是苦，對二乘聖人卻仍是苦，所以他們只滅分段生死苦，不能斷除種子變異改易的生死苦，故說他們的苦滅是不究竟的。如果終於下定決心了：「我不要怕苦，要發悲心救眾生。」終於迴小向大了，但是問題又來了：他迴小向大，假使具足福德等法，六住滿心了，接下來必須了知如來藏的所在，才能進入第七住位，這就得要參禪了。於是聽說某處有菩薩在幫人家開悟明心，也許那位菩薩才剛開悟明心，思惑具足未斷，身為阿羅漢卻要跟一個還沒有斷盡思惑的菩薩頂禮，對他而言也是苦。後來終於把這個苦丟開了，不以為苦了：「請問菩薩！眞如心在哪裡？」菩薩回答說：「在這裡！」「在哪裡？」「在這裡呀！」怎麼問都是「在這裡」，完了！問不出個所以然，可是菩薩又說已經把眞如心的所在告訴他了。那該怎麼辦？於是整個腦袋裡面都是煩惱，顯然這阿羅漢也很苦呀！

乃至後來在菩薩幫忙下證悟了，探究成佛之道：別相智要怎麼修學？上煩惱要怎麼斷？習氣種子要怎麼斷？原來證悟般若後的阿羅漢還是有很多的苦，所以說阿羅漢滅的苦不究竟。因此說，悟後要不斷修行，到達佛地時才能叫作一切苦滅。這個**一切苦滅**是只有佛地才證的，換句話說，變易生死苦也不存在了，一切上煩惱都滅盡了，再也沒有大乘修道所斷的煩惱，這才叫作**一切苦滅**；而這是唯佛與佛乃得親證，等覺菩薩都還有少分苦。

一切苦滅，要經由壞滅一切煩惱的執藏才能完成，可是想要壞滅一切煩惱藏，就得要修一切苦滅之道。阿羅漢並不是壞滅**一切煩惱藏**，他只壞滅分段生死種子的現行，煩惱習氣種子是仍然不斷的。他所修的滅苦之道只是滅掉名色相應的苦，那只是分段生死苦而已；可是種子變異的苦——變易生死苦，他都沒有斷，因爲不知道要怎麼修斷這種苦的方法。所以只有菩薩隨從佛學才能夠壞滅**一切煩惱藏**，因爲菩薩已經知道**一切煩惱藏**的內涵：解脫道的煩惱障**現行**，以及解脫道的煩惱障**習氣種子隨眠**，全都要斷盡；還有無始無明一定要打破，佛菩提道所知障的**上煩惱**也一定要斷盡。菩薩知道這樣具足修斷時才是壞**一切煩惱藏**。可是想要壞一切煩惱藏，就要修一切苦滅之道；那就是說，第一、解脫道中的解脫果要實證，解脫智慧要證得。第二、解脫道中的煩惱障習氣種子隨眠，要歷經二大阿僧祇劫讓它們一一現行，在七地滿心前把它們滅除（只留下最後一分習氣種子隨眠，作爲繼續與眾生聯結的因緣，到佛地時才斷盡）。習氣種子隨眠要怎麼樣才能現行？要在三界中讓眾生去磨：給你種種逆境，包括忘恩負義，反咬你一口，讓你的微細煩惱現行。一旦現行了，你就可以斷它；若沒有現行，就無法斷除。但這只是煩惱障的執藏部分。

所知障的部分是：無始無明要打破及斷盡。要怎麼打破？證得如來藏時就打破了：**原來法界的眞相是這樣**。可是悟後修道，卻有許許多多的上煩惱數不盡；並且在與這些上煩惱相應之前，你還有相見道位的種種般若智慧——後得無分別智——要熏習、修證，這也是你的煩惱。這個煩惱本身也是苦，雖然不是世間法的煩惱，不是世間法的苦，卻是成佛過程中必須經歷的苦，那也是苦呀！譬如諸位每週都要大老遠來到正覺講堂，路上熱得要死，漿水錢也花了不少；如果來修學很久以後還是沒有辦法悟入，這些漿水錢要叫誰還你？所以這本身也是個苦。

接下來，終於三賢位過完了，你還有很多的上煩惱要斷除；當超過恆河沙數的上煩惱繼續存在時，就是一種苦，因爲始終會障礙你成佛。也許有人每天上香禮佛時，曾經想過：「**我什麼時候能像您一樣坐在上面給人禮拜？**」又想到要修三大阿僧祇劫，那不是苦嗎？菩薩悟入以後，世間苦是去掉很多了，大部分不存在了；可是接著要怎麼樣上進？這也是苦呀！接著就弄清楚：原來這些苦，都根源於想要進修相見道位的般若智慧。這些修完了，還要修一切種智的智慧。全部都修完了，才是斷一切苦，所以修這些法就是滅一切苦之道。所以你們悟後才要繼續來增上班，修學增上班課程目的就是要修**一切苦滅之道**。這樣深入理解而實際修證了，才算是具足**空如來藏**與**不空如來藏**的智慧；繼續進修而使二空智具足，就是成佛了。

所以，**空如來藏**是說祂與煩惱不相應，**不空如來藏**是說祂有眞實自性，能生萬法，也是三乘菩提一切不可思議佛法的所依——祂有函蓋萬法的自性。於萬法中才有三乘菩提不可思議智慧可以親證，所以如果想要修證菩提，絕對不能離開三界，因爲界外無法。假使有誰告訴你說：「**界外之法如何、如何、如何……。**」那一定是神經病！一定是佛法的門外漢，因爲是純憑想像。所以，**空如來藏與不空如來藏**——二空之智——的基本知見，一定要先建立起來。如果把如來藏當作是名言施設而沒有眞實自性，那就不是佛菩提智，表示他完全不懂二空之智。

另一方面，如果認爲如來藏會與煩惱藏相應，就表示他還沒有斷我見，他根本就沒有空如來藏的智慧。沒有空如來藏的智慧，涵義是比較廣泛的，因爲二乘聖人也沒有空如來藏的智慧，他們有的是空蘊處界的智慧，但沒有空如來藏的智慧，因爲他們無法觀察：**如來藏爲什麼與一切煩惱之藏若離、若脫、若異？**如果有人告訴你：**當我們覺知心離開煩惱之藏了**，那就是空如來藏。這個人就是未斷我見的凡夫，連二乘初果都沒有證得；因爲空如來藏講的是，第八識不與一切煩惱之藏相應，而不是這個現前的意識心不與煩惱之藏相應。

意識心是常常與煩惱之藏中的種子相應的，但是空如來藏從無始劫以來就不與煩惱之藏相應。如果能把握住空如來藏與不空如來藏的眞義與前提，參禪時就不會偏差，不會走上岔路。現代北傳佛法的大師們，各個出來弘揚佛法時都說能指導別人開悟，都是大師。問題是他們所謂的**空如來藏智、不**

空如來藏智都是誤解的，更多的是連這兩種智慧都沒聽過，那要如何能引導大眾悟入空、不空如來藏呢？就好比一個不會游泳的人宣稱可以入水救人，等到有人請求他下水去救人時，他才知道自己原來還不會游泳。這種現象並不是現在才有，而是古時候就已經如此的。

所以，空、不空如來藏是最難理解的，印順法師等人也都不懂，我們來看看他到底爲什麼是眞的不懂。請看補充資料，印順說：【綜合如來藏智與如來空智的理智一如，名為「如來藏空智」，這無論從諦理說，或證智說，都是「有二種」的。然證智約契證諦理而得的，所以約諦理來說明。這如來藏空智，約總體說；約別義說，分為二類，即如來藏空與不空。如來藏空智，何以名為「空如來藏」？如來藏，從無始來，即為一切煩惱垢所纏縛，雖為煩惱所纏，但並不因此而與煩惱合一。約如來藏的「若離若脫若異一切煩惱藏」說，稱為如來藏空。所以《起信論》說：『空者，一切煩惱無始以來不相應故』。如來藏空，不是如來藏無體。如來藏是本性清淨，自性常住的。在生死中，如寶珠落在糞穢裡一樣，珠體還是明淨，所以說如來藏與一切煩惱是若離若脫若異的。何以又名為「不空如來藏」？如來藏自體具有「過於恒沙不離不脱不異不思議佛法」。如來藏，約離妄染説，名空如來藏；約具足過恆河沙不思議佛功德法説，名不空如來藏。如來藏唯一，約它的不與染法相應，與淨法相應，立此二名。唯識學者説圓成實，也可有二義：一、約遠離一切雜染説，名為空。二、約由空所顯説，名空性，體實是不空的。然本經説不空，不但約法性不空説，重在體具過恒河沙功德性。如《楞伽經》、《起信論》等，都不是從因緣生法，虛妄生法論空與不空，而是依如來藏性説。】（正聞出版社．印順法師著《勝鬘經講記》p.223 ~ p.224）

我對印順這些註解的綜合評論如下：「1、印順講的如來藏空智，仍然是講一切法緣起性空而無自性、無實法。要從這個觀點來瞭解印順的思想，就能把握住印順的思想了。2、經查《起信論》的原文並非如此，《大乘起信論》卷一共有二譯：「復次眞實空者，從本已來一切染法不相應故。」別譯：「所言空者，從本已來一切染法不相應故。」但意義差別不大。3、印順「如來藏空，不是如來藏無體」這一句話，假使不知他心中的眞意，表面看來是符合勝鬘菩薩原意的，但他心中的想法卻與勝鬘菩薩不同。4、印順的「如來藏本性清淨」，講的是：蘊處界緣起性空的體性是本性清淨的，不是指第八識如來藏本性清淨，而緣起性空的本性清淨是因地就已經存在的。5、意識心了知蘊處界緣起性空而離妄染了，就是空如來藏。這就是印順的「空如來藏」思想。6、離妄染而發起佛地種種功德了，就是印順的不空如來藏，不是指第八識心體。7、印順的意思是：緣起性空法若已離染法，在未與淨法相應之前就是空如來藏；若離染法以後再與淨法相應了，就是不空如來藏。然而離一分染就必定與一分淨相應，完全離染就與全部淨法相應，所以印順的說法眞的很邪：離染的人仍然不是清淨的人。8、唯識學者有二派：1、眞實唯識派，2、虛妄唯識派。虛妄唯識派，譬如宗喀巴、印順。眞實唯識派又有二類：1、未證者，譬如太虛法師、憨山德清、智者大師……。2、親證者，譬如 彌勒、無著、世親、護法、玄奘……。不論已證、未證者，眞實唯識派所說唯識，都是函蓋虛妄唯識理的，差異只在虛妄唯識派不能證得第八識而否定眞實唯識理，眞實唯識派的未證者卻不因未證第八識而否定眞實唯識理。」

印順的說法有許多問題存在，印順說：【綜合如來藏智與如來空智的理智一如，名爲「如來藏空智」，這無論從諦理說，或證智說，都是「有二種」

的。然證智約契證諦理而得的，所以約諦理來說明。】印順說綜合如來藏智與如來空智的理智一如，從他這句話看來，如來藏智與如來空智是一個法而不是二個法；印順認爲，如來藏智與如來空智，一個是理體，一個是智慧，而理與智卻是一如。印順在表達什麼意思？許多人讀不懂印順的思想，原因就在這裡。因爲沒有眞懂印順的意思，而印順又不想把他的意思直接講出來，讓大家去猜測，問題就出在這裡。因爲印順怕說白了，人家會挑他的毛病，所以不想明白的講出來，讓讀者去猜測他的意思。

其實我們把上週、上上週印順所說的**緣起性空就是如來藏**，套進他的書中去讀就可以通透了，就會懂印順在講什麼。他說的「如來藏智與如來空智」是講什麼？講的就是：緣起性空的智慧及如來空的智慧，也就是緣起性空的智慧。印順認爲如來藏智與如來空智這兩個智慧，都叫作緣起性空：如來藏智就是因地的蘊處界緣起性空，如來空智就是佛地的蘊處界緣起性空。所以印順認爲是同一個，因此而叫作**理智一如**。

這個說法有一點奇怪吧？是有一點奇怪。但事實上並不奇怪，因爲印順認爲尚在因地時就是對蘊處界的緣起性空還沒有通達，如果通達了蘊處界的緣起性空，就成為阿羅漢了，成阿羅漢時就是成佛了。所以當印順認為自己已經完全理解緣起性空時，就是成佛了，就允許潘煊把他的傳記建立副書名〈看見佛陀在人間〉，表示印順受生在人間就是佛陀在人間。這樣看來，好像是《阿含經》的法義講錯了，阿含中 世尊授記說「當來下生彌勒尊佛」，看來印順似乎是在指責 佛陀授記錯了。

只要知道印順的一切思想都只繞著自以為是的緣起性空在轉，把這個理解帶進印順的如來藏智、如來藏、如來空智、空如來藏、不空如來藏，只要把它帶進印順思想中來理解，全都正確；因為印順認為緣起性空的智慧就是不空如來藏，而緣起性空也是空如來藏，所以理智一如，就這麼簡單。這樣印順的中心思想你就懂了，無論印順是從眞諦或者正理來說，或者從所證的智慧上來說，印順都認為聲聞解脫道即是佛菩提道，而他的佛菩提道只有二種：一個就是**因地**的蘊處界緣起性空，叫作如來藏智；另一個則是**佛地**的蘊處界緣起性空，叫作如來空智。因此導致印順的大量徒眾學到後來轉向南傳「佛法」，失去不少支持者。

印順又說：「如來藏空智，何以名為『空如來藏』？如來藏，從無始來，即爲一切煩惱垢所纏縛，雖爲煩惱所纏，但並不因此而與煩惱合一。」你從經文的字面上來看，與印順的說法完全相符合，但這並不是印順心中的意思。印順的意思是：如來藏就是緣起性空，就是一切法空；而這個一切法空、緣起性空，從無始以來就被煩惱垢所纏縛，所以這個緣起性空智慧生不起來，一切法空智也無法生起，這個智慧就不存在。若能弄通緣起性空的道理，就會發覺緣起性空是本來存在的，因此印順說緣起性空不是生滅法，仍是常住而非斷滅空；但是印順認爲緣起性空的道理就是如來藏，所以他也跟著經文說：如來藏是無始以來本來就在的。但卻已經曲解了經文的意思，已經不是我們講的第八識心本來就在，而是緣起性空本來就在。因此印順的意思是：這個緣起性空的道理雖然被煩惱所纏，但不會因此就與煩惱合一——這個緣起性空的道理是不會與煩惱相應的。但這不是廢話嗎？緣起性空只是生滅性的蘊處界所顯示的一個事實，也是意識心中對蘊處界無常無我道理的認知，這個緣起性空的現象與道理，當然不會跟煩惱相應；可是印順從自己另外施設的**緣起性空就是如來藏**的理論來講時，與《勝鬘經》經文的文字表義就互通了；如果你沒有實證如來藏，也沒有般若別相智，就不知道印順註解中所講的如來藏是指什麼，你還眞的難破他。

接下來，印順說：「約如來藏的『若離若脱若異一切煩惱藏』說，稱爲如來藏空。」所以，你如果能夠把他所說的種種名相，包括涅槃、如來藏、如來藏智、如來、一切法空，都用緣起性空套上去——全都解釋爲緣起性空，結果《妙雲集》就全部都通了，你就成爲印順學的專家了。

接下來，印順又說：「所以《起信論》說：『空者，一切煩惱無始以來不相應故』。」但是《起信論》講的空是第八識如來藏，是說八識心王合稱爲阿賴耶識，所以古德常常說「一心說唯通八識」，講的正是這個道理。馬鳴菩薩是把第八識如來藏及前七識合併起來，說就是阿賴耶識，所以馬鳴菩薩講的阿賴耶識是函蓋八識心王的。但是又說：這個第八識如來藏，是無始以來與一切煩惱不相應的。如今印順把如來藏解釋爲一切法空，解釋爲蘊處界緣起性空的道理，他這樣帶進來解釋卻也似乎可通，因爲緣起性空的道理是無始以來不跟煩惱相應的，所以表面上看來也通，卻是引喻失當。

如同有人說：玉蘭花的香，是花存在時一直都香的。有人卻解釋說：玉蘭花就是香蕉，香蕉一直都是香的。這眞是雞同鴨講，沒有交集！所以印順的法是無法與眞正的佛法有所交集的，永遠都沒有一個交集點；印順永遠是在另一條六識論線上走，佛法走的是八識論另一條線，兩條線是永遠平行而無交集點的。印順站在這一條線上來看佛法那一條線：那邊有講佛菩提，所以印順這邊也講佛菩提，可是印順的佛菩提不是佛法中的菩提。佛法那一條線上有涅槃、如來藏、緣起性空、如來藏智、如來空智，印順在六識論的另一條線上也施設涅槃、如來藏、緣起性空、如來藏智、如來空智；可是印順施設的法都異於佛法所說的法，這就是印順的法。

印順法師接著說：「如來藏空，不是如來藏無體。」如果從你自己實證如來藏的見地所住的作意來看印順這一句話，一定會贊成他，說他這句話講的沒錯。因爲如來藏雖然空，可是並不是無體，因爲祂有作用，這話確實是正確的。但問題是，印順講的「如來藏空，而不是無體」是另有用意的。請看楷書的第三點：「印順這一句話，假使不知他心中的眞意，表面看來是符合勝鬘菩薩原意的，但他心中的想法卻與勝鬘菩薩不同。」不同在哪裡？勝鬘菩薩說的空如來藏，是因爲如來藏從因地之時就已經不與煩惱相應，所以對祂而言沒有煩惱可說，這就是空如來藏。但是印順所謂的空如來藏或者如來藏空，意思是說：沒有如來藏這個心，如來藏就是緣起性空，如來藏只是依蘊處界而有的緣起性空，只是方便施設的名稱。這樣一來，生滅性的蘊處界顯然就是緣起性空的體了；蘊處界有生有滅，那麼緣起性空當然也是有生有滅的無常法，怎能說是常住的如來藏呢？印順這樣豈不是詭辯欺人？

兩者的意義完全不一樣：勝鬘菩薩說的不空如來藏有體，是說如來藏有無量的自性能生無量無邊諸法，所以不空、有體；而印順說的不空如來藏不是無體，是說生滅性的蘊處界緣起性空，緣起性空將來可以到達佛地，發起佛地具足的功德，所以叫作如來藏不空、有體。印順在表面上也是說如來藏不空，私底下卻是在說緣起性空的法是確實存在而不空，不是指如來藏有能生萬法的體性故不空。印順這樣寫出來時自己也覺得心安理得，因爲表面上對照經典時並沒有錯，別人讀起來也會覺得沒有錯，除非你知道印順心中想的、口中講的是什麼意思。如果你知道印順想的是什麼，用印順的想法來講這兩句話，對照經文字句的表義也可以通。所以印順將藏密一表千里的手法學成了，凡是任何佛法，只要是印順不能親證的，就用**以假代眞**的方法自圓其說而套上去，印順自己也覺得這個理論正確，所以就認爲自己已經成佛了。如果知道印順這個思想脈絡，你來讀他的《妙雲集》就很容易通；但是所通的卻不是佛法，只是通**印順法**。

再回到印順的說法來：「如來藏是本性清淨，自性常住的。在生死中，如寶珠落在糞穢裡一樣，珠體還是明淨，所以說如來藏與一切煩惱是若離脫若異的。」我們再來看楷書文字：「印順說的『如來藏本性清淨』，他講的是：蘊處界緣起性空的體性是本性清淨的，不是指第八識如來藏本性清淨，而緣起性空的本性清淨是因為因地就已經存在的，是因地就已經是緣起性空了。」我這樣指出印順的落處，諸位如果有智慧稍微瞭解一下，就會知道印順這個說法是標準的**玄學**，弄得大家都不懂——玄之又玄。玄就已經弄不清楚了，印順還要繼續更玄，那麼大眾就根本弄不清楚了。義學是可以實證的法界實相，玄學則只是思惟想像所得的思想，無法被驗證。

我們可以用一個簡單的比喻，用一個容易瞭解的說法來取代，諸位就會懂印順的意思：比如這一朵花很漂亮，可是這一朵花究竟是緣起性空的；花會壞、會爛、會臭，可是花的緣起性空是不爛、不壞、不臭的，這樣就是無上法。你想，印順這個說法沒有錯，因為花現在很美、很香、很漂亮，令人一見即生起可意心，非常的喜歡它，雖然時間久了花會爛臭；但花的體性是緣起性空，而這個緣起性空沒有所謂香、臭或者說醜、爛，因爲緣起性空只是一個過程的現象或事實而已。我們也可以用一輛車子來譬喻：新車很漂亮、很好用，漸漸的會老化，終於壞掉而破破爛爛，大家看了都討厭，最後送進汽車墳場；可是車子本身雖有生住異滅，而車子的緣起性空是從來沒有生住異滅的，它的緣起性空是永恆的，這個緣起性空是本性清淨的、是自性清淨的。花或車子譬喻五陰，這就是印順解釋的如來藏思想、如來空智。

印順這樣講，諸位不易推翻他，因爲緣起性空確實沒有所謂的生住異滅可說，緣起性空這個道理在三界中永遠如是。可是問題來了，宣講了這個緣起性空的道理，與解脫有什麼關係？第二個問題：這個與十因緣、十二因緣等因緣觀又有什麼關係？第三個問題：與大乘的般若實相智慧有什麼關聯？第四個問題：菩薩悟後想要成佛必須修一切種智，印順這個緣起性空與一切種智又有什麼關聯？從佛法中很簡單地說，就有四個問題出現了。結果是表面看來好像與佛法有關聯，因爲蘊處界都是緣起性空，可是蘊處界的緣起性空是要把蘊處界滅掉，蘊處界滅掉以後緣起性空就跟著滅掉了，並不是留著緣起性空常住不滅；因爲阿羅漢滅掉蘊處界之後入了無餘涅槃，他們的緣起性空已經不存在了。

蘊處界滅了就沒有蘊處界的緣起性空可說了，不能說「**蘊處界滅了以後，蘊處界的緣起性空還繼續存在著**」，這個道理講不通。如果這個道理可以講得通，一切人擁有的可愛之物、可愛的眷屬、可愛的財產、可愛的金銀珠寶被人家搶了去以後，都不應該傷心，因爲這些都是緣起性空，這些財物、眷屬的緣起性空卻仍然還存在著。譬如說，我今天帶了一千萬美元出門，可是被搶了！我心裡想：「**這一千萬美元是緣起性空，被搶了以後，千萬美元的緣起性空還是存在著。**」就歡喜的放下了。但這個道理講不通！因爲你的緣起性空是依一千萬美元而有的，現在一千萬美元被搶了，一千萬美元的緣起性空也跟著跑到搶錢者那裡去了，你這裡的緣起性空就不存在了。同理，蘊處界的緣起性空是依尚存的蘊處界而施設的，當蘊處界壞滅以後，蘊處界的緣起性空也就跟著消失了，所以緣起性空只是那個生滅法顯示的一個現象，並非實有而常住不變的法性。所以，說一切有情蘊處界緣起性空，這個蘊處界的緣起性空是依蘊處界而存在的；當蘊處界不在時，緣起性空就不在了，怎麼可以說「阿羅漢入了無餘涅槃以後，他的緣起性空是本性清淨、是繼續存在的，是常住的眞如」？所以，我們只能夠說，很聰明的印順，修學佛法以後卻是腦筋壞掉了，只因爲一味地迷信六識論的應成派中觀見，以致誤會佛法的名相，又太聰明地的自我解釋佛法名相的意涵。這種迷信並不是古時候才有，而是現在乃至未來都會繼續存在於無知者心中。

世間很多有智慧的人，特別是去美國學理工者，拿了博士學位回來，總不能夠說他們是愚癡的人，因爲他們都注重實驗、重視定律；可是一旦進入佛教中，他們就開始迷信了。最具體、最有名的代表就是陳履安先生，後來竟會去迷信藏密外道。有的人覺得奇怪，向我說：「那個學理工的人，怎麼會迷信到那個地步而走進藏密裡面去？」我說：「我不奇怪！」我說：「不管什麼人，再怎麼有智慧，進了佛門全都開始迷信了，所以才會去信受藏密的法。因爲藏密敢誇口而有大名聲，使他們跟著迷信了。」同樣的，看來很有智慧的人，卻會迷信印順法師；而印順也是很有世間智慧的，他卻迷信凡夫宗喀巴。這種現象，如果沒有人把它說穿，未來還會有人繼續狡辯、繼續信受，就會始終不變地把蘊處界生滅的緣起性空當作是大乘菩提的眞如。

因此可知，諸位如果瞭解印順的中心思想，並且能夠懂得印順說法的暗示手段，也瞭解他的法義正好就是《楞伽經》破斥的外道**兔無角論**，就知道印順講的是戲論。在我們註解《楞伽經》以前，很多人讀到牛有角、兔無角的經文時，往往讀到腦袋瓜發燒，因爲怎麼想也想不通，佛法跟牛有角、兔無角有什麼關聯？竟然 佛在這麼重要的一部經中會講牛有角、兔無角。後來我們把它註解清楚：牛有角就是蘊處界有，兔無角就是蘊處界緣起性空。把這個公式一建立，有了達文西密碼了，就能讀通了（編案：詳見《楞伽經詳解》）。

所以，印順所謂的如來藏本性清淨，他說的是緣起性空本性清淨，不是如同 佛與諸菩薩講的第八識心本性清淨。但是，假使他一百劫後能夠回到人間再遇到我，那時候不管他叫什麼名字，我還是會叫他印順，然後問他：**「你一百劫前說緣起性空是本性清淨，但我告訴你，緣起性空本性不淨，因爲緣起性空是依不清淨的蘊處界來的，所以你說的法是戲論。戲論就是染污，怎麼可以說它是本性清淨呢？」**諸位今天把這個知見建立起來，以後不管誰說到緣起性空本性清淨，你就告訴他：**「緣起性空是本性不淨，那不是佛法。」**可是他會質問你：**「《阿含經》分明說：萬法緣起性空，蘊處界緣起**

性空。」你就要指導他：「阿含中所說的，是依本識來說蘊處界的緣起性空，可是緣起性空還是不淨的，是依附不淨的蘊處界而有。緣起性空的法理，一定要依附於本識的前提，來說本識所生的蘊處界是緣起性空，這樣的法義才是清淨的。所以，你的緣起性空不淨，我的緣起性空清淨。」

如果他還想不通，那就表示他不瞭解涅槃的眞義，你就得要以問代答來度化他。你就一步一步問他，就好像在考他一樣，他如果能夠在你一連串的問題下考過了，他就一定會斷我見而證初果。你就問他：「請問：阿羅漢入涅槃是不是蘊處界都要滅掉？」他想一想，會答「是」，因爲如果答「不是」，知道你會罵他是具足我見，所以他得要答「是」。每一個問題，他都要如實答。接著，你再問他：「請問：意識是不是識蘊所攝？」他仍然要答「是」，因爲他如果不答「是」，就違背了四阿含中的聖教。再請問他：「阿羅漢入涅槃，五蘊都滅，識蘊是不是也滅盡？」他仍然要答「是」，再問他：「五蘊全部滅盡以後，阿羅漢是不是斷滅？」「喔！」他警覺到有問題了，不敢再答了，遲疑了。所以你就要告訴他：「請問：五蘊——包括意識——是怎麼出生的？是不是入胎以後才生的？」「是！」他心裡又有一點高興起來想著：

「喔！我終於能夠回答問題了。」你再問他：「那麼剛入胎不久時，你是意識住在母胎中嗎？」他又要考慮了，因爲如果說意識住在母胎中，那就不該有隔陰之迷了，就應該是每一個人都正知住胎的，可是明明不是，有所遲疑而不敢回答。接著，你就再問他：「是不是要有一個離見聞覺知而能出生意識的心入住母胎中？」他要考慮怎麼回答了。

但是考慮了以後，還是得要跟你答「是」，因爲如果不答「是」，就變成無因無緣或無因有緣而生五蘊了。這時你就可以點他了：「這一個識，或者說這一個心，入住母胎而能夠出生了五蘊，祂是不是在五蘊所含攝的範圍裡面？或者是在五蘊之上？」他想了一會兒，還是得要答你：「祂不屬於五蘊，因爲祂出生五蘊。」他知道五蘊不能無因唯緣而出生。這個時候，你就可以告訴他：「五蘊是祂所生，五蘊是緣起性空的，入了涅槃以後，五蘊滅盡了，祂還是會繼續存在，這樣涅槃算不算斷滅？」他一想：「哎呀！還好，涅槃不是斷滅。」捏了一把冷汗，終於放心了。

那麼，你就告訴他：「意識是識陰所攝，而這一個入胎出生識陰的心，祂所生的蘊處界是緣起性空，可是祂自己不是緣起性空，祂是常住的、是涅槃的實際。這個涅槃的實際生了蘊處界，意識正好攝在十八界中；而蘊處界緣起性空，所以緣起性空的道理是從蘊處界來的；而蘊處界卻是從這個住胎的本識中出生的；所以蘊處界的緣起性空之理，一定要依這個本識來說，才有緣起性空可說。這樣的緣起性空才是清淨法，才是本性清淨，不管什麼人都是本來如是。」他聽完了，說：「老兄！你怎麼這麼有智慧！」這就是你接引他入門的方便。你接引了他入門，這個人未來就是你成佛時座下的徒弟之一了，並且他將不會是聲聞法中的徒弟，而是菩薩法中的徒弟，將來可以紹繼你的如來家業。所以，緣起性空不能說是本性清淨的，因爲它是依染污的蘊處界而有的，緣起性空只是蘊處界顯現的一個現象、一個過程。這個緣起性空只是蘊處界的生住異滅的過程，這個過程無所謂清淨或者染污，因爲它只是一個現象。要這樣解說緣起性空觀，才能說是清淨法。

所以，眞正要懂得佛法，不是自己盲修瞎練、獨力亂闖可以走得通的，除非很有把握自己是乘願再來的大菩薩。最怕的就是誰都不服，天下我最行，然後他會自認爲「前途光明」。可是，有智慧的人會加上一個註腳送給他：「沒有出路。」因爲他就像沒頭蒼蠅，老是往玻璃窗一直撞，總是撞不出去——前途是光明的，可是永遠撞不出去。他得要有善知識指導：你要繞個彎，從玻璃旁邊過去就可以出去了。所以，眞正的佛法是不容易懂的，但是諸位有因緣，我們無妨把它說清楚、講明白，不要含含糊糊就交待過去了；每一個法都應該很清楚明白，而不可以含糊籠統。

學佛最怕的就是含糊籠統，對二乘道的修學者來講，他們的含糊籠統不是在苦集滅道的不知，而是在蘊處界不如實知，這是最大的問題。苦、集、滅、道，誰不會講？「哎呀！這個色身、這個五陰都是苦呀，爲什麼會苦呢，因爲集啦，怎麼集啦⋯⋯⋯⋯。」大家都會講，不但會講，而且如果有天眼，可能還看見他講得天花亂墜。可是問題出在哪裡呢？當他說：「蘊處界都是緣起性空啦！因爲都是有因有緣而出生的生滅法，佛陀也說『有因有緣世間集，有因有緣世間滅』。」可是蘊處界的全部內涵是什麼？不知道！結果他是把蘊處界中的一部分分離出來，說它不屬於蘊處界，說它就是眞如佛性；其他的部分就說是緣起性空，苦、空、無我、無常。四聖諦的內容，他都能說；問題是，他把蘊處界中的某一法——特別是識蘊中的意識——離念靈知隔離出來，說它不屬於蘊處界；然後把那個意識心的變相——譬如印順說的

直覺——說是常住的眞如，以爲自己已經斷了我見，或者已證二果、三果、四果，結果是連初果都沒有實證，仍然具足三縛結。

這就是最基本也最常看見的**法不如實知**，所以產生了這種未證言證的嚴重現象。所以，我們施設二年半的禪淨班，其實最大的作用只有兩個：第一、鼓舞大家發起菩薩性，不要繼續留在聲聞性中，這是第一個最大的作用。第二、二年半課程最大的作用就是告訴大家五蘊的詳細內容，讓大家對五蘊如實知，不會再落到識蘊裡面，然後把識蘊中容易誤會的部分——譬如意識的變相——誤認爲那不是識蘊，爲大家把這種誤會講清楚，由於這個緣故而容易斷除我見。我見眞的斷了，三縛結就跟著斷除了，想要證如來藏就容易了！因爲方向不會偏差，不會再落到蘊處界我之中了，所以，**如實知蘊處界**，才是學佛最重要的事。

印順接著說：【何以又名爲「不空如來藏」？如來藏自體具有「過於恆沙不離不脫不異不思議佛法」。如來藏，約離妄染說，名空如來藏。】印順這麼說，還是有問題的，現在請看楷書的第五點，我如此評論：【意識心了知蘊處界緣起性空而離妄染了，就是空如來藏。這就是印順的「空如來藏」

思想。】你從文字表面來看他這個說法，好像是正確的，因爲意識心了知蘊處界緣起性空，就離開了妄染，就是空如來藏，表面上看來是與勝鬘菩薩說的完全一樣。可是，如果你單看他這一句話，可能會認爲他一定是斷我見了。但是，你如果從他全部思想去瞭解，當他把蘊處界都說是緣起性空，在又不許有意根與阿賴耶識存在的前提下，經中說入涅槃要滅掉蘊處界全部，他就警覺到一個問題很嚴重了：這樣的涅槃是斷滅空。

所以印順講空如來藏時，不得不另外建立一個意識細心常住說，以這個創說來主張意識之中有一個細心是常住不壞的，在捨報入涅槃時是不必滅掉的。表面上看來還算是合理的說法，可是問題來了，佛說：「**諸所有意識，彼一切皆意法因緣生故**。」「諸」就是不管什麼樣的種類，所有意識、一切意識，不管多粗、多細，全部都是意、法因緣生。請問：「**意識細心是不是意識？**」仍然是意識。是不是二法因緣生？仍然是根、塵二法因緣生。那怎能把意識細心從識蘊中或意識中抽離出來，而說祂是常住不滅法？如果說意識可以是常住不滅法，那印順就是常見外道，因爲所有的常見外道都認定意識心中有一個比較細的覺知心是常住不滅的，印順又何異於常見外道呢？

所以印順說的「如來藏是從離開妄染來說，叫作空如來藏」，這個說法，是有問題的，因為他的空如來藏離妄染，與勝鬘菩薩所說的空如來藏離妄染，基準點不一樣，只是文字表面上一樣。印順所說的離妄染是到達佛地的時候才離妄染，而且是意識離妄染；勝鬘菩薩說的空如來藏離妄染是在因地就已離妄染，而且是第八識本來就離妄染，不是由意識遠離妄染，二者立論基礎完全不同。假使不知道這個前提，單從印順的字義表面來看，會誤認為他講的跟勝鬘菩薩說的一樣；但其實不同，印順講的空如來藏離妄染是到達佛地後的意識心，勝鬘菩薩說的空如來藏是因地之時不管有沒有修學佛法、不論有沒有斷我見，也不論是人、是天或是三惡道有情，乃至兇惡如阿修羅都一樣是空如來藏，他們的第八識如來藏都是與雜染不相應的，是因地時的第八識就已經如此的。印順說的空如來藏，是到達**佛地**時**意識**清淨了才叫作空如來藏，勝鬘是說**因地**就已經是空如來藏，是說**第八識心**與雜染本來就不相應；印順的說法，如同愚人以腳踏車指為一千毫升的重型機車，完全違背勝鬘菩薩的意思。

再來看印順怎麼說：【如來藏唯一，約它的不與染法相應，與淨法相應，立此二名。】從文字表面上來看還是正確的，勝鬘夫人說的也是這個道理：從第八識如來藏從來都不與染污諸法相應，說祂是空如來藏；從祂能出生萬法而與淨法相應，說祂是不空如來藏。文字表面上看來一樣，但是有兩個問題出現了：第一、勝鬘夫人說的，並不是說祂與染污法相應而叫不空如來藏，而是說如來藏有能生蘊處界的自性、能了知業種的自性、能了知七識心行的自性，而且祂配合意根時還能了知往世的臭皮囊，雖然只剩下一把爛骨頭；而且還能了知過去世的徒弟及過去世的父母、師長等等，仍然還有所緣。祂具有此類六塵外的無量無邊不可思議自性，卻始終不與煩惱相應，所以才叫作不空如來藏。但不空如來藏是萬法的主體第八識心，而印順講的不空如來藏是被生而且常常與煩惱相應的意識，這就成爲南轅北轍而根本沒有交集點了。所以，學習印順的法義，最後必定是迷迷糊糊到老死，茫然而終，不知道自己一生學佛四十年、六十年，結果是得到什麼法、證解了什麼法？都不知道。這是印順的悲哀，也是印順所有門人的悲哀！

印順又說：【唯識學者說圓成實，也可有二義：一、約遠離一切雜染說，名爲空。二、約由空所顯說，名空性，體實是不空的。然本經說不空，不但約法性不空說，重在體具過恆河沙功德性。如《楞伽經》、《起信論》等，都不是從因緣生法，虛妄生法論空與不空，而是依如來藏性說。】問題又來了，唯識學者說的圓成實有兩個道理，但是這兩個道理不是印順說的約遠離一切雜染而說為空，因為唯識學者所說的圓成實，雙具空與不空，是因為如來藏無形無色，不與煩惱相應，名之為空。雖然空，但是有實性；有實性是因為祂能生諸法，包括出世間法及世間萬法。因此，唯識學者所說的圓成實性（先作依文解義吧：圓成實性就是圓滿成就世間、出世間諸法的眞實性），圓滿兩個字是約什麼而說？是約世間法以及出世間法。世間法是雜染的，出世間法是清淨的，如來藏心圓滿成就雜染的世間法，也圓滿成就清淨的出世間法，所以才叫作圓成實性。祂具有圓滿成就這些法的眞實性，才被叫作圓成實。

假使如同某些愚癡人所說的：「圓成實性是純淨的、是純無為、是純眞如，不具備無漏有為法。」這樣一來，圓成實性就不能出生世間的雜染諸法了；這樣它就變成只有眞如性而不能函蓋世間雜染諸法了；那麼 佛說一切眾生都有圓成實性，就應該解釋為一切眾生都已住在無餘涅槃中，因為這樣的圓成實性不能出生雜染的世間法。既不能生諸法，就不該有雜染的眾生蘊處界在三界中存在；顯然就不具足圓滿出生萬法的眞實性了，這樣的圓成實只能稱爲假名圓成實，因爲無法圓滿具足出世間淨法及世間雜染諸法，祂的自性並不圓滿，所以就不是圓成實。所以圓成實性一定是具足出世間清淨法以及世間雜染流轉的染污法，才叫作圓滿成就世出世間諸法的眞實性。

那麼印順說：「**唯識學者說圓成實，約遠離一切雜染說，名爲空。**」這顯然是錯誤的。假使要說印順對，一定是在他所認知的某些唯識學者前提下；而那些唯識學者是不懂唯識增上慧學的人，印順這樣的說法才可以說是正確的。不幸的是，自古以來不懂唯識的唯識學者是一直很普遍存在的，並且應該說，一百個唯識學者中有九十九人不懂唯識、誤解唯識增上慧學。所以，我在五年前讀到香港兩位很有名的唯識學者寫的書，閱讀的過程眞是**不忍卒**「讀」，沒有辦法接受「要把它讀完」的說法，所以只能夠讀個幾頁就跳過去、讀個幾頁就跳過去；因爲每一頁都錯誤連連，心中不斷生起悲哀的心情來，無法把它一字一字的讀完。如果印順講的是這一種唯識學者，那麼我們承認他這句話是正確的。

印順又說：「**二、約由空所顯說，名空性，體實是不空的。**」他所說的，由空所顯名爲空性，意思是說：緣起性空是由蘊處界的無常空所顯示的，所以叫作空；而這個緣起性空其實是不空的，因爲經由這個緣起性空的理解、觀行，可以成就佛道。所以，印順的看法是：阿羅漢就是佛，佛就是阿羅漢；成佛之道就是阿含講的解脫道，沒有大乘經講的佛菩提道可言，佛陀不曾以成佛之道教人。這就是他的看法，所以他會認爲：他自己眞的懂緣起性空，由於眞的懂緣起性空了，所以就是阿羅漢，而阿羅漢就是佛，所以我印順就是佛。所以，他認爲：每一個人可以在一生中眞的懂得佛法，那麼他懂得佛法以後，他寫出來的文章就是佛經，大乘經就是後代的菩薩創造出來的文章。

接下來，印順說：「然本經說不空，不但約法性不空說，重在體具過恆河沙功德性。」問題又來了，既然勝鬘菩薩說的是如來藏有過恆河沙數的功德性，而印順說的如來藏是依蘊處界的無常、苦、空、無我，終必會壞滅來說的緣起性空，這樣的緣起性空正是壞滅法，最多只能使人出離三界，不得安隱，因爲心中始終懷疑：「我滅了蘊處界入了無餘涅槃，是不是如實不空？是不是眞的有本識如來藏存在而不是斷滅空？」這樣懷疑時，就不可能斷我見了，何況能斷我執？阿羅漢是因爲 佛陀在世時，他們親耳聽聞 佛的開示，信受有本識眞實存在不壞，阿羅漢完全信受而斷了我見、我執。可是沒有親聞　佛陀開示的印順，他心中會想：滅盡十八界自己以後的涅槃中，是不是眞的不空呢？心中總是有所懷疑的，所以心中不得安隱，縱使想要勉強把自己滅了，心中也是存疑的，始終無法斷我見。縱使有人信受佛語而斷我執，死後能得出離生死，仍然不算是安隱觀，只是出離觀而已。

所以，縱使印順眞的能出離三界生死而把蘊處界滅盡了，不能再世世行菩薩道了，而說能夠成佛、具有過恆河沙數的無邊功德性，那豈不是滿口荒唐言嗎？應該說這個人是假語村言（借用《紅樓夢》中的話——賈雨村言），說話都不如實，如同三家村裡無智者的說法。既然是蘊處界緣起性空而入了涅槃、滅盡一切了，又如何能成就佛道？正因爲他曾想到這個問題，於是不得不把成佛認定爲一生可以成就，所以他認爲：成阿羅漢即是成佛，修學佛法、研究佛法，眞的懂佛法了，你寫出來的文章就是佛法、就可以是經典，所以不必因爲大乘經典非佛說，就說大乘經不是佛經、佛法。他的看法就是這樣。

既然體具過恆河沙數的功德性，一定是有一個常住心，祂才能夠具有過恆河沙數的功德性，不可能是虛空或空無而具有無量功德性。如果是緣起性空具有過恆河沙數功德性，那麼當緣起性空所依的蘊處界壞滅了，緣起性空已不在了，那時是一法不存的，正是一切法空；一切法空時，尚且沒有絲毫功德性可說，何況是過恆河沙數的功德性？所以我這樣說：本經說的不空，不是但約法性不空，而且是說本身與煩惱不相應的空，當下就有無量無邊法性的不空。與印順所說相反，這樣才符合《楞伽經》、《起信論》所說的：都不是從因緣生的，而是本來就在的。

印順又說：「不是虛妄生法論空與不空，」這評論是對的，可是當他指責別人依虛妄生法來論空與不空時，其實正好應該指責他自己，因為他正好是以所生的虛妄法意識細心來論空與不空。所以，學佛人必須依第八識心的體恆常住，不論始與終，都不曾與煩惱相應，在這種因地的狀況下就已經具備過恆河沙數的無邊功德，只是因為無明、煩惱所障而不能了知及不能發起罷了。能知此，你在佛法中就能有入處；不知此，於佛法就沒有入處可說了。

接著請看經文：「此二空智，諸大聲聞能信如來；一切阿羅漢、辟支佛空智，於四不顛倒境界轉；是故一切阿羅漢、辟支佛本所不見，本所不得。」

印順如何註解這段經文呢？請看補充資料，印順說：【如來得證如來藏而成就法身，是由「壞一切煩惱藏」而得的。而壞一切煩惱藏，又從「修一切滅苦道」而來。二乘的所以不見不得如來藏空智，本經的解說，極為明白。】

（正聞出版社．印順法師著《勝鬘經講記》p.225）接著請看楷書文字，是我對他這段註解的評論：「印順既說「如來藏空智」就是斷除生死煩惱，證得緣起性空，這明明是二乘聖人所已證的；縱使不似如來的究竟斷盡，仍有習氣種子隨眠，卻是二乘聖人已經分證的，故不能說二乘不證「如來藏空智」。但他在這裡又隨順經文而說二乘不證，只因爲經文是這麼說的。可見經文說的如來藏空智，不是他說的緣起性空的智慧，而是第八識心的空性智慧。」

印順既然說「如來藏空智」就是斷除生死煩惱，證得緣起性空，這明明是二乘聖人所已經證得的；縱使仍有習氣種子隨眠未除，不能像如來的究竟斷盡，但阿羅漢卻是已經實證解脫道的。所以，依印順的理論，當然不能說二乘聖人不證「如來藏空智」，因爲印順講的如來藏空智就是緣起性空。但是印順在這裡又隨順經文而說二乘不證，這只是因爲經文是這麼說的，所以他不能不這麼說。可見經文說的如來藏空智，不是他所說的緣起性空的如來藏空智，而是第八識心的空性智慧。

因爲經中明明說：一切阿羅漢、辟支佛對這個空智是本所不見、本所不得的；這一種如來藏的空智是唯佛所證，而菩薩們世世隨佛修學，所以能分證，這不是阿羅漢、辟支佛所能證得的。而且，一切苦滅，是佛地才有資格這麼說的，阿羅漢、辟支佛仍然還有許多苦未滅，因此阿羅漢、辟支佛並沒有壞一切煩惱藏——還沒有壞滅一切煩惱種子的執藏；他們仍然還有許多煩惱種子存在著，只是斷除分段生死的現行罷了。

且不說細的煩惱，只說很粗的煩惱就好了。辟支佛們是不樂見佛，也不樂見菩薩的，定性阿羅漢則是不樂見菩薩的。這要分成兩個部分來說。不樂見佛的是辟支佛，只要聽到天人來告訴他們：「有一位最後身菩薩已經降生在人間了，祂今夜已經出家了，不久即將成佛。」所有的辟支佛就會立刻取涅槃，他們不樂見佛。定性阿羅漢雖然很喜歡見佛，可是不樂見菩薩；因爲佛憐憫他們，不會爲難他們，也會爲他們開示正法；可是菩薩們爲了護持佛的正法，一定會把他們貶得一文不值。單說去見 維摩詰菩薩，見 文殊師利菩薩，已迴心大乘的阿羅漢們心中都還是有恐懼的，何況是不迴心的定性阿羅漢？你想：他們有沒有煩惱呢？當然有呀！

譬如 維摩詰菩薩只是感染風寒，在家休息；但他起了念，想要用這個病來弘揚佛法，於是心中故意想著：「**我生病了，佛都不護念我。**」佛陀當然知道他的用意，於是對重要的弟子們一個一個點名，那些已經迴心大乘的十大阿羅漢們哪個人敢去探病？沒有一個人敢去。你想，他們有沒有煩惱？有嘛！所以說他們還沒有斷盡一切煩惱藏。他們爲什麼不能斷盡一切煩惱藏？因爲他們還沒有普修一切苦滅之道；他們滅的苦是有分苦、少分苦，不是滅一切苦。他們也無法滅多分苦，滅多分苦是諸地菩薩的事，滅一切苦則是佛地的事。因爲沒有修一切苦滅之道，所以無法滅一切苦，因此仍然有很多的煩惱藏在他心中。

由此緣故，阿羅漢不等於佛，由此緣故阿羅漢恐懼面見菩薩。所以他們只能斷有餘苦，他們修的是有餘道，滅的是有餘集，所知的苦是有餘苦，爲何會如此？都是因爲他們不如實知佛菩提道，在迴心大乘而悟入般若以後，尚未通達以前，所知的佛菩提道都只是聽聞而臆測所得，沒有如實智。因此勝鬘夫人所說的**空義隱覆眞實**，與印順以解脫道來講的**空義隱覆眞實**，是完全不同的。空的眞實義有空與不空，空是不與煩惱相應，不空是在不與煩惱相應當中能生萬法的自性，能繼續支援萬法生住異滅，而祂常住不滅，常住於不與煩惱相應的空當中，繼續圓滿一切雜染諸法，於空中具有這樣的不空，才是眞實空。

這個眞實空是有不與煩惱相應的空，也有能生萬法的自性不空，所以眞實不空。空與不空集合於一身，不是分開的；也是集合於同一時，是因地就已經是如此的，不是成佛以後才如此的。而印順把空與不空割裂成爲分離的，也割裂爲因地與佛地不同，割裂爲到達佛地時才不與煩惱相應，這樣妄說爲眞實不空。印順說如來藏（緣起性空）在因地時不與煩惱雜染相應，有時候又反過來說因地與煩惱雜染相應，所以是滅法；但是這個緣起性空的道理，在死前如果眞的懂了，就是不空，因爲緣起性空是常住的。他這樣胡亂的解釋。所以讀他的書一定會越讀越亂，到最後眞的想不通他在說什麼，腦袋就像漿糊，只好投降，承認他的思想眞的很高——深不可測，只好推崇他是導師。但是他這位「導師」是要將人天導向何處去？問題很嚴重。

也就是說，空的眞實道理有不空與空兩個部分。空是因爲不與煩惱相應，但在這個不與煩惱相應的狀況下，祂有無量無邊的功德性，使得世間的流轉諸法以及出世間的還滅諸法可以同時存在，所以世間容許有三乘聖人住世，而繼續顯示確實有空與不空二個部分。但這個法不能明說，只能夠從理上來告訴你，如來藏是如此的。若是想要得到眞正的實證，就必須進入佛法中來眞修實證，不能單靠意識思惟理解，也不能靠佛學的方法論來研究。依佛學的方法論研究到最後，將會成爲印順學一樣的學問而不是佛學，因爲眞正的佛法學術只有在眞參實證者心中才能存在；也因爲意識思惟所得的內容都只是學問研究而無法完全符合佛法的眞義，而學術是講求驗證與眞實的。

由此緣故，我們不得不略說佛學學術的定義。誰有資格談論佛學學術？答案是眞實親證佛法的人，所以有資格談論佛學的人是諸佛與諸菩薩。能眞正寫出佛法學術的論著，其實是只有菩薩才有資格寫。所以，眞正的佛學論著就是《瑜伽師地論》、《顯揚聖教論》、《成唯識論》……等論著，這才是眞正的佛學學術論文。而現在的學術界弄出一個佛學學術來，他們寫出來的東西不可能成爲佛學的學術論文，因爲都是思惟想像的而不是可以被驗證、被一再實證的佛法，最多只能稱爲哲學。

菩薩是親證了實法以後來把它條分縷析、分門別類寫出來，幫助大家容易快速實證而眞正進入佛門。可是現在的佛學學術界，他們沒有親證，卻寫出一堆東西來，佛、菩薩看了會客氣地說：「寫得還不錯。」其實是說：「這不是正確的論文。」事實上是如此。幾年來也有一些佛學學術界的專家，很想寫書來破斥蕭平實，但是大部分人都不敢講出來。終於後來有一個人敢公開先講出來了，結果兩年多過去了，還不曾看到他寫出一本書來破我（編案：這是二〇〇六年所說，至此書出版時爲止，彼人仍未寫出一書來評論）。他一定是寫了以後又揉掉、丟到垃圾桶去了，不然就是電腦上寫了以後又全部刪除掉。寫一本書評論蕭平實有那麼難嗎？兩年多寫不出一本來。我可是每年至少要出六本書，而且從來都不打草稿。爲什麼能這樣？這就是說，對於空的眞實義，如何把祂隱覆密意而說，這是菩薩所能作的；隱覆了空的眞實義以後，很快速地寫出非常多的深妙法，不但凡夫不能挑毛病，連阿羅漢們也無法挑毛病。可是凡夫不懂得空的眞實義，不認同菩薩隱覆密意而說，想要把祂明明白白的寫出來，很努力、殫思竭慮寫了好幾年，最後還是要丟到字紙簍去。這就是說，空義的隱覆是以眞實法爲前提；如果沒有證得眞實法，就不懂空義的隱覆義。

在二乘法中最具代表性的就是雜阿含與增一阿含，其實就是阿羅漢們聽聞第二、三轉法輪的大乘經典以後結集出來的。可是在長阿含、中阿含的弘揚期中，都是隱覆了空的密意而說的；佛在初轉法輪時期，不向阿羅漢們說眞實不空的法，因爲恐怕他們將誤會 佛的說法是前後顚倒，誤以爲不空的法即是常見外道所墮的意識。佛在初轉法輪時期說的是蘊處界**緣生**性空，可是到了二轉法輪、三轉法輪時期卻說**緣起**性空而說有不空的如來藏。這樣的說法，如果是對菩薩說，菩薩們都不會有問題；如果是在初轉法輪時期向二乘人說，那將會有問題，他們將誤會：**你去年說無我，現在怎麼冒出個眞我來，那是不是前後顚倒？**

有沒有人這樣指責 佛陀？有！達賴喇嘛就這麼講，而且他這個說法是經由陳履安的眾生出版社發行的書中印出來流通的。可是我們閱讀前後三轉法輪的經典時，都認定沒有互相矛盾衝突之處，爲什麼他們卻會覺得矛盾與衝突？原因是 佛不對二乘聲聞明說本識法，所以他們不曉得本識的意涵；他們只管在現象界中的蘊處界上面觀察**緣生**性空就夠了，只要斷我見與我執而不必現觀蘊處界從何法中**藉緣生起**（緣起），不需實證本識而現觀祂本來已是清淨的涅槃自性。第二轉法輪說般若是度菩薩，要度聲聞人迴心成爲菩薩，並且度他們進入三賢位中，而且能滿足三賢位的別相智——後得無分別智。所以必須要說有一個眞實心，說那個叫作不是心的心，從來不憶念一切法，也不會回想過去的事，更不會臆想將來，所以叫作**不念心**；祂於六塵諸法都無所住，所以又叫作**無住心**。經由本識法的親證，努力進修祂的種種別相，圓成後得無分別智，就可以圓滿三賢位，這是第二轉法輪的般若。

迴入大乘的阿羅漢們都成爲菩薩，並且終於也實證本識而發起般若智慧了，進入三賢位中次第進修。其中有些人過去世已到初迴向位、三迴向位，今生跟著 佛陀再修學，進入十迴向位了。可是先要知道如何入地，才能次第進修佛道，當然要先解說般若諸經；入地以後，對佛道次第與內容的了知就很重要了，所以必須要第三轉法輪再來解說十波羅蜜及一切種智；於是對菩薩們說有這麼一個心：以前說的非心心其實又名阿賴耶識、阿陀那識、如來藏。「**爲什麼以前初轉法輪我不爲二乘人講？爲什麼我對凡夫也不說？因爲恐彼分別執爲我。**」所以，這個無我性的眞我與蘊處界中的假我意識是截然不同的。愚人譬如不迴心的阿羅漢、沒有智慧譬如凡夫，都是無法瞭解的，所以不爲諸凡、愚說，以免他們誤認識陰中的假我爲眞我如來藏。

但是，雖然已爲菩薩說了，卻還是隱覆密意而說，以免緣未熟者聽了以後會生疑而誹謗正法。如何是明說？那就是教外別傳。所以 佛陀有一天上座以後，因爲大梵天供養了一朵青蓮花，祂就拿起來給大家看；結果大家看了以後都莫名奇妙，不曉得 佛爲什麼拿起青蓮花給大家看，卻又不說話。就只有金色頭陀摩訶迦葉悟了，他知道 佛在明講如來藏，是在教門之外別傳密意，度有緣人入門。可是這個明講，除了金色頭陀摩訶迦葉以外，當時大家都不懂，所以還是隱覆密意而說。因此，說空義時一定要隱覆密意，雖然隱覆說，其實是眞實法，不是虛妄法。這樣空義隱覆的眞實法，才是佛菩提道的根本；因爲修學佛道而進入佛菩提的內門中，都要靠教外別傳這一招，從此而入。

假使不是從此而入，就無法修學般若，更沒有辦法進修十波羅蜜及一切種智，初地的百法明門也就無由得證；所以我在公案拈提後面寫的偈，說「百法明門盡從此出」，這話是沒有商量餘地的。我特地用「盡」字，盡從此出，意思是說百法明門全部都從這個識而出，這個是哪個？就是教外別傳的這個本識。所以禪這個教外別傳，仍然是不能離開教門的；而教門也不能離開宗門，宗門只是個入道、入手處而已，也就是把大門打開，讓你進來！不管你知不知道佛法大殿高堂中有多少寶物，裡面富麗堂皇的所有法都要給你；但都必須要開了門進來才給，如果沒有開了這扇門進來，那些東西就都不屬於你。你若開了門進來，可都屬於你。

那你也許要問：「這個佛法殿堂在哪裡？我都沒看見！」「佛法殿堂就在這裡！你們每一個人都背著佛法殿堂、背著佛殿到處跑，可是你自己不知道。」你說：「好啦！那你告訴我，我終於知道原來我這個蘊處界有一個佛法殿堂，我們每一天背著佛殿到處跑，可是我找不到門，那門在哪裡？拜託你告訴我，好嗎？」好，我告訴你：「門在這裡！」你說：「那不是廢話嗎？你講了還是等於沒講！」那我就告訴你：哪一天你若是眞的會了，你就知道我眞的已經爲你明講了，我已經把大門告訴你了。你還不知道，都是由於你證悟的緣還沒有成熟。緣到了，一念相應，你就看見了：「原來是這個門！這個門以前都在，怎麼我都不知道？」就是因爲緣還沒有熟。

所以，空義向來都是隱覆而說，我也遵從　佛的告誡，絕對不明說。這個空義隱覆說，講的是眞實法，而這個眞實法，是說如來藏空智有兩種：一個是空，一個是不空；也就是空如來藏與不空如來藏。你必須要親證了如來藏，才能夠現觀祂是空如來藏的道理，同時就能現觀祂也是不空如來藏。能夠現觀時，就表示成佛之道三大阿僧祇劫中的第一大阿僧祇劫，你已經完成了三十分之六了，進入第七住位了。就這麼一世，一大阿僧祇劫就過完了三十分之六，眞的很快。想想看：你這樣一世就過完三十分之六，是不是一秒鐘就過完一大劫？這就是長劫入短劫。否則，一大阿僧祇劫，你爲什麼能在一世之中就過完三十分之六？

所以說，空義隱覆說，一定是眞實的法，才必須如此隱覆而說。隱覆了空義而演說給你知道的法，當然一定是眞實法，絕對不會是緣起性空；因爲緣起性空是依蘊處界而說的，而蘊處界則是從隱覆空義而說的如來藏眞實法中出生的。如果不是有這個被隱覆密意而說的眞實法如來藏，就沒有緣起性空可以存在而演說了！因此，當我講完了這一章，諸位也聽完了這一章，那時一定要懂得這一章所說的主要意思。這一章經文，主要是在告訴你：有空如來藏與不空如來藏，它是同一個眞實法，一心而有兩面。都因爲有一個眞實法來出生蘊處界，才能說有空與不空；如果沒有這個眞實法，就沒有空可以說，當然也沒不空可說了。

這個法既然具足空與不空二法，祂一定是眞實法；但這個眞實法是十方三世一切法界的大祕密，所以不許用言語來明白告訴你；一定要你自己親自去學習，親自去參究。當你學過一段時間，正知正見建立了，實地參究以後就會有因緣實證了。當你實證而名爲開悟了，就知道眞實法何在。時時處處都能夠現觀這個眞實法，智慧就生起來了，你就知道原來諸經中對於空義一向都是隱覆而說，並非不曾說過。知道了空義一向都必須隱覆而說，你就不會明明白白寫在書中明說：如來藏就是……。假使明白寫出來而洩露如來藏所在的密意，大家好像都開悟了，但是缺乏參究的過程來體驗祂，智慧當然無法生起來，於是大家都會一起來謗法，這不是害了衆生無量世嗎？

這個道理，大家一定要體會，不能像某些愚癡無智的人說：「佛陀說法很吝嗇，都隱覆說，都不直接告訴我們，哪有慈悲？」但正好就是這個隱覆密意而沒有慈悲，才是眞慈悲，因爲可以免除生疑不信而誹謗最勝妙的正法。所以常常有人說：「我當初明明知道密意了，導師都不對我印證，當時我氣得要死；可是我現在才知道，原來導師是保護我。」因爲他後來終於一念相應了，雖然後來一念相應時所知的還是那個，並沒有兩個，跟他當初知道答案還是一樣的，可是受用不同，智慧快速而深妙的生起了。

譬如香嚴智閑禪師，當他把別人告訴他的答案，向他的師父溈山靈祐禪師說出來時，溈山禪師都說：「不對！不對！」一直都是如此；後來求溈山禪師直接告訴他密意，溈山禪師說：「我說出來的是我自己底，與你有什麼幫助呢？」不肯將密意告訴他。然後他想：「沒有用啦！乾脆去當粥飯僧算了！快快活活過一世，不必苦苦惱惱的參禪總是悟不了，眞痛苦。」所以就把蒐羅來的禪師語句一大箱，在僧堂前放火燒了，向溈山禪師告辭，去別的地方種竹子去了，不再參禪了。有一天，正在竹林中鋤土，鋤到一片瓦礫，撿起來丟開，那片瓦礫碰到了竹子「吭」的一聲，他突然觸動禪機：啊！原來如此！終於智慧開始出生了，才知道當年溈山靈祐不明白告訴他，其實是好心保護他的法身慧命。所以趕快回房沐浴更衣，望他師父所在的山頭方向跪下來上香頂禮。香嚴禪師爲什麼現在這麼感激？因爲悟時才知道當初師父不爲他說破，眞是有道理的。

禪宗裡只有一個香嚴智閑如此嗎？不然呀！我師父　克勤大師也是一

樣，不管他說什麼，五祖法演都說：「不對！不對！」只要一進門就說不對，因爲我師父脾氣也算大，最後受不了就告辭，走人了。五祖法演也不留他，只在他背後丟下一句話：「等你將來著一頓熱病打時，方記得老僧。」後來果然中暑了，你們知道四川熱起來可是熱得很嚴重的，今年不也是如此嗎？連大樓玻璃都會爆開。他中暑了，很嚴重，那時對於生死大事根本就使不上力，所以知道自己眞的不對，於是心中下了個決定：「這暑病只要稍微好一點，可以走路了，我就趕快回五祖法演那裡去。」正因爲這樣，所以他才能悟入，成爲禪宗史上非常重要的禪師。

這種事情很多，問題是看根性好不好。根性若不好，境界來了，所悟的那個法無法應對時，他不會反省，還是會繼續籠罩眾生。若是知道有問題而能夠反省，這都不是簡單的人物，因爲他不覆藏。可是如果繼續覆藏，那他這一世就沒有開悟的希望。因此，當他知道諸佛、諸菩薩、他的師父爲什麼要讓他繼續去參，不肯提早幫他忙而明說密意，就會知道其實是一番好意。所以往往有人希望可以趕快開悟，善知識卻故意再把他拖上幾年，因爲延遲幾年對他才是好的。我們早年也是一樣糊塗，早年眞的很好笑，那些參不出來的人在那邊哭，我卻轉過頭去偷偷擦眼淚；因爲他們眞的很可憐，老是參不出來，所以我也忍不住掉淚，最後乾脆就明講，免得他們再哭。

可是明講了以後，如今幾乎死光光，難得有幾個留下來。他們當時快樂了，可是後來沒有辦法承擔，現在都在痛苦，現在反而都怪我爲他們明講。我想：「**作人這麼難，我聽你的話，幫你明講；現在你又來怪我，乾脆都不要明講。**」所以，後來看見大家哭，我轉過頭去，偷偷的擦了眼淚也不再明講了；如今則是根本不再跟著參禪人掉淚，我已經無動於衷了！因爲我已經知道，明講了就是害他們，所以如今都不明講。所以現在大家若是破參了，雖然有的人參得眞是很苦，如同扒了好幾層皮一樣，可是眞的有受用。因爲有受用，心中就很歡喜，也不會再退轉，因爲智慧開始生起了。

所以空的眞實義，對二乘人是一種說法，對三賢位菩薩則有另一種說法，但是對於想要入地的菩薩們又有另一種說法，所說的法是不會完全一樣的，因爲層次差別不同的緣故，但是卻絕對不會有矛盾。因此，如何隱覆眞實義而爲眾生說法，建立他們對法界實相的正知正見，以利日後悟入，是非常重要的事。而我這一世弘法，因爲沒有照三轉法輪的次第弘法，所以就招來許多無知眾生的毀謗。假使我這一世有師承，那麼上師教導我說：「你弘法的時候，應該先從解脫道來，然後再講般若，最後再講唯識種智，眾生就不會毀謗你。」若有這樣的傳承，我就會從阿含開始教。可是我這一世因爲是自參自悟，沒有人教導我，所以沒有從阿含解脫道開始教，而是在眾生還沒有斷我見之時就從大乘法直接開始教禪，並且還用明講的方法。所以早期那些人離開正覺之後，他們也不敢怨我，因爲他們都希望我爲他們明講；雖然現在很痛苦，可是也不能怨我；因爲是他們自作聰明，自己發明新佛法，所以到最後否定了我以後，要被我所破；這也只能怪自己亂創新佛法，所以他們現在心中都很痛苦。

既然如此，看到大家都痛苦，只有我一個人不會痛苦，那麼不如把《阿含正義》寫出來，大家都能如實斷我見以後，痛苦也就減少了，將來明心時也比較容易引生智慧，我寫《阿含正義》的動機就在這裡。希望會外那些人讀過《阿含正義》以後，知見提升了，並且配合《識蘊眞義》去觀行之後斷了我見，此世就可以斷三縛結而證初果，他們就再也不會來毀謗我了，並且也有明心的希望；除了不讀《阿含正義》的那些人，那就無法救了。

所以空義的隱覆說，很重要；若不能隱覆而說，將來佛教正法就會被壞滅。若是沒有眞實法的實證，就無法如實爲人解說佛法眞實義的空理。因此第八識心的智慧，你若能夠實證而發起了，就可以通達三乘法。可是如果還沒有證這個空性心，你去修解脫道，必須要記住一個前提：**一定要信受有一個第八識常住，這個本識是常住法，是無餘涅槃中的本際，無餘涅槃是依這個從來寂靜的本識而建立的**。如果先建立這個知見，先確信有這個本際第八識的眞實存在而且常住不滅，這樣來修因緣觀，或者修四聖諦，解脫道都可以成就。然而由於空義的隱覆是所有菩薩都必須注重的問題，以免密意洩露而使佛法被破壞，所以都必須依止於隱覆眞實義而說的原則來度眾生，才不會出現問題，自己未來弘法的道路也才能順利。

若不能隱覆空義而說法，將來你的弟子們將會如同我早期所度的人一樣，各個都退轉，然後回頭心中很怨恨說：「**當年我的老師爲我明講，使我沒有參究過程的體驗而無法生起智慧，都是老師害了我。**」但是又不能說出口，因爲當初是自己求老師明說的。在這種情況下，當老師的你，日子也不會好過；雖然你可能聽到了仍不會生氣，但是心中一定不會好過，也因爲他們會常常扯你後腿。這就是我親自經過的路，我當然要告訴諸位。佛法這一盤麵，你要一步一步慢慢去做，才會色香味俱全；如果是像沖泡速食麵一般，味道也許還好，但是不會有美色，味道也會有一些失真。

因此我特別要吩咐諸位這一點，因為你們將來都有可能會成為度眾生的人。即使這一世沒有出來度眾生，未來世你也有可能會出來度眾生；因為這是一切人成佛的過程，是不可避免的事情。你要在為眾生說法及度眾生成就的過程中，來成就你自己，而不是自己一個人閉門自修來成佛的。所以度眾是遲早必經之路，你一定要把這個知見種子種入心田中去，將來有因緣瞭解到這一點，就可以成為一個很好的弘法師，成為眞實的菩薩。這就是勝鬘夫人的〈空義隱覆眞實章〉所要表示的意思，是告訴你：連阿羅漢、辟支佛這樣的聖人，已是三界應供的聖人了，佛都不為他們明說；一定要等他們迴心大乘以後，再自己悟入。如果瞭解到這一點，你就知道：緣還沒有熟以前，為眾生明說或給予很明白的機鋒，都是大過失。大家都明白了這一點，就可以進入下一章了。

佛菩提二主要道次第概要表——二道並修，以外無別佛法

佛菩提道——大菩提道

遠波羅蜜多

資糧位

十信位修集信心 —— 一劫乃至一萬劫

初住位修集布施功德（以財施爲主）。

二住位修集持戒功德。

三住位修集忍辱功德。

四住位修集精進功德。

五住位修集禪定功德。

六住位修集般若功德（熏習般若中觀及斷我見，加行位也）。

七住位明心般若正觀現前，親證本來自性清淨涅槃。

八住位起於一切法規觀般若中道。漸除性障。

十住位眼見佛性，世界如幻觀成就。

外門廣修六度萬行

見道位

一至十行位，於廣行六度萬行中，依般若中道慧，現觀陰處界猶如陽焰，至第十行滿心位，陽焰觀成就。

一至十迴向位熏習一切種智；修除性障，唯留最後一分思惑不斷。第十迴向滿心位成就菩薩道如夢觀。

內門廣修六度萬行

初地：第十迴向位滿心時，成就道種智一分（八識心王一一親證後，領受五法、三自性、七種第一義、七種性自性、二種無我法）復由勇發十無盡願，成通達位菩薩。復又永伏性障而不具斷，能證慧解脫而不取證，由大願故留惑潤生。此地主修法施波羅蜜多及百法明門。證「猶如鏡像」現觀，故滿初地心。

二地：初地功德滿足以後，再成就道種智一分而入二地；主修戒波羅蜜多及一切種智。滿心位成就「猶如光影」現觀，戒行自然清淨。

解脫道：二乘菩提

斷三縛結，成初果解脫 →

薄貪瞋癡，成二果解脫 →

斷五下分結，成三果解脫 →

入地前的四加行令煩惱障現行悉斷，成四果解脫，留惑潤生。分段生死已斷，煩惱障習氣種子開始斷除，兼斷無始無明上煩惱。

近波羅蜜多　　大波羅蜜多　　圓滿波羅蜜多

修道位　　究竟位

心、五神通。能成就俱解脫果而不取證，留惑潤生。滿心位成就「猶如谷響」現觀及無漏妙定意生身。

四地：由三地再證道種智一分故入四地。主修精進波羅蜜多，於此土及他方世界廣度有緣，無有疲倦。進修一切種智，滿心位成就「如水中月」現觀。

五地：由四地再證道種智一分故入五地。主修禪定波羅蜜多及一切種智，斷除下乘涅槃貪。滿心位成就「變化所成」現觀。

六地：由五地再證道種智一分故入六地。此地主修般若波羅蜜多——依道種智現觀十二因緣一一有支及意生身化身，皆自心眞如變化所現，「非有似有」，成就細相觀，不由加行而自然證得滅盡定，成俱解脫大乘無學。

七地：由六地「非有似有」現觀，再證道種智一分故入七地。此地主修一切種智及方便波羅蜜多，由重觀十二有支一一支中之流轉門及還滅門一切細相，成就方便善巧，念念隨入滅盡定。滿心位證得「如犍闥婆城」現觀。

八地：由七地極細相觀成就故再證道種智一分而入八地。此地主修一切種智及願波羅蜜多。至滿心位純無相觀任運恆起，故於相土自在，滿心位復證「如實覺知諸法相意生身」故。

九地：由八地再證道種智一分故入九地。主修力波羅蜜多及一切種智，成就四無礙，滿心位證得「種類俱生無行作意生身」。

十地：由九地再證道種智一分故入此地。此地主修一切種智——智波羅蜜多。滿心位起大法智雲，及現起大法智雲所含藏種種功德，成受職菩薩。

等覺：由十地道種智成就故入此地。此地應修一切種智，圓滿等覺地無生法忍；於百劫中修集極廣大福德，以之圓滿三十二大人相及無量隨形好。

妙覺：示現受生人間已斷盡煩惱障一切習氣種子，並斷盡所知障一切隨眠，永斷變易生死無明，成就大般涅槃，四智圓明。人間捨壽後，報身常住色究竟天利樂十方地上菩薩；以諸化身利樂有情，永無盡期，成就究竟佛道。

← 七地滿心斷除故意保留之最後一分思惑時，煩惱障所攝色、受、想三陰有漏習氣種子全部斷盡。

← 煩惱障所攝行、識二陰無漏習氣種子任運漸斷，所知障所攝上煩惱任運漸斷。

斷盡變易生死成就大般涅槃

圓滿成就究竟佛果

佛子蕭平實 謹製
（二〇〇九、〇二 修訂）
（二〇一二、〇二 增補）

佛教正覺同修會〈修學佛道次第表〉

第一階段

* 以憶佛及拜佛方式修習動中定力。
* 學第一義佛法及禪法知見。
* 無相拜佛功夫成就。
* 具備一念相續功夫—動靜中皆能看話頭。
* 努力培植福德資糧，勤修三福淨業。

第二階段

* 參話頭，參公案。
* 開悟明心，一片悟境。
* 鍛鍊功夫求見佛性。
* 眼見佛性〈餘五根亦如是〉親見世界如幻，成就如幻觀。
* 學習禪門差別智。
* 深入第一義經典。
* 修除性障及隨分修學禪定。
* 修證十行位陽焰觀。

第三階段

* 學一切種智真實正理—楞伽經、解深密經、成唯識論…。
* 參究末後句。
* 解悟末後句。
* 透牢關—親自體驗所悟末後句境界，親見實相，無得無失。
* 救護一切衆生迴向正道。護持了義正法，修證十迴向位如夢觀。
* 發十無盡願，修習百法明門，親證猶如鏡像現觀。
* 修除五蓋，發起禪定。持一切善法戒。親證猶如光影現觀。
* 進修四禪八定、四無量心、五神通。進修大乘種智，求證猶如谷響現觀。

佛教正覺同修會 共修現況 及 招生公告 2020/05/03

一、共修現況：（請在共修時間來電，以免無人接聽。）

台北正覺講堂 103 台北市承德路三段 277 號九樓 捷運淡水線圓山站旁 Tel..**總機** 02-25957295（晚上）（**分機：九樓**辦公室 10、11；知客櫃檯 12、13。 **十樓**知客櫃檯 15、16；書局櫃檯 14。 **五樓**辦公室 18；知客櫃檯 19。**二樓**辦公室 20；知客櫃檯 21。）
Fax..25954493

第一講堂 台北市承德路三段 277 號九樓

禪淨班：週一晚班、週三晚班、週四晚班、週五晚班、週六下午班、週六上午班（共修期間二年半，全程免費。皆須報名建立學籍後始可參加共修，欲報名者詳見本公告末頁。）

增上班：瑜伽師地論詳解：單週六晚班。雙週六晚班（重播班）。17.50～20.50。平實導師講解，2003 年 2 月開講至今，僅限已明心之會員參加。

禪門差別智：每月第一週日全天 平實導師主講（事冗暫停）。

不退轉法輪經詳解 本經所說妙法極爲甚深難解，時至末法，已然無有知者；而其甚深絕妙之法，流傳至今依舊多人可證，顯示佛法眞是義學而非玄談，其中甚深極妙令人拍案稱絕之第一義諦妙義。已於 2019 年元月底開講，由平實導師詳解。每逢週二晚上開講，第一至第六講堂都可同時聽聞，歡迎菩薩種性學人，攜眷共同參與此殊勝法會現場聞法，不限制聽講資格。本會學員憑上課證進入第一至第四講堂聽講，會外學人請以身分證件換證進入聽講（此爲大樓管理處安全管理規定之要求，敬請諒解）；第五及第六講堂（B1、B2）對外開放，不需出示任何證件，請由大樓側門直接進入。

第二講堂 台北市承德路三段 267 號十樓。

禪淨班：週一晚班。

進階班：週三晚班、週四晚班、週五晚班、週六早班、週六下午班。禪淨班結業後轉入共修。

不退轉法輪經詳解：平實導師講解。每週二 18.50~20.50 影像音聲即時傳輸

第三講堂 台北市承德路三段 277 號五樓。

禪淨班：週六下午班。

進階班：週一晚班、週三晚班、週四晚班、週五晚班。

不退轉法輪經詳解：平實導師講解。每週二 18.50~20.50 影像音聲即時傳輸

第四講堂 台北市承德路三段 267 號二樓。

進階班：週一晚班、週三晚班、週四晚班（禪淨班結業後轉入共修）。

不退轉法輪經詳解：平實導師講解。每週二 18.50~20.50 影像音聲即時傳輸

第五、第六講堂

念佛班 每週日晚上，第六講堂共修（B2），一切求生極樂世界的三寶

弟子皆可參加，不限制共修資格。

進階班：週一晚班、週三晚班、週四晚班。

不退轉法輪經詳解：平實導師講解。每週二 18.50~20.50 影像音聲即時傳輸。第五、第六講堂爲**開放式講堂**，不需以身分證件換證即可進入聽講，台北市承德路三段 267 號地下一樓、地下二樓。每逢週二晚上講經時段開放給會外人士自由聽經，請由大樓側面梯階逕行進入聽講。**聽講者請尊重講者的著作權及肖像權，請勿錄音錄影，以免違法；若有錄音錄影被查獲者，將依法處理。**

正覺祖師堂　大溪區美華里信義路 650 巷坑底 5 之 6 號（台 3 號省道 34 公里處　妙法寺對面斜坡道進入）電話 03-3886110　傳眞 03-3881692 本堂供奉　克勤圓悟大師，專供會員每年四月、十月各三次精進禪三共修，兼作本會出家菩薩掛單常住之用。開放參訪日期請參見本會公告。教內共修團體或道場，得另申請其餘時間作團體參訪，務請事先與常住確定日期，以便安排常住菩薩接引導覽，亦免妨礙常住菩薩之日常作息及修行。

桃園正覺講堂（第一、第二講堂）：桃園市介壽路 286、288 號 10 樓（陽明運動公園對面）電話：03-3749363（請於共修時聯繫，或與台北聯繫）

禪淨班：週一晚班（1）、週一晚班（2）、週三晚班、週四晚班、週五晚班。

進階班：週四晚班、週五晚班、週六上午班。

增上班：雙週六晚班（增上重播班）。

不退轉法輪經詳解：平實導師講解。每週二晚上，以台北正覺講堂所錄 DVD 放映；歡迎會外學人共同聽講，不需出示身分證件。

新竹正覺講堂　新竹市東光路 55 號二樓之一　電話 03-5724297（晚上）

第一講堂：

禪淨班：週五晚班。

進階班：週三晚班、週四晚班、週六上午班（由禪淨班結業後轉入共修）。

增上班：單週六晚班。雙週六晚班（重播班）。

不退轉法輪經詳解：平實導師講解。每週二晚上，以台北正覺講堂所錄 DVD 放映。歡迎會外學人共同聽講，不需出示身分證件。

第二講堂：

禪淨班：週一晚班、週三晚班、週四晚班、週六上午班。

不退轉法輪經詳解：每週二晚上與第一講堂同步播放講經 DVD。

第三、第四講堂：裝修完畢，即將開放。

台中正覺講堂　04-23816090（晚上）

第一講堂　台中市南屯區五權西路二段 666 號 13 樓之四（國泰世華銀行樓上。鄰近縣市經第一高速公路前來者，由五權西路交流道可以快速到達，大樓旁有停車場，對面有素食館）。

禪淨班：週四晚班、週五晚班。

進階班：週一晚班、週三晚班、週六上午班（由禪淨班結業後轉入共修）。

增上班：單週六晚班。雙週六晚班（重播班）。

不退轉法輪經詳解：平實導師講解。每週二晚上，以台北正覺講堂所錄 DVD 放映。歡迎會外學人共同聽講，不需出示身分證件。

第二講堂　台中市南屯區五權西路二段 666 號 4 樓

禪淨班：週一晚班、週三晚班。

第三講堂台中市南屯區五權西路二段 666 號 4 樓

禪淨班：週一晚班。

第四講堂台中市南屯區五權西路二段 666 號 4 樓。

進階班：週一晚班、週四晚班、週六上午班（由禪淨班結業後轉入共修）。

不退轉法輪經詳解：每週二晚上與第一講堂同步播放講經 DVD。

嘉義正覺講堂　嘉義市友愛路 288 號八樓之一　電話：05-2318228

第一講堂：

禪淨班：週四晚班、週五晚班、週六上午班。

進階班：週一晚班、週三晚班（由禪淨班結業後轉入共修）。

增上班：單週六晚班。雙週六晚班（重播班）。

不退轉法輪經詳解：平實導師講解。每週二晚上，以台北正覺講堂所錄 DVD 放映。歡迎會外學人共同聽講，不需出示身分證件。

第二講堂　嘉義市友愛路 288 號八樓之二。

第三講堂　嘉義市友愛路 288 號四樓之七。

禪淨班：週一晚班、週三晚班。

台南正覺講堂

第一講堂　台南市西門路四段 15 號 4 樓。06-2820541（晚上）

禪淨班：週一晚班、週三晚班、週四晚班、週五晚班、週六下午班。

增上班：單週六晚班。雙週六晚班（重播班）。

第二講堂　台南市西門路四段 15 號 3 樓。

不退轉法輪經詳解：每週二晚上與第三講堂同步播放講經 DVD。

第三講堂　台南市西門路四段 15 號 3 樓。

進階班：週一晚班、週三晚班、週四晚班、週五晚班（由禪淨班結業後轉入共修）。

不退轉法輪經詳解：平實導師講解。每週二晚上，以台北正覺講堂所錄 DVD 放映。歡迎會外學人共同聽講，不需出示身分證件。。

高雄正覺講堂　高雄市新興區中正三路 45 號五樓 07-2234248（晚上）

第一講堂（五樓）：

禪淨班：週一晚班、週三晚班、週四晚班、週五晚班、週六上午班。

增上班：單週六晚班。雙週六晚班（重播班）。

不退轉法輪經詳解：平實導師講解。每週二晚上，以台北正覺講堂所錄 DVD 放映。歡迎會外學人共同聽講，不需出示身分證件。

第二講堂（四樓）：

進階班：週三晚班、週四晚班、週六上午班（由禪淨班結業後轉入共修）。

不退轉法輪經詳解：每週二晚上與第一講堂同步播放講經 DVD。

第三講堂（三樓）：

進階班：週四晚班（由禪淨班結業後轉入共修）。

香港正覺講堂

九龍觀塘，成業街 10 號，電訊一代廣場 27 樓 E 室。

（觀塘地鐵站 B1 出口，步行約 4 分鐘）。電話：(852) 23262231

英文地址：Unit E，27th Floor, TG Place, 10 Shing Yip Street, Kwun Tong, Kowloon

禪淨班：雙週六下午班、雙週日下午班、單週六下午班、單週日下午班

進階班：雙週五晚上班、雙週日早上班（由禪淨班結業後轉入共修）。

增上班：每月第一週週日，以台北增上班課程錄成 DVD 放映之。

增上重播班：每月第一週週六，以台北增上班課程錄成 DVD 放映之。

大法鼓經詳解：平實導師講解。每週六、日 19:00～21:00，以台北正覺講堂所錄 DVD 放映;歡迎會外學人共同聽講,不需出示身分證件。

美國洛杉磯正覺講堂　☆已遷移新址☆

825 S. Lemon Ave Diamond Bar, CA 91789 U.S.A.

Tel. (909) 595-5222（請於週六 9:00~18:00 之間聯繫）

Cell. (626) 454-0607

禪淨班：每逢週末 16：00~18：00 上課。

進階班：每逢週末上午 10：00~12：00 上課。

不退轉法輪經詳解：平實導師講解。每週六下午 13：30~15：30 以台北所錄 DVD 放映。歡迎各界人士共享第一義諦無上法益，不需報名。

二、招生公告　**本會台北講堂及全省各講堂、香港講堂，每逢四月、十月下旬開新班，每週共修一次**（每次二小時。開課日起三個月內仍可插班）；**但美國洛杉磯共修處之禪淨班得隨時插班共修。各班共修期間皆為二年半，全程免費，欲參加者請向本會函索報名表**（各共修處皆於共修時間方有人執事，非共修時間請勿電詢或前來洽詢、請書），**或直接從本會官方網站**(http://www.enlighten.org.tw/newsflash/class)**或成**

佛之道網站下載報名表。共修期滿時，若經報名禪三審核通過者，可參加四天三夜之禪三精進共修，有機會明心、取證如來藏，發起般若實相智慧，成為實義菩薩，脫離凡夫菩薩位。

三、新春禮佛祈福 **農曆年假**期間停止共修：自農曆新年前七天起停止共修與弘法，正月 8 日起回復共修、弘法事務。新春期間正月初一～初七 9.00～17.00 開放台北講堂、正月初一~初三開放新竹、台中、嘉義、台南、高雄講堂，以及大溪禪三道場（正覺祖師堂），方便會員供佛、祈福及會外人士請書。美國洛杉磯共修處之休假時間，請逕詢該共修處。

密宗四大派修雙身法，是外道性力派的邪法；又以生滅的識陰作為常住法，是常見外道，是假的藏傳佛教。

西藏覺囊巴以他空見弘揚第八識如來藏勝法，才是真藏傳佛教

佛教正覺同修會　弘法行事表　　2019/02/18

1、**禪淨班**　以無相念佛及拜佛方式修習動中定力，實證一心不亂功夫。傳授解脫道正理及第一義諦佛法，以及參禪知見。共修期間：二年六個月。每逢四月、十月開新班，詳見招生公告表。

2、**進階班**　禪淨班畢業後得轉入此班，進修更深入的佛法，期能證悟明心。各地講堂各有多班，繼續深入佛法、增長定力，悟後得轉入增上班修學道種智，期能證得無生法忍。

3、**增上班 瑜伽師地論**詳解　詳解論中所言凡夫地至佛地等 17 師之修證境界與理論，從凡夫地、聲聞地……宣演到諸地所證無生法忍、一切種智之眞實正理。由平實導師開講，每逢一、三、五週之週末晚上開示，僅限已明心之會員參加。2003 年二月開講至今，預定 2019 年講畢。

4、**不退轉法輪經**詳解　本經所說妙法極爲甚深難解，時至末法，已然無有知者；而其甚深絕妙之法，流傳至今依舊多人可證，顯示佛法眞是義學而非玄談，其中甚深極妙令人拍案稱絕之第一義諦妙義。已於 2019 年元月底開講，由平實導師詳解。不限制聽講資格。

5、**精進禪三**　主三和尚：平實導師。於四天三夜中，以克勤圓悟大師及大慧宗杲之禪風，施設機鋒與小參、公案密意之開示，幫助會員剋期取證，親證不生不滅之眞實心——人人本有之如來藏。每年四月、十月各舉辦三個梯次；平實導師主持。僅限本會會員參加禪淨班共修期滿，報名審核通過者，方可參加。並選擇會中定力、慧力、福德三條件皆已具足之已明心會員，給以指引，令得眼見自己無形無相之佛性遍佈山河大地，眞實而無障礙，得以肉眼現觀世界身心悉皆如幻，具足成就如幻觀，圓滿十住菩薩之證境。

6、**阿含經**詳解　選擇重要之阿含部經典，依無餘涅槃之實際而加以詳解，令大眾得以現觀諸法緣起性空，亦復不墮斷滅見中，顯示經中所隱說之涅槃實際—如來藏—確實已於四阿含中隱說；令大眾得以聞後觀行，確實斷除我見乃至我執，證得**見到**眞現觀，乃至**身證**……等眞現觀；已得大乘或二乘見道者，亦可由此聞熏及聞後之觀行，除斷我所之貪著，成就慧解脫果。由平實導師詳解。不限制聽講資格。

7、**解深密經**詳解　重講本經之目的，在於令諸已悟之人明解大乘法道之成佛次第，以及悟後進修一切種智之內涵，確實證知三種自性性，並得據此證解七眞如、十眞如等正理。每逢週二 18.50~20.50 開示，由平實導師詳解。將於《**不退轉法輪經**》講畢後開講。不限制聽講資格。

8、**成唯識論**詳解　詳解一切種智眞實正理，詳細剖析一切種智之微細深妙廣大正理；並加以舉例說明，使已悟之會員深入體驗所證如來藏之微密行相；及證驗見分相分與所生一切法，皆由如來藏—阿賴耶識直接或展轉而生，因此證知一切法無我，證知無餘涅槃之本際。將於增上班《瑜伽師地論》講畢後，由平實導師重講。僅限已明心之會員參加。

9、**精選如來藏系經典**詳解　精選如來藏系經典一部，詳細解說，以此完全印證會員所悟如來藏之眞實，得入不退轉住。另行擇期詳細解說之，由平實導師講解。僅限已明心之會員參加。

10、**禪門差別智**　藉禪宗公案之微細淆訛難知難解之處，加以宣說及剖析，以增進明心、見性之功德，啓發差別智，建立擇法眼。每月第一週日全天，由平實導師開示，僅限破參明心後，復又眼見佛性者參加（事冗暫停）。

11、**枯木禪**　先講智者大師的《小止觀》，後說《釋禪波羅蜜》，詳解四禪八定之修證理論與實修方法，細述一般學人修定之邪見與岔路，及對禪定證境之誤會，消除枉用功夫、浪費生命之現象。已悟般若者，可以藉此而實修初禪，進入大乘通教及聲聞教的三果心解脫境界，配合應有的大福德及後得無分別智、十無盡願，即可進入初地心中。親教師：平實導師。未來緣熟時將於正覺寺開講。不限制聽講資格。

註：本會例行年假，自 2004 年起，改爲每年農曆新年前七天開始停息弘法事務及共修課程，農曆正月 8 日回復所有共修及弘法事務。新春期間（每日 9.00~17.00）開放台北講堂，方便會員禮佛祈福及會外人士請書。大溪區的正覺祖師堂，開放參訪時間，詳見〈正覺電子報〉或成佛之道網站。本表得因時節因緣需要而隨時修改之，不另作通知。

佛教正覺同修會　贈閱書籍 目錄　2018/10/20

1.**無相念佛**　平實導師著　回郵 36 元
2.**念佛三昧修學次第**　平實導師述著　回郵 52 元
3.**正法眼藏—護法集**　平實導師述著　回郵 76 元
4.**真假開悟簡易辨正法&佛子之省思**　平實導師著　回郵 26 元
5.**生命實相之辨正**　平實導師著　回郵 31 元
6.**如何契入念佛法門**（附：印順法師否定極樂世界）平實導師著　回郵 26 元
7.**平實書箋**—答元覽居士書　平實導師著　回郵 52 元
8.**三乘唯識**—如來藏系經律彙編　平實導師編　回郵 80 元
（精裝本　長 27 cm　寬 21 cm　高 7.5 cm　重 2.8 公斤）
9.**三時繫念全集**—修正本　回郵掛號 52 元（長 26.5 cm×寬 19 cm）
10.**明心與初地**　平實導師述　回郵 31 元
11.**邪見與佛法**　平實導師述著　回郵 36 元
12.**甘露法雨**　平實導師述　回郵 36 元
13.**我與無我**　平實導師述　回郵 36 元
14.**學佛之心態**—修正錯誤之學佛心態始能與正法相應　孫正德老師著　回郵52元
附錄：平實導師著**《略說八、九識並存…等之過失》**
15.**大乘無我觀**—《悟前與悟後》別說　平實導師述著　回郵 36 元
16.**佛教之危機**—中國台灣地區現代佛教之真相（附錄：公案拈提六則）
平實導師著　回郵 52 元
17.**燈　影**—燈下黑（覆「求教後學」來函等）　平實導師著　回郵 76 元
18.**護法與毀法**—覆上平居士與徐恒志居士網站毀法二文
張正圜老師著　回郵 76 元
19.**淨土聖道**—兼評選擇本願念佛　正德老師著　**由正覺同修會購贈**　回郵52 元
20.**辨唯識性相**—對「紫蓮心海《辯唯識性相》書中否定阿賴耶識」之回應
正覺同修會 台南共修處法義組 著　回郵 52 元
21.**假如來藏**—對法蓮法師《如來藏與阿賴耶識》書中否定阿賴耶識之回應
正覺同修會 台南共修處法義組 著　回郵 76 元
22.**入不二門**—公案拈提集錦 第一輯（於平實導師公案拈提諸書中選錄約二十則，
合輯為一冊流通之）平實導師著　回郵 52 元
23.**真假邪說**—西藏密宗索達吉喇嘛《破除邪說論》真是邪說
釋正安法師著　上、下冊回郵各 52 元
24.**真假開悟**—真如、如來藏、阿賴耶識間之關係　平實導師述著　回郵 76 元
25.**真假禪和**—辨正釋傳聖之謗法謬說　孫正德老師著　回郵76 元
26.**眼見佛性**—駁慧廣法師眼見佛性的含義文中謬說

游正光老師著　回郵 52 元

27.**普門自在**—公案拈提集錦 第二輯（於平實導師公案拈提諸書中選錄約二十則，合輯爲一冊流通之）平實導師著　回郵 52 元

28.**印順法師的悲哀**—以現代禪的質疑為線索　恒毓博士著　回郵 52 元

29.**識蘊真義**—現觀識蘊內涵、取證初果、親斷三縛結之具體行門。
—依《成唯識論》及《唯識述記》正義，略顯安慧《大乘廣五蘊論》之邪謬
平實導師著　回郵 76 元

30.**正覺電子報** 各期紙版本　免附回郵　每次最多函索三期或三本。
（已無存書之較早各期，不另增印贈閱）

31.**現代人應有的宗教觀**　蔡正禮老師 著　回郵 31 元

32.**遠惑趣道**—正覺電子報般若信箱問答錄　第一輯　回郵 52 元

33.**遠惑趣道**—正覺電子報般若信箱問答錄　第二輯　回郵 52 元

34.**確保您的權益**—器官捐贈應注意自我保護　游正光老師 著　回郵 31 元

35.**正覺教團電視弘法三乘菩提 DVD 光碟（一）**
由正覺教團多位親教師共同講述錄製 DVD 8 片，MP3 一片，共 9 片。有二大講題：一爲「三乘菩提之意涵」，二爲「學佛的正知見」。內容精闢，深入淺出，精彩絕倫，幫助大眾快速建立三乘法道的正知見，免被外道邪見所誤導。有志修學三乘佛法之學人不可不看。（製作工本費 100 元，回郵 52 元）

36.**正覺教團電視弘法 DVD 專輯（二）**
總有二大講題：一爲「三乘菩提之念佛法門」，一爲「學佛正知見（第二篇）」，由正覺教團多位親教師輪番講述，內容詳細闡述如何修學念佛法門、實證念佛三昧，以及學佛應具有的正確知見，可以幫助發願往生西方極樂淨土之學人，得以把握往生，更可令學人快速建立三乘法道的正知見，免於被外道邪見所誤導。有志修學三乘佛法之學人不可不看。（一套 17 片，工本費 160 元。回郵 76 元）

37.**喇嘛性世界**—揭開假藏傳佛教譚崔瑜伽的面紗　張善思 等人合著
由正覺同修會購贈　回郵 52 元

38.**假藏傳佛教的神話**—性、謊言、喇嘛教　張正玄教授編著
由正覺同修會購贈　回郵 52 元

39.**隨　緣**—理隨緣與事隨緣　平實導師述　回郵 52 元。

40.**學佛的覺醒**　正枝居士 著　回郵 52 元

41.**導師之真實義**　蔡正禮老師 著　回郵 31 元

42.**淺談達賴喇嘛之雙身法**—兼論解讀「密續」之達文西密碼
吳明芷居士 著　回郵 31 元

43.**魔界轉世**　張正玄居士 著　回郵 31 元

44.**一貫道與開悟**　蔡正禮老師 著　回郵 31 元

45.**博愛**—愛盡天下女人　正覺教育基金會 編印　回郵 36 元

46.**意識虛妄經教彙編**—實證解脫道的關鍵經文　正覺同修會編印　回郵 36 元

47.**邪箭囈語**—破斥藏密外道多識仁波切《破魔金剛箭雨論》之邪說
陸正元老師著　上、下冊回郵各 52 元

48.**真假沙門**—依 佛聖教闡釋佛教僧寶之定義
蔡正禮老師著　俟正覺電子報連載後結集出版

49.**真假禪宗**—藉評論釋性廣《印順導師對變質禪法之批判
及對禪宗之肯定》以顯示真假禪宗
附論一：凡夫知見 無助於佛法之信解行證
附論二：世間與出世間一切法皆從如來藏實際而生而顯
余正偉老師著　俟正覺電子報連載後結集出版　回郵未定

★ 上列贈書之郵資，係台灣本島地區郵資，大陸、港、澳地區及外國地區，請另計酌增（大陸、港、澳、國外地區之郵票不許通用）。尚未出版之書，請勿先寄來郵資，以免增加作業煩擾。

★ 本目錄若有變動，唯於後印之書籍及「成佛之道」網站上修正公佈之，不另行個別通知。

函索書籍請寄：佛教正覺同修會　103 台北市承德路 3 段 277 號 9 樓
台灣地區函索書籍者請附寄郵票，無時間購買郵票者可以等值現金抵用，但不接受郵政劃撥、支票、匯票。大陸地區得以人民幣計算，國外地區請以美元計算（請勿寄來當地郵票，在台灣地區不能使用）。欲以掛號寄遞者，請另附掛號郵資。

親自索閱：正覺同修會各共修處。　★請於共修時間前往取書，餘時無人在道場，請勿前往索取；共修時間與地點，詳見書末正覺同修會共修現況表（以近期之共修現況表爲準）。

註：正智出版社發售之局版書，請向各大書局購閱。若書局之書架上已經售出而無陳列者，請向書局櫃台指定洽購；若書局不便代購者，請於正覺同修會共修時間前往各共修處請購，正智出版社已派人於共修時間送書前往各共修處流通。 郵政劃撥購書及 大陸地區 購書，請詳別頁正智出版社發售書籍目錄最後頁之說明。

成佛之道 網站：http://www.a202.idv.tw　正覺同修會已出版之結緣書籍，多已登載於 成佛之道 網站，若住外國、或住處遙遠，不便取得正覺同修會贈閱書籍者，可以從本網站閱讀及下載。　書局版之《宗通與說通》亦已上網，台灣讀者可向書局洽購，售價 300 元。《狂密與眞密》第一輯~第四輯，亦於 2003.5.1.全部於本網站登載完畢；台灣地區讀者請向書局洽購，每輯約 400 頁，售價 300 元（網站下載紙張費用較貴，容易散失，難以保存，亦較不精美）。

＊＊假藏傳佛教修雙身法，非佛教＊＊

正智出版社 籌募弘法基金發售書籍目錄　2020/07/13

1.**宗門正眼**—公案拈提 第一輯 重拈　平實導師著　500 元
因重寫內容大幅度增加故，字體必須改小，並增為 576 頁 主文 546 頁。比初版更精彩、更有內容。初版《禪門摩尼寶聚》之讀者，可寄回本公司免費調換新版書。免附回郵，亦無截止期限。（2007 年起，每冊附贈本公司精製公案拈提〈超意境〉CD 一片。市售價格 280 元，多購多贈。）
2.**禪淨圓融**　平實導師著　200 元（第一版舊書可換新版書。）
3.**真實如來藏**　平實導師著　400 元
4.**禪—悟前與悟後**　平實導師著　上、下冊，每冊 250 元
5.**宗門法眼**—公案拈提 第二輯　平實導師著　500 元
（2007 年起，每冊附贈本公司精製公案拈提〈超意境〉CD 一片）
6.**楞伽經詳解**　平實導師著　全套共 10 輯　每輯 250 元
7.**宗門道眼**—公案拈提 第三輯　平實導師著　500 元
（2007 年起，每冊附贈本公司精製公案拈提〈超意境〉CD 一片）
8.**宗門血脈**—公案拈提 第四輯　平實導師著　500 元
（2007 年起，每冊附贈本公司精製公案拈提〈超意境〉CD 一片）
9.**宗通與說通**—成佛之道 平實導師著 主文 381 頁 全書 400 頁售價 300 元
10.**宗門正道**—公案拈提 第五輯　平實導師著　500 元
（2007 年起，每冊附贈本公司精製公案拈提〈超意境〉CD 一片）
11.**狂密與真密 一～四輯**　平實導師著　西藏密宗是人間最邪淫的宗教，本質不是佛教，只是披著佛教外衣的印度教性力派流毒的喇嘛教。此書中將西藏密宗密傳之男女雙身合修樂空雙運所有祕密與修法，毫無保留完全公開，並將全部喇嘛們所不知道的部分也一併公開。內容比大辣出版社喧騰一時的《西藏慾經》更詳細。並且函蓋藏密的所有祕密及其錯誤的中觀見、如來藏見……等，藏密的所有法義都在書中詳述、分析、辨正。每輯主文三百餘頁　每輯全書約 400 頁　售價每輯 300 元
12.**宗門正義**—公案拈提 第六輯　平實導師著　500 元
（2007 年起，每冊附贈本公司精製公案拈提〈超意境〉CD 一片）
13.**心經密意**—心經與解脫道、佛菩提道、祖師公案之關係與密意　平實導師述　300 元
14.**宗門密意**—公案拈提 第七輯　平實導師著　500 元
（2007 年起，每冊附贈本公司精製公案拈提〈超意境〉CD 一片）
15.**淨土聖道**—兼評「選擇本願念佛」　正德老師著　200 元
16.**起信論講記**　平實導師述著　共六輯　每輯三百餘頁　售價各 250 元
17.**優婆塞戒經講記**　平實導師述著 共八輯 每輯三百餘頁 售價各 250 元
18.**真假活佛**—略論附佛外道盧勝彥之邪說（對前岳靈犀網站主張「盧勝彥是證悟者」之修正）　正犀居士（岳靈犀）著　流通價 140 元
19.**阿含正義**—唯識學探源　平實導師著　共七輯　每輯 300 元

20.**超意境** CD 以平實導師公案拈提書中超越意境之頌詞，加上曲風優美的旋律，錄成令人嚮往的超意境歌曲，其中包括正覺發願文及平實導師親自譜成的黃梅調歌曲一首。詞曲雋永，殊堪翫味，可供學禪者吟詠，有助於見道。內附設計精美的彩色小冊，解說每一首詞的背景本事。每片 280 元。【每購買公案拈提書籍一冊，即贈送一片。】

21.**菩薩底憂鬱** CD 將菩薩情懷及禪宗公案寫成新詞，並製作成超越意境的優美歌曲。 1.主題曲〈菩薩底憂鬱〉，描述地後菩薩能離三界生死而迴向繼續生在人間，但因尚未斷盡習氣種子而有極深沈之憂鬱，非三賢位菩薩及二乘聖者所知，此憂鬱在七地滿心位方才斷盡；本曲之詞中所說義理極深，昔來所未曾見；此曲係以優美的情歌風格寫詞及作曲，聞者得以激發嚮往諸地菩薩境界之大心，詞、曲都非常優美，難得一見；其中勝妙義理之解說，已印在附贈之彩色小冊中。 2.以各輯公案拈提中直示禪門入處之頌文，作成各種不同曲風之超意境歌曲，值得玩味、參究；聆聽公案拈提之優美歌曲時，請同時閱讀內附之印刷精美說明小冊，可以領會超越三界的證悟境界；未悟者可以因此引發求悟之意向及疑情，眞發菩提心而邁向求悟之途，乃至因此眞實悟入般若，成眞菩薩。 3.正覺總持咒新曲，總持佛法大意；總持咒之義理，已加以解說並印在隨附之小冊中。本 CD 共有十首歌曲，長達 63 分鐘。每盒各附贈二張購書優惠券。每片 280 元。

22.**禪意無限** CD 平實導師以公案拈提書中偈頌寫成不同風格曲子，與他人所寫不同風格曲子共同錄製出版，幫助參禪人進入禪門超越意識之境界。盒中附贈彩色印製的精美解說小冊，以供聆聽時閱讀，令參禪人得以發起參禪之疑情，即有機會證悟本來面目而發起實相智慧，實證大乘菩提般若，能如實證知般若經中的眞實意。本 CD 共有十首歌曲，長達 69 分鐘，每盒各附贈二張購書優惠券。每片 280 元。

23.**我的菩提路**第一輯　釋悟圓、釋善藏等人合著　售價 300 元

24.**我的菩提路**第二輯　郭正益等人合著　售價 300 元（停售，俟改版後另行發售）

25.**我的菩提路**第三輯　王美伶等人合著　售價 300 元

26.**我的菩提路**第四輯　陳晏平等人合著　售價 300 元

27.**我的菩提路**第五輯　林慈慧等人合著　售價 300 元

28.**我的菩提路**第六輯　劉惠莉等人合著　售價 300 元

29.**鈍鳥與靈龜**—考證後代凡夫對大慧宗杲禪師的無根誹謗。

平實導師著　共 458 頁　售價 350 元

30.**維摩詰經講記**　平實導師述　共六輯　每輯三百餘頁　售價各 250 元

31.**真假外道**—破劉東亮、杜大威、釋證嚴常見外道見　正光老師著　200 元

32.**勝鬘經講記**—兼論印順《勝鬘經講記》對於《勝鬘經》之誤解。

平實導師述　共六輯　每輯三百餘頁　售價250 元

33.**楞嚴經講記** 平實導師述 共**15**輯，每輯三百餘頁 售價300元
34.**明心與眼見佛性**—駁慧廣〈蕭氏「眼見佛性」與「明心」之非〉文中謬說
正光老師著 共448頁 售價300元
35.**見性與看話頭** 黃正倖老師 著，本書是禪宗參禪的方法論。
內文375頁，全書416頁，售價300元。
36.**達賴真面目**—玩盡天下女人 白正偉老師 等著 中英對照彩色精裝大本800元
37.**喇嘛性世界**—揭開假藏傳佛教譚崔瑜伽的面紗 張善思 等人著 200元
38.**假藏傳佛教的神話**—性、謊言、喇嘛教 正玄教授編著 200元
39.**金剛經宗通** 平實導師述 共九輯 每輯售價250元。
40.**空行母**—性別、身分定位，以及藏傳佛教。
珍妮·坎貝爾著 呂艾倫 中譯 售價250元
41.**末代達賴**—性交教主的悲歌 張善思、呂艾倫、辛燕編著 售價250元
42.**霧峰無霧**—給哥哥的信 辨正釋印順對佛法的無量誤解
游宗明 老師著 售價250元
43.**霧峰無霧**—第二輯—救護佛子向正道 細說釋印順對佛法的各類誤解
游宗明 老師著 售價250元
44.**第七意識與第八意識？**—穿越時空「超意識」
平實導師述 每冊300元
45.**黯淡的達賴**—失去光彩的諾貝爾和平獎
正覺教育基金會編著 每冊250元
46.**童女迦葉考**—論呂凱文〈佛教輪迴思想的論述分析〉之謬。
平實導師 著 定價180元
47.**人間佛教**—實證者必定不悖三乘菩提
平實導師 述，定價400元
48.**實相經宗通** 平實導師述 共八輯 每輯250元
49.**真心告訴您(一)**—達賴喇嘛在幹什麼？
正覺教育基金會編著 售價250元
50.**中觀金鑑**—詳述應成派中觀的起源與其破法本質
孫正德老師著 分爲上、中、下三冊，每冊250元
51.**藏傳佛教要義**—《狂密與真密》之簡體字版 平實導師 著 上、下冊
僅在大陸流通 每冊300元
52.**法華經講義** 平實導師述 共二十五輯 每輯300元
已於2015/05/31起開始出版，每二個月出版一輯
53.**西藏「活佛轉世」制度**—附佛、造神、世俗法
許正豐、張正玄老師合著 定價150元
54.**廣論三部曲** 郭正益老師著 定價150元
55.**真心告訴您(二)**—達賴喇嘛是佛教僧侶嗎？
—補祝達賴喇嘛八十大壽
正覺教育基金會編著 售價300元

56.**次法**—實證佛法前應有的條件

張善思居士著　分爲上、下二冊，每冊 250 元

57.**涅槃**—解說四種涅槃之實證及內涵　平實導師著 上、下冊 各 350 元

58.**山法**—西藏關於他空與佛藏之根本論

篤補巴．喜饒堅贊著　　傑弗里．霍普金斯英譯

張火慶教授、張志成、呂艾倫等中譯　精裝大本 1200 元

59.**假鋒虛焰金剛乘**—揭示顯密正理，兼破索達吉師徒《般若鋒兮金剛焰》

釋正安法師著 簡體字版 即將出版 售價未定

60.**廣論之平議**—宗喀巴《菩提道次第廣論》之平議　正雄居士著

約二或三輯　俟正覺電子報連載後結集出版　書價未定

61.**菩薩學處**—菩薩四攝六度之要義　陸正元老師著　出版日期未定。

62.**八識規矩頌**詳解　○○居士 註解　出版日期另訂　書價未定。

63.**印度佛教史**—法義與考證。依法義史實評論印順《印度佛教思想史、佛教史地考論》之謬說　正偉老師著　出版日期未定　書價未定

64.**中國佛教史**—依中國佛教正法史實而論。○○老師 著　書價未定。

65.**中論正義**—釋龍樹菩薩《中論》頌正理。

孫正德老師著　出版日期未定　書價未定

66.**中觀正義**—註解平實導師《中論正義頌》。

○○法師（居士）著　出版日期未定　書價未定

67.**佛藏經講記**　平實導師述　已於 2019 年 7 月 31 日出版　共 21 輯，每二個月出版一輯，每輯 300 元。

68.**阿含經講記**—將選錄四阿含中數部重要經典全經講解之，講後整理出版。

平實導師述　約二輯　每輯 300 元　出版日期未定

69.**寶積經講記** 平實導師述　每輯三百餘頁 優惠價 300 元 出版日期未定

70.**解深密經講記**　平實導師述 約四輯　將於重講後整理出版

71.**成唯識論略解**　平實導師著　五～六輯　每輯300 元　出版日期未定

72.**修習止觀坐禪法要講記**　平實導師述　每輯三百餘頁

將於正覺寺建成後重講、以講記逐輯出版　出版日期未定

73.**無門關**—《無門關》公案拈提　平實導師著　出版日期未定

74.**中觀再論**—兼述印順《中觀今論》謬誤之平議。正光老師著 出版日期未定

75.**輪迴與超度**—佛教超度法會之真義。

○○法師（居士）著　出版日期未定　書價未定

76.**《釋摩訶衍論》平議**—對偽稱龍樹所造《釋摩訶衍論》之平議

○○法師（居士）著　出版日期未定　書價未定

77.**正覺發願文**註解—以真實大願為因 得證菩提

正德老師著　出版日期未定　書價未定

78.**正覺總持咒**—佛法之總持　正圜老師著　出版日期未定　書價未定

79.**三自性**—依四食、五蘊、十二因緣、十八界法，說三性三無性。

作者未定　出版日期未定

80.**道品**—從三自性說大小乘三十七道品　作者未定　出版日期未定
81.**大乘緣起觀**—依四聖諦七真如現觀十二緣起 作者未定　出版日期未定
82.**三德**—論解脫德、法身德、般若德。　作者未定　出版日期未定
83.**真假如來藏**—對印順《如來藏之研究》謬說之平議　作者未定 出版日期未定
84.**大乘道次第**　作者未定　出版日期未定　書價未定
85.**四緣**—依如來藏故有四緣。　作者未定　出版日期未定
86.**空之探究**—印順《空之探究》謬誤之平議　作者未定 出版日期未定
87.**十法義**—論阿含經中十法之正義　作者未定　出版日期未定
88.**外道見**—論述外道六十二見　作者未定　出版日期未定

正智出版社有限公司 書籍介紹

禪淨圓融：言淨土諸祖所未曾言，示諸宗祖師所未曾示；禪淨圓融，另闢成佛捷徑，兼顧自力他力，闡釋淨土門之速行易行道，亦同時揭櫫聖教門之速行易行道；令廣大淨土行者得免緩行難證之苦，亦令聖道門行者得以藉著淨土速行道而加快成佛之時劫。乃前無古人之超勝見地，非一般弘揚禪淨法門典籍也，先讀為快。平實導師著 200元。

宗門正眼——**公案拈提**第一輯：繼承克勤圜悟大師碧巖錄宗旨之禪門鉅作。先則舉示當代大法師之邪說，消弭當代禪門大師鄉愿之心態，摧破當今禪門「世俗禪」之妄談；次則旁通教法，表顯宗門正理；繼以道之次第，消弭古今狂禪；後藉言語及文字機鋒，直示宗門入處。悲智雙運，禪味十足，數百年來難得一睹之禪門鉅著也。平實導師著 500元（原初版書《禪門摩尼寶聚》，改版後補充為五百餘頁新書，總計多達二十四萬字，內容更精彩，並改名為《宗門正眼》，讀者原購初版《禪門摩尼寶聚》皆可寄回本公司免費換新，免附回郵，亦無截止期限）（2007年起，凡購買公案拈提第一輯至第七輯，每購一輯皆贈送本公司精製公案拈提〈超意境〉CD一片，市售價格280元，多購多贈）。

禪—悟前與悟後：本書能建立學人悟道之信心與正確知見，圓滿具足而有次第地詳述禪悟之功夫與禪悟之內容，指陳參禪中細微淆訛之處，能使學人明自眞心、見自本性。若未能悟入，亦能以正確知見辨別古今中外一切大師究係眞悟？或屬錯悟？便有能力揀擇，捨名師而選明師，後時必有悟道之緣。一旦悟道，遲者七次人天往返，便出三界，速者一生取辦。學人欲求開悟者，不可不讀。　平實導師著。上、下冊共500元，單冊250元。

真實如來藏：如來藏眞實存在，乃宇宙萬有之本體，並非印順法師、達賴喇嘛等人所說之「唯有名相、無此心體」。如來藏是涅槃之本際，是一切有智之人竭盡心智、不斷探索而不能得之生命實相；是古今中外許多大師自以爲悟而當面錯過之生命實相。如來藏即是阿賴耶識，乃是一切有情本自具足、不生不滅之眞實心。當代中外大師於此書出版之前所未能言者，作者於本書中盡情流露、詳細闡釋。眞悟者讀之，必能增益悟境、智慧增上；錯悟者讀之，必能檢討自己之錯誤，免犯大妄語業；未悟者讀之，能知參禪之理路，亦能以之檢查一切名師是否眞悟。此書是一切哲學家、宗教家、學佛者及欲昇華心智之人必讀之鉅著。　平實導師著　售價400元。

宗門法眼—**公案拈提**第二輯：列舉實例，闡釋土城廣欽老和尚之悟處；並直示這位不識字的老和尚妙智橫生之根由，繼而剖析禪宗歷代大德之開悟公案，解析當代密宗高僧卡盧仁波切之錯悟證據，並例舉當代顯宗高僧、大居士之錯悟證據（凡健在者，爲免影響其名聞利養，皆隱其名）。藉辨正當代名師之邪見，向廣大佛子指陳禪悟之正道，彰顯宗門法眼。悲勇兼出，強捋虎鬚；慈智雙運，巧探驪龍；摩尼寶珠在手，直示宗門入處，禪味十足；若非大悟徹底，不能爲之。禪門精奇人物，允宜人手一冊，供作參究及悟後印證之圭臬。本書於2008年4月改版，增寫為大約500頁篇幅，以利學人研讀參究時更易悟入宗門正法，以前所購初版首刷及初版二刷舊書，皆可免費換取新書。平實導師著 500元（2007年起，凡購買公案拈提第一輯至第七輯，每購一輯皆贈送本公司精製公案拈提〈超意境〉CD一片，市售價格280元，多購多贈）。

宗門道眼—**公案拈提**第三輯：繼宗門法眼之後，再以金剛之作略、慈悲之胸懷、犀利之筆觸，舉示寒山、拾得、布袋三大士之悟處，消弭當代錯悟者對於寒山大士……等之誤會及誹謗。亦舉出民初以來與虛雲和尚齊名之蜀郡鹽亭袁煥仙夫子——南懷瑾老師之師，其「悟處」何在？並蒐羅許多眞悟祖師之證悟公案，顯示禪宗歷代祖師之睿智，指陳部分祖師、奧修及當代顯密大師之謬悟，作爲殷鑑，幫助禪子建立及修正參禪之方向及知見。假使讀者閱此書已，一時尚未能悟，亦可一面加功用行，一面以此宗門道眼辨別眞假善知識，避開錯誤之印證及歧路，可免大妄語業之長劫慘痛果報。欲修禪宗之禪者，務請細讀。平實導師著 售價500元（2007年起，凡購買公案拈提第一輯至第七輯，每購一輯皆贈送本公司精製公案拈提〈超意境〉CD一片，市售價格280元，多購多贈）。

楞伽經詳解：本經是禪宗見道者印證所悟眞僞之根本經典，亦是禪宗見道者悟後起修之依據經典；故達摩祖師於印證二祖慧可大師之後，將此經典連同佛鉢祖衣一併交付二祖，令其依此經典佛示金言、進入修道位，修學一切種智。由此可知此經對於眞悟之人修學佛道，是非常重要之一部經典。此經能破外道邪說，亦破佛門中錯悟名師之謬說，亦破禪宗部分祖師之狂禪：不讀經典、一向主張「一悟即成究竟佛」之謬執。並開示愚夫所行禪、觀察義禪、攀緣如禪、如來禪等差別，令行者對於三乘禪法差異有所分辨；亦糾正禪宗祖師古來對於如來禪之誤解，嗣後可免以訛傳訛之弊。此經亦是法相唯識宗之根本經典，禪者悟後欲修一切種智而入初地者，必須詳讀。平實導師著，全套共十輯，已全部出版完畢，每輯主文約320頁，每冊約352頁，定價250元。

宗門血脈—**公案拈提**第四輯：末法怪象—許多修行人自以爲悟，每將無念靈知認作眞實；崇尚二乘法諸師及其徒眾，則將外於如來藏之緣起性空—無因論之無常空、斷滅空、一切法空—錯認爲 佛所說之般若空性。這兩種現象已於當今海峽兩岸及美加地區顯密大師之中普遍存在；人人自以爲悟，心高氣壯，便敢寫書解釋祖師證悟之公案，大多出於意識思惟所得，言不及義，錯誤百出，因此誤導廣大佛子同陷大妄語之地獄業中而不能自知。彼等書中所說之悟處，其實處處違背第一義經典之聖言量。彼等諸人不論是否身披袈裟，都非佛法宗門血脈，或雖有禪宗法脈之傳承，亦只徒具形式；猶如螟蛉，非眞血脈，未悟得根本眞實故。禪子欲知佛、祖之眞血脈者，請讀此書，便知分曉。平實導師著，主文452頁，全書464頁，定價500元（2007年起，凡購買公案拈提第一輯至第七輯，每購一輯皆贈送本公司精製公案拈提〈超意境〉CD一片，市售價格280元，多購多贈）。

宗通與說通：古今中外，錯誤之人如麻似粟，每以常見外道所說之靈知心，認作眞心；或妄想虛空之勝性能量爲眞如，或錯認物質四大元素藉冥性（靈知心本體）能成就吾人色身及知覺，或認初禪至四禪中之了知心爲不生不滅之涅槃心。此等皆非通宗者之見地。復有錯悟之人一向主張「宗門與教門不相干」，此即尚未通達宗門之人也。其實宗門與教門互通不二，宗門所證者乃是眞如與佛性，教門所說者乃說宗門證悟之眞如佛性，故教門與宗門不二。本書作者以宗教二門互通之見地，細說「宗通與說通」，從初見道至悟後起修之道、細說分明；並將諸宗諸派在整體佛教中之地位與次第，加以明確之教判，學人讀之即可了知佛法之梗概也。欲擇明師學法之前，允宜先讀。平實導師著，主文共381頁，全書392頁，只售成本價300元。

宗門正道—**公案拈提**第五輯：修學大乘佛法有二果須證解脫果及大菩提果。二乘人不證大菩提果，唯證解脫果；此果之智慧，名爲聲聞菩提、緣覺菩提。大乘佛子所證二果之菩提果爲佛菩提，故名大菩提果，其慧名爲一切種智函蓋二乘解脫果。然此大乘二果修證，須經由禪宗之宗門證悟方能相應。而宗門證悟極難，自古已然；其所以難者，咎在古今佛教界普遍存在三種邪見：1.以修定認作佛法，2.以無因論之緣起性空—否定涅槃本際如來藏以後之一切法空作爲佛法，3.以常見外道邪見（離語言妄念之靈知性）作爲佛法。如是邪見，或因自身正見未立所致，或因邪師之邪教導所致，或因無始劫來虛妄熏習所致。若不破除此三種邪見，永劫不悟宗門眞義、不入大乘正道，唯能外門廣修菩薩行。平實導師於此書中，有極爲詳細之說明，有志佛子欲摧邪見、入於內門修菩薩行者，當閱此書。主文共496頁，全書512頁。售價500元（2007年起，凡購買公案拈提第一輯至第七輯，每購一輯皆贈送本公司精製公案拈提〈超意境〉CD一片，市售價格280元，多購多贈）。

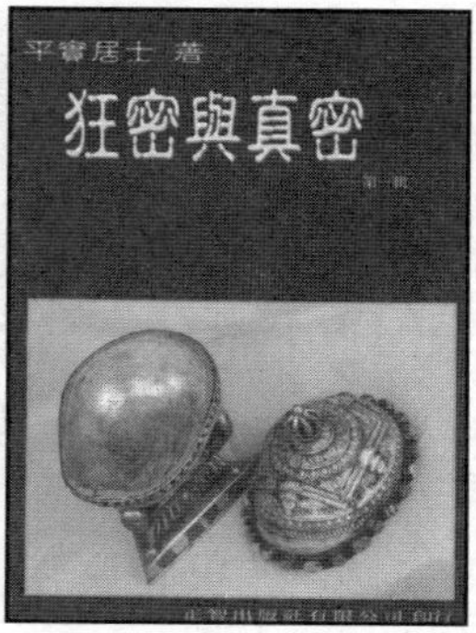

狂密與眞密：密教之修學，皆由有相之觀行法門而入，其最終目標仍不離顯教經典所說第一義諦之修證；若離顯教第一義經典、或違背顯教第一義經典，即非佛教。西藏密教之觀行法，如灌頂、觀想、遷識法、寶瓶氣、大聖歡喜雙身修法、喜金剛、無上瑜伽、大樂光明、樂空雙運等，皆是印度教兩性生生不息思想之轉化，自始至終皆以如何能運用交合淫樂之法達到全身受樂爲其中心思想，純屬欲界五欲的貪愛，不能令人超出欲界輪迴，更不能令人斷除我見；何況大乘之明心與見性，更無論矣！故密宗之法絕非佛法也。而其明光大手印、大圓滿法教，又皆同以常見外道所說離語言妄念之無念靈知心錯認爲佛地之眞如，不能直指不生不滅之眞如。西藏密宗所有法王與徒眾，都尚未開頂門眼，不能辨別眞僞，以依人不依法、依密續不依經典故，不肯將其上師喇嘛所說對照第一義經典，純依密續之藏密祖師所說爲準，因此而誇大其證德與證量，動輒謂彼祖師上師爲究竟佛、爲地上菩薩；如今台海兩岸亦有自謂其師證量高於 釋迦文佛者，然觀其師所述，猶未見道，仍在觀行即佛階段，尚未到禪宗相似即佛、分證即佛階位，竟敢標榜爲究竟佛及地上法王，誑惑初機學人。凡此怪象皆是狂密，不同於眞密之修行者。近年狂密盛行，密宗行者被誤導者極眾，動輒自謂已證佛地眞如，自視爲究竟佛，陷於大妄語業中而不知自省，反謗顯宗眞修實證者之證量粗淺；或如義雲高與釋性圓…等人，於報紙上公然誹謗眞實證道者爲「騙子、無道人、人妖、癩蛤蟆…」等，造下誹謗大乘勝義僧之大惡業；或以外道法中有爲有作之甘露、魔術……等法，誑騙初機學人，狂言彼外道法爲眞佛法。如是怪象，在西藏密宗及附藏密之外道中，不一而足，舉之不盡，學人宜應愼思明辨，以免上當後又犯毀破菩薩戒之重罪。密宗學人若欲遠離邪知邪見者，請閱此書，即能了知密宗之邪謬，從此遠離邪見與邪修，轉入眞正之佛道。

平實導師著 共四輯 每輯約400頁（主文約340頁）每輯售價300元。

宗門正義—公案拈提第六輯：佛教有六大危機，乃是藏密化、世俗化、膚淺化、學術化、宗門密意失傳、悟後進修諸地之次第混淆；其中尤以宗門密意之失傳，爲當代佛教最大之危機。由宗門密意失傳故，易令世尊本懷普被錯解，易令世尊正法被轉易爲外道法，以及加以淺化、世俗化，是故宗門密意之廣泛弘傳與具緣佛弟子，極爲重要。然而欲令宗門密意之廣泛弘傳予具緣之佛弟子者，必須同時配合錯誤知見之解析、普令佛弟子知之，然後輔以公案解析之直示入處，方能令具緣之佛弟子悟入。而此二者，皆須以公案拈提之方式爲之，方易成其功、竟其業，是故平實導師續作宗門正義一書，以利學人。全書500餘頁，售價500元（2007年起，凡購買公案拈提第一輯至第七輯，每購一輯皆贈送本公司精製公案拈提〈超意境〉CD一片，市售價格280元，多購多贈）。

心經密意—心經與解脫道、佛菩提道、祖師公案之關係與密意。二乘菩提所證之解脫道，實依第八識心之斷除煩惱障現行而立解脫之名；大乘菩提所證之佛菩提道，實依親證第八識如來藏之涅槃性、清淨自性、及其中道性而立般若之名；禪宗祖師公案所證之眞心，即是此第八識如來藏；是故三乘佛法所修所證之三乘菩提，皆依此如來藏心而立名也。此第八識心，即是《心經》所說之心也。證得此如來藏已，即能漸入大乘佛菩提道，亦可因證知此心而了知二乘無學所不能知之無餘涅槃本際，是故《心經》之密意，與三乘佛菩提之關係極爲密切、不可分割，三乘佛法皆依此心而立名故。今者平實導師以其所證解脫道之無生智及佛菩提之般若種智，將《心經》與解脫道、佛菩提道、祖師公案之關係與密意，以演講之方式，用淺顯之語句和盤托出，發前人所未言，呈三乘菩提之眞義，令人藉此《心經密意》一舉而窺三乘菩提之堂奧，迥異諸方言不及義之說；欲求眞實佛智者、不可不讀！主文317頁，連同跋文及序文…等共384頁，售價300元。

宗門密意——公案拈提第七輯：佛教之世俗化，將導致學人以信仰作爲學佛，則將以感應及世間法之庇祐，作爲學佛之主要目標，不能了知學佛之主要目標爲親證三乘菩提。大乘菩提則以般若實相智慧爲主要修習目標，以二乘菩提解脫道爲附帶修習之標的；是故學習大乘法者，應以禪宗之證悟爲要務，能親入大乘菩提之實相般若智慧中故，般若實相智慧非二乘聖人所能知故。此書則以台灣世俗化佛教之三大法師，說法似是而非之實例，配合眞悟祖師之公案解析，提示證悟般若之關節，令學人易得悟入。平實導師著，全書五百餘頁，售價500元（2007年起，凡購買公案拈提第一輯至第七輯，每購一輯皆贈送本公司精製公案拈提〈超意境〉CD一片，市售價格280元，多購多贈）。

淨土聖道——兼評日本本願念佛：佛法甚深極廣，般若玄微，非諸二乘聖僧所能知之，一切凡夫更無論矣！所謂一切證量皆歸淨土是也！是故大乘法中「聖道之淨土、淨土之聖道」，其義甚深，難可了知；乃至眞悟之人，初心亦難知也。今有正德老師眞實證悟後，復能深探淨土與聖道之緊密關係，憐憫眾生之誤會淨土實義，亦欲利益廣大淨土行人同入聖道，同獲淨土中之聖道門要義，乃振奮心神、書以成文，今得刊行天下。主文279頁，連同序文等共301頁，總有十一萬六千餘字，正德老師著，成本價200元。

起信論講記：詳解大乘起信論**心生滅門**與**心眞如門**之眞實意旨，消除以往大師與學人對起信論所說**心生滅門**之誤解，由是而得了知眞心如來藏之非常非斷中道正理；亦因此一講解，令此論以往隱晦而被誤解之眞實義，得以如實顯示，令大乘佛菩提道之正理得以顯揚光大；初機學者亦可藉此正論所顯示之法義，對大乘法理生起正信，從此得以眞發菩提心，眞入大乘法中修學，世世常修菩薩正行。平實導師演述，共六輯，都已出版，每輯三百餘頁，售價250元。

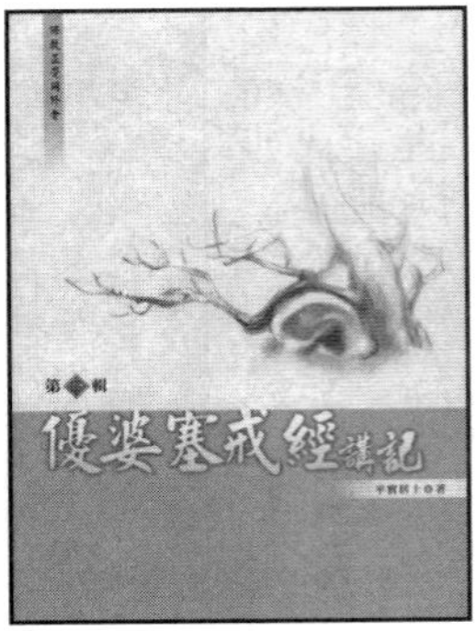

優婆塞戒經講記：本經詳述在家菩薩修學大乘佛法，應如何受持菩薩戒？對人間善行應如何看待？對三寶應如何護持？應如何正確地修集此世後世證法之福德？應如何修集後世「行菩薩道之資糧」？並詳述第一義諦之正義：五蘊非我非異我、自作自受、異作異受、不作不受……等深妙法義，乃是修學大乘佛法、行菩薩行之在家菩薩所應當了知者。出家菩薩今世或未來世登地已，捨報之後多數將如華嚴經中諸大菩薩，以在家菩薩身而修行菩薩行，故亦應以此經所述正理而修之，配合《楞伽經、解深密經、楞嚴經、華嚴經》等道次第正理，方得漸次成就佛道；故此經是一切大乘行者皆應證知之正法。平實導師講述，每輯三百餘頁，售價各250元；共八輯，已全部出版。

真假活佛—略論附佛外道盧勝彥之邪說：人人身中都有眞活佛，永生不滅而有大神用，但眾生都不了知，所以常被身外的西藏密宗假活佛籠罩欺瞞。本來就眞實存在的眞活佛，才是眞正的密宗無上密！諾那活佛因此而說禪宗是大密宗，但藏密的所有活佛都不知道、也不曾實證自身中的眞活佛。本書詳實宣示眞活佛的道理，舉證盧勝彥的「佛法」不是眞佛法，也顯示盧勝彥是假活佛，直接的闡釋第一義佛法見道的眞實正理。眞佛宗的所有上師與學人們，都應該詳細閱讀，包括盧勝彥個人在內。正犀居士著，優惠價140元。

阿含正義—唯識學探源：廣說四大部《阿含經》諸經中隱說之眞正義理，一一舉示佛陀本懷，令阿含時期初轉法輪根本經典之眞義，如實顯現於佛子眼前。並提示末法大師對於阿含眞義誤解之實例，一一比對之，證實唯識增上慧學確於原始佛法之阿含諸經中已隱覆密意而略說之，證實 世尊確於原始佛法中已曾密意而說第八識如來藏之總相；亦證實 世尊在四阿含中已說此藏識是名色十八界之因、之本—證明如來藏是能生萬法之根本心。佛子可據此修正以往受諸大師（譬如西藏密宗應成派中觀師：印順、昭慧、性廣、大願、達賴、宗喀巴、寂天、月稱、……等人）誤導之邪見，建立正見，轉入正道乃至親證初果而無困難；書中並詳說三果所證的**心解脫**，以及四果**慧解脫**的親證，都是如實可行的具體知見與行門。全書共七輯，已出版完畢。平實導師著，每輯三百餘頁，售價300元。

超意境CD：以平實導師公案拈提書中超越意境之頌詞，加上曲風優美的旋律，錄成令人嚮往的超意境歌曲，其中包括正覺發願文及平實導師親自譜成的黃梅調歌曲一首。詞曲雋永，殊堪翫味，可供學禪者吟詠，有助於見道。內附設計精美的彩色小冊，解說每一首詞的背景本事。每片280元。【每購買公案拈提書籍一冊，即贈送一片。】

鈍鳥與靈龜：鈍鳥及靈龜二物，被宗門證悟者說爲二種人：前者是精修禪定而無智慧者，也是以定爲禪的愚癡禪人；後者是或有禪定、或無禪定的宗門證悟者，凡已證悟者皆是靈龜。但後者被人虛造事實，用以嘲笑大慧宗杲禪師，說他雖是靈龜，卻不免被天童禪師預記「患背」痛苦而亡：「**鈍鳥離巢易，靈龜脫殼難**。」藉以貶低大慧宗杲的證量。同時將天童禪師實證如來藏的證量，曲解爲意識境界的離念靈知。自從大慧禪師入滅以後，錯悟凡夫對他的不實毀謗就一直存在著，不曾止息，並且捏造的假事實也隨著年月的增加而越來越多，終至編成「鈍鳥與靈龜」的假公案、假故事。本書是考證大慧與天童之間的不朽情誼，顯現這件假公案的虛妄不實；更見大慧宗杲面對惡勢力時的正直不阿，亦顯示大慧對天童禪師的至情深義，將使後人對大慧宗杲的誣謗至此而止，不再有人誤犯毀謗賢聖的惡業。書中亦舉證宗門的所悟確以第八識如來藏爲標的，詳讀之後必可改正以前被錯悟大師誤導的參禪知見，日後必定有助於實證禪宗的開悟境界，得階大乘眞見道位中，即是實證般若之賢聖。全書459頁，售價350元。

我的菩提路第一輯：凡夫及二乘聖人不能實證的佛菩提證悟，末法時代的今天仍然有人能得實證，由正覺同修會釋悟圓、釋善藏法師等二十餘位實證如來藏者所寫的見道報告，已爲當代學人見證宗門正法之絲縷不絕，證明大乘義學的法脈仍然存在，爲末法時代求悟般若之學人照耀出光明的坦途。由二十餘位大乘見道者所繕，敘述各種不同的學法、見道因緣與過程，參禪求悟者必讀。全書三百餘頁，售價300元。

我的菩提路第二輯：由郭正益老師等人合著，書中詳述彼等諸人歷經各處道場學法，一一修學而加以檢擇之不同過程以後，因閱讀正覺同修會、正智出版社書籍而發起抉擇分，轉入正覺同修會中修學；乃至學法及見道之過程，都一一詳述之。（本書暫停發售，俟改版重新發售流通。）

我的菩提路第三輯：由王美伶老師等人合著。自從正覺同修會成立以來，每年夏初、冬初都舉辦精進禪三共修，藉以助益會中同修們得以證悟明心發起般若實相智慧；凡已實證而被平實導師印證者，皆書具見道報告用以證明佛法之眞實可證而非玄學，證明佛法並非純屬思想、理論而無實質，是故每年都能有人證明正覺同修會的「實證佛教」主張並非虛語。 特別是眼見佛性一法，自古以來中國禪宗祖師實證者極寡，較之明心開悟的證境更難令人信受；至2017年初，正覺同修會中的證悟明心者已近五百人，然而其中眼見佛性者至今唯十餘人爾，可謂難能可貴，是故明心後欲冀眼見佛性者實屬不易。黃正倖老師是懸絕七年無人見性後的第一人，她於2009年的見性報告刊於本書的第二輯中，爲大眾證明佛性確實可以眼見；其後七年之中求見性者都屬解悟佛性而無人眼見，幸而又經七年後的2016冬初，以及2017夏初的禪三，復有三人眼見佛性，希冀鼓舞四眾佛子求見佛性之大心，今則具載一則於書末，顯示求見佛性之事實經歷，供養現代佛教界欲得見性之四眾弟子。全書四百頁，售價300元，已於2017年6月30日發行。

我的菩提路第四輯：由陳晏平等人著。中國禪宗祖師往往有所謂「見性」之言，所言多屬看見如來藏具有能令人發起成佛之自性，並非《大般涅槃經》中 如來所說之眼見佛性。眼見佛性者，於親見佛性之時，即能於山河大地眼見自己佛性，亦能於他人身上眼見自己佛性及對方之佛性，如是境界無法爲尚未實證者解釋；勉強說之，縱使眞實明心證悟之人聞之，亦只能以自身明心之境界想像之，但不論如何想像多屬非量，能有正確之比量者亦是稀有，故說眼見佛性極爲困難。眼見佛性之人若所見極分明時，在所見佛性之境界下所眼見之山河大地、自己五蘊身心皆是虛幻，自有異於明心者之解脫功德受用，此後永不思證二乘涅槃，必定邁向成佛之道而進入第十住位中，已超第一阿僧祇劫三分有一，可謂之爲超劫精進也。今又有明心之後眼見佛性之人出於人間，將其明心及後來見性之報告，連同其餘證悟明心者之精彩報告一同收錄於此書中，供養眞求佛法實證之四眾佛子。全書380頁，售價300元，已於2018年6月30日發行。

我的菩提路第五輯：林慈慧老師等人著，本輯中所舉學人從相似正法中來到正覺同修會的過程，各人都有不同，發生的因緣亦是各有差別，然而都會指向同一個目標——證實生命實相的源底，確證自己生從何來、死往何去的事實，所以最後都證明佛法眞實而可親證，絕非玄學；本書將彼等諸人的始修及末後證悟之實例，羅列出來以供學人參考。本期亦有一位會裡的老師，是從1995年即開始追隨平實導師修學，1997年明心後持續進修不斷，直到2017年眼見佛性之實例，足可證明《大般涅槃經》中世尊開示眼見佛性之法正眞無訛，第十住位的實證在末法時代的今天仍有可能，如今一併具載於書中以供學人參考，並供養現代佛教界欲得見性之四眾弟子。全書四百頁，售價300元，已於2019年12月31日發行。

我的菩提路第六輯：劉正莉老師等人著。書中詳敘學佛路程之辛苦萬端，直至得遇正法之後如何修行終能實證，現觀眞如而入勝義菩薩僧數。本輯亦錄入一位1990年明心後追隨平實導師學法弘法的老師，不數年後又再眼見佛性的實證者，文中詳述見性之過程，欲令學人深信眼見佛性其實不難，冀得奮力向前而得實證。然古來能得明心又得見性之祖師極寡，禪師們所謂見性者往往屬於明心時親見第八識如來藏具備能使人成佛之自性，即名見性，例如六祖等人，是明心時看見了如來藏具有能使人成佛的自性，當作見性，其實只是明心而階眞見道位，尚非眼見佛性。但非《大般涅槃經》中所說之「眼見佛性」之實證。今本書提供十幾篇明心見道報告及眼見佛性者的見性報告一篇，以饗讀者，已於2020年6月30日出版。全書384頁，300元。

維摩詰經講記：本經係　世尊在世時，由等覺菩薩維摩詰居士藉疾病而演說之大乘菩提無上妙義，所說函蓋甚廣，然極簡略，是故今時諸方大師與學人讀之悉皆錯解，何況能知其中隱含之深妙正義，是故普遍無法為人解說；若強為人說，則成依文解義而有諸多過失。今由平實導師公開宣講之後，詳實解釋其中密意，令維摩詰菩薩所說大乘不可思議解脫之深妙正法得以正確宣流於人間，利益當代學人及與諸方大師。書中詳實演述大乘佛法深妙不共二乘之智慧境界，顯示諸法之中絕待之實相境界，建立大乘菩薩妙道於永遠不敗不壞之地，以此成就護法偉功，欲冀永利娑婆人天。已經宣講圓滿整理成書流通，以利諸方大師及諸學人。全書共六輯，每輯三百餘頁，售價各250元。

真假外道：本書具體舉證佛門中的常見外道知見實例，並加以教證及理證上的辨正，幫助讀者輕鬆而快速的了知常見外道的錯誤知見，進而遠離佛門內外的常見外道知見，因此即能改正修學方向而快速實證佛法。游正光老師著　。成本價200元。

勝鬘經講記：如來藏為三乘菩提之所依，若離如來藏心體及其含藏之一切種子，即無三界有情及一切世間法，亦無二乘菩提緣起性空之出世間法；本經詳說無始無明、一念無明皆依如來藏而有之正理，藉著詳解煩惱障與所知障間之關係，令學人深入了知二乘菩提與佛菩提相異之妙理；聞後即可了知佛菩提之特勝處及三乘修道之方向與原理，邁向攝受正法而速成佛道的境界中。平實導師講述，共六輯，每輯三百餘頁，售價各250元。

楞嚴經講記：楞嚴經係密教部之重要經典，亦是顯教中普受重視之經典；經中宣說明心與見性之內涵極為詳細，將一切法都會歸如來藏及佛性—妙眞如性；亦闡釋佛菩提道修學過程中之種種魔境，以及外道誤會涅槃之狀況，旁及三界世間之起源。然因言句深澀難解，法義亦復深妙寬廣，學人讀之普難通達，是故讀者大多誤會，不能如實理解佛所說之明心與見性內涵，亦因是故多有悟錯之人引為開悟之證言，成就大妄語罪。今由平實導師詳細講解之後，整理成文，以易讀易懂之語體文刊行天下，以利學人。全書十五輯，全部出版完畢。每輯三百餘頁，售價每輯300元。

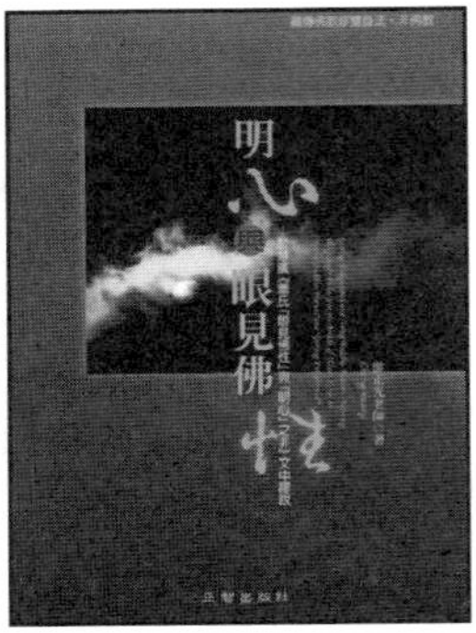

明心與眼見佛性：本書細述明心與眼見佛性之異同，同時顯示了中國禪宗破初參明心與重關眼見佛性二關之間的關聯；書中又藉法義辨正而旁述其他許多勝妙法義，讀後必能遠離佛門長久以來積非成是的錯誤知見，令讀者在佛法的實證上有極大助益。也藉慧廣法師的謬論來教導佛門學人回歸正知正見，遠離古今禪門錯悟者所墮的意識境界，非唯有助於斷我見，也對未來的開悟明心實證第八識如來藏有所助益，是故學禪者都應細讀之。　游正光老師著　共448頁　售價300元。

菩薩底憂鬱CD將菩薩情懷及禪宗公案寫成新詞，並製作成超越意境的優美歌曲。1.主題曲〈菩薩底憂鬱〉，描述地後菩薩能離三界生死而迴向繼續生在人間，但因尚未斷盡習氣種子而有極深沈之憂鬱，非三賢位菩薩及二乘聖者所知，此憂鬱在七地滿心位方才斷盡；本曲之詞中所說義理極深，昔來所未曾見；此曲係以優美的情歌風格寫詞及作曲，聞者得以激發嚮往諸地菩薩境界之大心，詞、曲都非常優美，難得一見；其中勝妙義理之解說，已印在附贈之彩色小冊中。2.以各輯公案拈提中直示禪門入處之頌文，作成各種不同曲風之超意境歌曲，值得玩味、參究；聆聽公案拈提之優美歌曲時，請同時閱讀內附之印刷精美說明小冊，可以領會超越三界的證悟境界；未悟者可以因此引發求悟之意向及疑情，眞發菩提心而邁向求悟之途，乃至因此眞實悟入般若，成眞菩薩。3.正覺總持咒新曲，總持佛法大意；總持咒之義理，已加以解說並印在隨附之小冊中。本CD共有十首歌曲，長達63分鐘，附贈二張購書優惠券。每片280元。

禪意無限CD平實導師以公案拈提書中偈頌寫成不同風格曲子，與他人所寫不同風格曲子共同錄製出版，幫助參禪人進入禪門超越意識之境界。盒中附贈彩色印製的精美解說小冊，以供聆聽時閱讀，令參禪人得以發起參禪之疑情，即有機會證悟本來面目，實證大乘菩提般若。本CD共有十首歌曲，長達69分鐘，每盒各附贈二張購書優惠券。每片280元。

金剛經宗通：三界唯心，萬法唯識，是成佛之修證內容，是諸地菩薩之所修；般若則是成佛之道（實證三界唯心、萬法唯識）的入門，若未證悟實相般若，即無成佛之可能，必將永在外門廣行菩薩六度，永在凡夫位中。然而實相般若的發起，全賴實證萬法的實相；若欲證知萬法的眞相，則必須探究萬法之所從來，則須實證自心如來—金剛心如來藏，然後現觀這個金剛心的金剛性、眞實性、如如性、清淨性、涅槃性、能生萬法的自性性、本住性，名爲證眞如；進而現觀三界六道唯是此金剛心所成，人間萬法須藉八識心王和合運作方能現起。如是實證《華嚴經》的「三界唯心、萬法唯識」以後，由此等現觀而發起實相般若智慧，繼續進修第十住位的如幻觀、第十行位的陽焰觀、第十迴向位的如夢觀，再生起增上意樂而勇發十無盡願，方能滿足三賢位的實證，轉入初地；自知成佛之道而無偏倚，從此按部就班、次第進修乃至成佛。第八識自心如來是般若智慧之所依，般若智慧的修證則要從實證金剛心自心如來開始；《金剛經》則是解說自心如來之經典，是一切三賢位菩薩所應進修之實相般若經典。這一套書，是將平實導師宣講的《金剛經》內容，整理成文字而流通之；書中所說義理，迥異古今諸家依文解義之說，指出大乘見道方向與理路，有益於禪宗學人求開悟見道，及轉入內門廣修六度萬行，已於2013年9月出版完畢，總共9輯，每輯約三百餘頁，售價各250元。

空行母—性別、身分定位，以及藏傳佛教：本書作者爲蘇格蘭哲學家，因爲嚮往佛教深妙的哲學內涵，於是進入當年盛行於歐美的假藏傳佛教密宗，擔任卡盧仁波切的翻譯工作多年以後，被邀請成爲卡盧的空行母（又名佛母、明妃），開始了她在密宗裡的實修過程；後來發覺在密宗雙身法中的修行，其實無法使自己成佛，也發覺密宗對女性岐視而處處貶抑，並剝奪女性在雙身法中擔任一半角色時應有的身分定位。當她發覺自己只是雙身法中被喇嘛利用的工具，沒有獲得絲毫應有的尊重與基本定位時，發現了密宗的父權社會控制女性的本質；於是作者傷心地離開了卡盧仁波切與密宗，但是卻被恐嚇不許講出她在密宗裡的經歷，也不許她說出自己對密宗的教義與教制下對女性剝削的本質，否則將被咒殺死亡。後來她去加拿大定居，十餘年後方才擺脫這個恐嚇陰影，下定決心將親身經歷的實情及觀察到的事實寫下來並且出版，公諸於世。出版之後，她被流亡的達賴集團人士大力攻訐，誣指她爲精神狀態失常、說謊……等。但有智之士並未被達賴集團的政治操作及各國政府政治運作吹捧達賴的表相所欺，使她的書銷售無阻而又再版。正智出版社鑑於作者此書是親身經歷的事實，所說具有針對「藏傳佛教」而作學術研究的價值，也有使人認清假藏傳佛教剝削佛母、明妃的男性本位實質，因此洽請作者同意中譯而出版於華人地區。珍妮·坎貝爾女士著，呂艾倫 中譯，每冊250元。

霧峰無霧—給哥哥的信：本書作者藉兄弟之間信件往來論義，略述佛法大義；並以多篇短文辨義，舉出釋印順對佛法的無量誤解證據，並一一給予簡單而清晰的辨正，令人一讀即知。久讀、多讀之後即能認清楚釋印順的六識論見解，與眞實佛法之牴觸是多麼嚴重；於是在久讀、多讀之後，於不知不覺之間提升了對佛法的極深入理解，正知正見就在不知不覺間建立起來了。當三乘佛法的正知見建立起來之後，對於三乘菩提的見道條件便將隨之具足，於是聲聞解脫道的見道也就水到渠成；接著大乘見道的因緣也將次第成熟，未來自然也會有親見大乘菩提之道的因緣，悟入大乘實相般若也將自然成功，自能通達般若系列諸經而成實義菩薩。作者居住於南投縣霧峰鄉，自喻見道之後不復再見霧峰之霧，故鄉原野美景一一明見，於是立此書名爲《霧峰無霧》；讀者若欲撥霧見月，可以此書爲緣。游宗明 老師著 已於2015年出版 售價250元。

霧峰無霧—第二輯—救護佛子向正道：本書作者藉釋印順著作中之各種錯謬法義提出辨正，以詳實的文義一一提出理論上及實證上之解析，列舉釋印順對佛法的無量誤解證據，藉此教導佛門大師與學人釐清佛法義理，遠離岐途轉入正道，然後知所進修，久之便能見道明心而入大乘勝義僧數。被釋印順誤導的大師與學人極多，很難救轉，是故作者大發悲心深入解說其錯謬之所在，佐以各種義理辨正而令讀者在不知不覺之間轉歸正道。如是久讀之後欲得斷身見、證初果，即不爲難事；乃至久之亦得大乘見道而得證眞如，脫離空有二邊而住中道，實相般若智慧生起，於佛法不再茫然，漸漸亦知悟後進修之道。屆此之時，對於大乘般若等深妙法之迷雲暗霧亦將一掃而空，生命及宇宙萬物之故鄉原野美景一一明見，是故本書仍名《霧峰無霧》，爲第二輯；讀者若欲撥雲見日、離霧見月，可以此書爲緣。游宗明　老師著　已於2019年出版　售價250元。

假藏傳佛教的神話—性、謊言、喇嘛教：本書編著者是由一首名爲「阿姊鼓」的歌曲爲緣起，展開了序幕，揭開假藏傳佛教—喇嘛教—的神祕面紗。其重點是蒐集、摘錄網路上質疑「喇嘛教」的帖子，以揭穿「假藏傳佛教的神話」爲主題，串聯成書，並附加彩色插圖以及說明，讓讀者們瞭解西藏密宗及相關人事如何被操作爲「神話」的過程，以及神話背後的眞相。作者：張正玄教授。售價200元。

達賴真面目——玩盡天下女人：假使您不想戴綠帽子，請記得詳細閱讀此書；假使您不想讓好朋友戴綠帽子，請您將此書介紹給您的好朋友。假使您想保護家中的女性，也想要保護好朋友的女眷，請記得將此書送給家中的女性和好友的女眷都來閱讀。本書爲印刷精美的大本彩色中英對照精裝本，爲您揭開達賴喇嘛的眞面目，內容精彩不容錯過，爲利益社會大眾，特別以優惠價格嘉惠所有讀者。編著者：白志偉等。大開版雪銅紙彩色精裝本。售價800元。

喇嘛性世界——揭開假藏傳佛教譚崔瑜伽的面紗：這個世界中的喇嘛，號稱來自世外桃源的香格里拉，穿著或紅或黃的喇嘛長袍，散布於我們的身邊傳教灌頂，吸引了無數的人嚮往學習；這些喇嘛虔誠地爲大眾祈福，手中拿著寶杵（金剛）與寶鈴（蓮花），口中唸著咒語：「唵・嘛呢・叭咪・吽……」，咒語的意思是說：「我至誠歸命金剛杵上的寶珠伸向蓮花寶穴之中」！「喇嘛性世界」是什麼樣的「世界」呢？本書將爲您呈現喇嘛世界的面貌。當您發現眞相以後，您將會唸：「噢！喇嘛・性・世界，譚崔性交嘛！」作者：張善思、呂艾倫。售價200元。

末代達賴——性交教主的悲歌：簡介從藏傳僞佛教（喇嘛教）的修行核心—性力派男女雙修，探討達賴喇嘛及藏傳僞佛教的修行內涵。書中引用外國知名學者著作、世界各地新聞報導，包含：歷代達賴喇嘛的祕史、達賴六世修雙身法的事蹟，以及《時輪續》中的性交灌頂儀式……等；達賴喇嘛書中開示的雙修法、達賴喇嘛的黑暗政治手段；達賴喇嘛所領導的寺院爆發喇嘛性侵兒童；新聞報導《西藏生死書》作者索甲仁波切性侵女信徒、澳洲喇嘛秋達公開道歉、美國最大假藏傳佛教組織領導人邱陽創巴仁波切的性氾濫；等等事件背後眞相的揭露。作者：張善思、呂艾倫、辛燕。售價250元。

第七意識與第八意識？——穿越時空「超意識」：「三界唯心，萬法唯識」是佛教中應該實證的聖教，也是《華嚴經》中明載而可以實證的法界實相。唯心者，三界一切境界、一切諸法唯是一心所成就，即是每一個有情的第八識如來藏，不是意識心。唯識者，即是人類各各都具足的八識心王——眼識、耳鼻舌身意識、意根、阿賴耶識，第八阿賴耶識又名如來藏，人類五陰相應的萬法，莫不由八識心王共同運作而成就，故說萬法唯識。依聖教量及現量、比量，都可以證明意識是二法因緣生，是由第八識藉意根與法塵二法爲因緣而出生，又是夜夜斷滅不存之生滅心，即無可能反過來出生第七識意根、第八識如來藏，當知不可能從生滅性的意識心中，細分出恆審思量的第七識意根，更無可能細分出恆而不審的第八識如來藏。本書是將演講內容整理成文字，細說如是內容，並已在《正覺電子報》連載完畢，今彙集成書以廣流通，欲幫助佛門有緣人斷除意識我見，跳脫於識陰之外而取證聲聞初果；嗣後修學禪宗時即得不墮外道神我之中，得以求證第八識金剛心而發起般若實智。平實導師 述，每冊300元。

黯淡的達賴—失去光彩的諾貝爾和平獎：本書舉出很多證據與論述，詳述達賴喇嘛不爲世人所知的一面，顯示達賴喇嘛並不是眞正的和平使者，而是假借諾貝爾和平獎的光環來欺騙世人；透過本書的說明與舉證，讀者可以更清楚的瞭解，達賴喇嘛是結合暴力、黑暗、淫欲於喇嘛教裡的集團首領，其政治行爲與宗教主張，早已讓諾貝爾和平獎的光環染污了。　本書由財團法人正覺教育基金會寫作、編輯，由正覺出版社印行，每冊250元。

童女迦葉考—論呂凱文〈佛教輪迴思想的論述分析〉之謬：童女迦葉是佛世率領五百大比丘遊行於人間的歷史事實，是以童貞行而依止菩薩戒弘化於人間的大菩薩，不依別解脫戒（聲聞戒）來弘化於人間。這是大乘佛教與聲聞佛教同時存在於佛世的歷史明證，證明大乘佛教不是從聲聞法中分裂出來的部派佛教的產物，卻是聲聞佛教分裂出來的部派佛教聲聞凡夫僧所不樂見的史實；於是古今聲聞法中的凡夫都欲加以扭曲而作詭說，更是末法時代高聲大呼「大乘非佛說」的六識論聲聞凡夫極力想要扭曲的佛教史實之一，於是想方設法扭曲迦葉菩薩爲聲聞僧，以及扭曲迦葉童女爲比丘僧等荒謬不實之論著便陸續出現，古時聲聞僧寫作的《分別功德論》是最具體之事例，現代之代表作則是呂凱文先生的〈佛教輪迴思想的論述分析〉論文。鑑於如是假藉學術考證以籠罩大眾之不實謬論，未來仍將繼續造作及流竄於佛教界，繼續扼殺大乘佛教學人法身慧命，必須舉證辨正之，遂成此書。平實導師　著，每冊180元。

人間佛教—實證者必定不悖三乘菩提：「大乘非佛說」的講法似乎流傳已久，卻只是日本人企圖擺脫中國正統佛教的影響，而在明治維新時期才開始提出來的說法；台灣佛教、大陸佛教的淺學無智之人，由於未曾實證佛法而迷信日本人錯誤的學術考證，錯認爲這些別有用心的日本佛學考證的講法爲天竺佛教的眞實歷史；甚至還有更激進的反對佛教者提出「釋迦牟尼佛並非眞實存在，只是後人捏造的假歷史人物」，竟然也有少數人願意跟著「學術」的假光環而信受不疑，於是開始有一些佛教界人士造作了反對中國佛教而推崇南洋小乘佛教的行爲，使佛教的信仰者難以檢擇，導致一般大陸人士開始轉入基督教的盲目迷信中。在這些佛教及外教人士之中，也就有一分人根據此邪說而大聲主張「大乘非佛說」的謬論，這些人以「人間佛教」的名義來抵制中國正統佛教，公然宣稱中國的大乘佛教是由聲聞部派佛教的凡夫僧所創造出來的。這樣的說法流傳於台灣及大陸佛教界凡夫僧之中已久，卻非眞正的佛教歷史中曾經發生過的事，只是繼承六識論的聲聞法中凡夫僧依自己的意識境界立場，純憑臆想而編造出來的妄想說法，卻已經影響許多無智之凡夫僧俗信受不移。本書則是從佛教的經藏法義實質及實證的現量內涵本質立論，證明大乘佛法本是佛說，是從《阿含正義》尚未說過的不同面向來討論「人間佛教」的議題，證明「大乘眞佛說」。閱讀本書可以斷除六識論邪見，迴入三乘菩提正道發起實證的因緣；也能斷除禪宗學人學禪時普遍存在之錯誤知見，對於建立參禪時的正知見有很深的著墨。平實導師 述，內文488頁，全書528頁，定價400元。

見性與看話頭：黃正倖老師的《見性與看話頭》於《正覺電子報》連載完畢，今集結出版。書中詳說禪宗看話頭的詳細方法，並細說看話頭與眼見佛性的關係，以及眼見佛性者求見佛性前必須具備的條件。本書是禪宗實修者追求明心開悟時參禪的方法書，也是求見佛性者作功夫時必讀的方法書，內容兼顧眼見佛性的理論與實修之方法，是依實修之體驗配合理論而詳述，條理分明而且極爲詳實、周全、深入。本書內文375頁，全書416頁，售價300元。

中觀金鑑—**詳述應成派中觀的起源與其破法本質**：學佛人往往迷於中觀學派之不同學說，被應成派與自續派所迷惑；修學般若中觀二十年後自以爲實證般若中觀了，卻仍不曾入門，甫聞實證般若中觀者之所說，則茫無所知，迷惑不解；隨後信心盡失，不知如何實證佛法；凡此，皆因惑於這二派中觀學說所致。自續派中觀所說同於常見，以意識境界立爲第八識如來藏之境界，應成派所說則同於斷見，但又同立意識爲常住法，故亦具足斷常二見。今者孫正德老師有鑑於此，乃將起源於密宗的應成派中觀學說，追本溯源，詳考其來源之外，亦一一舉證其立論內容，詳加辨正，令密宗雙身法祖師以識陰境界而造之應成派中觀學說本質，詳細呈現於學人眼前，令其維護雙身法之目的無所遁形。若欲遠離密宗此二大派中觀謬說，欲於三乘菩提有所進道者，允宜具足閱讀並細加思惟，反覆讀之以後將可捨棄邪道返歸正道，則於般若之實證即有可能，證後自能現觀如來藏之中道境界而成就中觀。本書分上、中、下三冊，每冊250元，已全部出版完畢。

真心告訴您(一)—**達賴喇嘛在幹什麼？** 這是一本報導篇章的選集，更是「破邪顯正」的暮鼓晨鐘。「破邪」是戳破假象，說明達賴喇嘛及其所率領的密宗四大派法王、喇嘛們，弘傳的佛法是仿冒的佛法；他們是假藏傳佛教，是坦特羅(譚崔性交)外道法和藏地崇奉鬼神的苯教混合成的「喇嘛教」，推廣的是以所謂「無上瑜伽」的男女雙身法冒充佛法的假佛教，詐財騙色誤導眾生，常常造成信徒家庭破碎、家中兒少失怙的嚴重後果。「顯正」是揭櫫眞相，指出眞正的藏傳佛教只有一個，就是覺囊巴，傳的是 釋迦牟尼佛演繹的第八識如來藏妙法，稱爲他空見大中觀。正覺教育基金會即以此古今輝映的如來藏正法正知見，在眞心新聞網中逐次報導出來，將箇中原委「眞心告訴您」，如今結集成書，與想要知道密宗眞相的您分享。售價250元。

實相經宗通：學佛之目的在於實證一切法界背後之實相，禪宗稱之爲本來面目或本地風光，佛菩提道中稱之爲實相法界；此實相法界即是金剛藏，又名佛法之祕密藏，即是能生有情五陰、十八界及宇宙萬有（山河大地、諸天、三惡道世間）的第八識如來藏，又名阿賴耶識心，即是禪宗祖師所說的眞如心，此心即是三界萬有背後的實相。證得此第八識心時，自能瞭解般若諸經中隱說的種種密意，即得發起實相般若——實相智慧。每見學佛人修學佛法二十年後仍對實相般若茫然無知，亦不知如何入門，茫無所趣；更因不知三乘菩提的互異互同，是故越是久學者對佛法越覺茫然，都肇因於尚未瞭解佛法的全貌，亦未瞭解佛法的修證內容即是第八識心所致。本書對於修學佛法者所應實證的實相境界提出明確解析，並提示趣入佛菩提道的入手處，有心親證實相般若的佛法實修者，宜詳讀之，於佛菩提道之實證即有下手處。平實導師述著，共八輯，已於2016年出版完畢，每輯成本價250元。

法華經講義：此書爲平實導師始從2009/7/21演述至2014/1/14之講經錄音整理所成。世尊一代時教，總分五時三教，即是華嚴時、聲聞緣覺教、般若教、種智唯識教、法華時；依此五時三教區分爲藏、通、別、圓四教。本經是最後一時的圓教經典，圓滿收攝一切法教於本經中，是故最後的圓教聖訓中，特地指出無有三乘菩提，其實唯有一佛乘；皆因眾生愚迷故，方便區分爲三乘菩提以助眾生證道。世尊於此經中特地說明如來示現於人間的唯一大事因緣，便是爲有緣眾生「開、示、悟、入」諸佛的所知所見——第八識如來藏妙眞如心，並於諸品中隱說「妙法蓮花」如來藏心的密意。然因此經所說甚深難解，眞義隱晦，古來難得有人能窺堂奧；平實導師以知如是密意故，特爲末法佛門四眾演述《妙法蓮華經》中各品蘊含之密意，使古來未曾被古德註解出來的「此經」密意，如實顯示於當代學人眼前。乃至〈藥王菩薩本事品〉、〈妙音菩薩品〉、〈觀世音菩薩普門品〉、〈普賢菩薩勸發品〉中的微細密意，亦皆一併詳述之，開前人所未曾言之密意，示前人所未見之妙法。最後乃至以〈法華大義〉而總其成，全經妙旨貫通始終，而依佛旨圓攝於一心如來藏妙心，厥爲曠古未有之大說也。平實導師述，共有25輯，已於2019/05/31出版完畢。每輯300元。

西藏「活佛轉世」制度—附佛、造神、世俗法：歷來關於喇嘛教活佛轉世的研究，多針對歷史及文化兩部分，於其所以成立的理論基礎，較少系統化的探討。尤其是此制度是否依據「佛法」而施設？是否合乎佛法眞實義？現有的文獻大多含糊其詞，或人云亦云，不曾有明確的闡釋與如實的見解。因此本文先從活佛轉世的由來，探索此制度的起源、背景與功能，並進而從活佛的尋訪與認證之過程，發掘活佛轉世的特徵，以確認「活佛轉世」在佛法中應具足何種果德。定價150元。

真心告訴您(二)—達賴喇嘛是佛教僧侶嗎？補祝達賴喇嘛八十大壽：這是一本針對當今達賴喇嘛所領導的喇嘛教，冒用佛教名相、於師徒間或師兄姊間，實修男女邪淫，而從佛法三乘菩提的現量與聖教量，揭發其謊言與邪術，證明達賴及其喇嘛教是仿冒佛教的外道，是「假藏傳佛教」。藏密四大派教義雖有「八識論」與「六識論」的表面差異，然其實修之內容，皆共許「無上瑜伽」四部灌頂爲究竟「成佛」之法門，也就是共以男女雙修之邪淫法爲「即身成佛」之密要，雖美其名曰「欲貪爲道」之「金剛乘」，並誇稱其成就超越於（應身佛）釋迦牟尼佛所傳之顯教般若乘之上；然詳考其理論，則或以意識離念時之粗細心爲第八識如來藏，或以中脈裡的明點爲第八識如來藏，或如宗喀巴與達賴堅決主張第六意識爲常恆不變之眞心者，分別墮於外道之常見與斷見中；全然違背　佛說能生五蘊之如來藏的實質。售價300元。

涅槃—解說四種涅槃之實證及內涵：眞正學佛之人，首要即是見道，由見道故方有涅槃之實證，證涅槃者方能出生死，但涅槃有四種：二乘聖者的有餘涅槃、無餘涅槃，以及大乘聖者的本來自性清淨涅槃、佛地的無住處涅槃。大乘聖者實證本來自性清淨涅槃，入地前再取證二乘涅槃，然後起惑潤生捨離二乘涅槃，繼續進修而在七地心前斷盡三界愛之習氣種子，依七地無生法忍之具足而證得念念入滅盡定；八地後進斷異熟生死，直至妙覺地下生人間成佛，具足四種涅槃，方是眞正成佛。此理古來少人言，以致誤會涅槃正理者比比皆是，今於此書中廣說四種涅槃、如何實證之理、實證前應有之條件，實屬本世紀佛教界極重要之著作，令人對涅槃有正確無訛之認識，然後可以依之實行而得實證。本書共有上下二冊，每冊各四百餘頁，對涅槃詳加解說，每冊各350元。

佛藏經講義：本經說明爲何佛菩提難以實證之原因，都因往昔無數阿僧祇劫前的邪見，引生此世求證時之業障而難以實證。即以諸法實相詳細解說，繼之以念佛品、念法品、念僧品，說明諸佛與法之實質；然後以淨戒品之說明，期待佛弟子四眾堅持清淨戒而轉化心性，並以往古品的實例說明，教導四眾務必滅除邪見轉入正見中，然後以了戒品的說明和囑累品的付囑，期望末法時代的佛門四眾弟子皆能清淨知見而得以實證。平實導師於此經中有極深入的解說，總共21輯，每輯300元，於2019/07/31開始發行。

解深密經講記：本經係 世尊晚年第三轉法輪，宣說地上菩薩所應熏修之唯識正義經典，經中所說義理乃是大乘一切種智增上慧學，以阿陀那識—如來藏—阿賴耶識爲主體。禪宗之證悟者，若欲修證初地無生法忍乃至八地無生法忍者，必須修學《楞伽經、解深密經》所說之八識心王一切種智；此二經所說正法，方是眞正成佛之道；印順法師否定如來藏之後所說萬法緣起性空之法，是以誤會後之二乘解脫道取代大乘眞正成佛之道，亦已墮於斷滅見中，不可謂爲成佛之道也。平實導師曾於本會郭故理事長往生時，於喪宅中從初七至第十七，宣講圓滿，作爲郭老之往生佛事功德，迴向郭老早證八地、速返娑婆住持正法；茲爲今時後世學人故，將擇期重講《解深密經》，以淺顯之語句講畢後將會整理成文，用供證悟者進道；亦令諸方未悟者，據此經中佛語正義，修正邪見，依之速能入道。平實導師述著，全書輯數未定，每輯三百餘頁，將於未來重講完畢後逐輯出版。

修習止觀坐禪法要講記：修學四禪八定之人，往往錯會禪定之修學知見，欲以無止盡之坐禪而證禪定境界，卻不知修除性障之行門才是修證四禪八定不可或缺之要素，故智者大師云「性障初禪」；性障不除，初禪永不現前，云何修證二禪等？又：行者學定，若唯知數息，而不解六妙門之方便善巧者，欲求一心入定，未到地定極難可得，智者大師名之爲「事障未來」：障礙未到地定之修證。又禪定之修證，不可違背二乘菩提及第一義法，否則縱使具足四禪八定，亦不能實證涅槃而出三界。此諸知見，智者大師於《修習止觀坐禪法要》中皆有闡釋。作者平實導師以其第一義之見地及禪定之實證證量，曾加以詳細解析。將俟正覺寺竣工啓用後重講，不限制聽講者資格；講後將以語體文整理出版。欲修習世間定及增上定之學者，宜細讀之。平實導師述著。

阿含經講記—小乘解脫道之修證：數百年來，南傳佛法所說證果之不實，所說解脫道之虛妄，所弘解脫道法義之世俗化，皆已少人知之；從南洋傳入台灣與大陸之後，所說法義虛謬之事，亦復少人知之；今時台灣全島印順系統之法師居士，多不知南傳佛法數百年來所說解脫道之義理已然偏斜、已然世俗化、已非眞正之二乘解脫正道，猶極力推崇與弘揚。彼等南傳佛法近代所謂之證果者皆非眞實證果者，譬如阿迦曼、葛印卡、帕奧禪師、一行禪師……等人，悉皆未斷我見故。近年更有台灣南部大願法師，高抬南傳佛法之二乘修證行門爲「捷徑究竟解脫之道」者，然而南傳佛法縱使眞修實證，得成阿羅漢，至高唯是二乘菩提解脫之道，絕非究竟解脫，無餘涅槃中之實際尚未得證故，法界之實相尚未了知故，習氣種子待除故，一切種智未實證故，焉得謂爲「究竟解脫」？即使南傳佛法近代眞有實證之阿羅漢，尚且不及三賢位中之七住明心菩薩本來自性清淨涅槃智慧境界，則不能知此賢位菩薩所證之無餘涅槃實際，仍非大乘佛法中之見道者，何況普未實證聲聞果乃至未斷我見之人？謬充證果已屬逾越，更何況是誤會二乘菩提之後，以未斷我見之凡夫知見所說之二乘菩提解脫偏斜法道，焉可高抬爲「究竟解脫」？而且自稱「捷徑之道」？又妄言解脫之道即是成佛之道，完全否定般若實智、否定三乘菩提所依之如來藏心體，此理大大不通也！平實導師爲令修學二乘菩提欲證解脫果者，普得迴入二乘菩提正見、正道中，是故選錄四阿含諸經中，對於二乘解脫道法義有具足圓滿說明之經典，預定未來十年內將會加以詳細講解，令學佛人得以了知二乘解脫道之修證理路與行門，庶免被人誤導之後，未證言證，梵行未立，干犯道禁自稱阿羅漢或成佛，成大妄語，欲升反墮。本書首重斷除我見，以助行者斷除我見而實證初果爲著眼之目標，若能根據此書內容，配合平實導師所著《識蘊眞義》《阿含正義》內涵而作實地觀行，實證初果非爲難事，行者可以藉此三書自行確認聲聞初果爲實際可得現觀成就之事。此書中除依二乘經典所說加以宣示外，亦依斷除我見等之證量，及大乘法中道種智之證量，對於意識心之體性加以細述，令諸二乘學人必定得斷我見、常見，免除三縛結之繫縛。次則宣示斷除我執之理，欲令升進而得薄貪瞋痴，乃至斷五下分結…等。平實導師將擇期講述，然後整理成書。共二冊，每冊三百餘頁。每輯300元。

＊喇嘛教修外道雙身法、墮識陰境界，非佛教＊

＊弘揚如來藏他空見的覺囊派才是真正藏傳佛教＊

總經銷： 聯合發行股份有限公司

231 新北市新店區寶橋路 235 巷 6 弄 6 號 4F

Tel.02－2917-8022（代表號） Fax.02－2915-6275（代表號）

零售：1.**全台連鎖經銷書局：**

三民書局、誠品書局、何嘉仁書店

敦煌書店、紀伊國屋、金石堂書局、建宏書局

諾貝爾圖書城、墊腳石圖書文化廣場

2.**台北市：**佛化人生 **大安區**羅斯福路 3 段 325 號 6 樓之 4 台電大樓對面

3.**新北市：**春大地書店 **蘆洲區**中正路 117 號

4.**桃園市：**御書堂 **龍潭區**中正路 123 號

5.**新竹市：**大學書局 **東區**建功路 10 號

6.**台中市：**瑞成書局 **東區**雙十路 1 段 4 之 33 號

佛教詠春書局 **南屯區**永春東路 884 號

文春書店 **霧峰區**中正路 1087 號

7.**彰化市：**心泉佛教文化中心 南瑤路 286 號

8.**高雄市：**政大書城 **前鎮區**中華五路 789 號 2 樓（高雄夢時代店）

明儀書局 **三民區**明福街 2 號

青年書局 **苓雅區**青年一路 141 號

9.**台東市：**東普佛教文物流通處 博愛路 282 號

10.**其餘鄉鎮市經銷書局：**請電詢總經銷**聯合**公司。

11.**大陸地區請洽：**

香港：樂文書店

旺角店 :香港九龍旺角西洋菜街 62 號 3 樓

電話 : (852) 2390 3723 email: luckwinbooks@gmail.com

銅鑼灣店 :香港銅鑼灣駱克道 506 號 2 樓

電話 : (852) 2881 1150 email: luckwinbs@gmail.com

廈門：廈門外圖臺灣書店有限公司

地址：廈門市思明區湖濱南路809 號 廈門外圖書城3 樓 郵編：361004

電話：0592-5061658（臺灣地區請撥打 86-592-5061658）

E-mail：JKB118＠188.COM

12.**美國：世界日報圖書部：**紐約圖書部 電話 7187468889#6262

洛杉磯圖書部 電話 3232616972#202

13.**國內外地區網路購書：**

正智出版社 書香園地 http://books.enlighten.org.tw/

（書籍簡介、經銷書局可直接聯結下列網路書局購書）

三民 網路書局 http://www.sanmin.com.tw

誠品 網路書局 http://www.eslitebooks.com

博客來 網路書局 http://www.books.com.tw

金石堂 網路書局　http://www.kingstone.com.tw
聯合 網路書局　http:// www.nh.com.tw

附註：1.請儘量向各經銷書局購買：郵政劃撥需要八天才能寄到（本公司在您劃撥後第四天才能接到劃撥單，次日寄出後第二天您才能收到書籍，此六天中可能會遇到週休二日，是故共需八天才能收到書籍）若想要早日收到書籍者，請劃撥完畢後，將劃撥收據貼在紙上，旁邊寫上您的姓名、住址、郵區、電話、買書詳細內容，直接傳真到本公司 02-28344822，並來電 02-28316727、28327495 確認是否已收到您的傳真，即可提前收到書籍。 **2**.因台灣每月皆有五十餘種宗教類書籍上架，書局書架空間有限，故唯有新書方有機會上架，通常每次只能有一本新書上架；本公司出版新書，大多上架不久便已售出，若書局未再叫貨補充者，書架上即無新書陳列，則請直接向書局櫃台訂購。 **3**.若書局不便代購時，可於晚上共修時間向正覺同修會各共修處請購（共修時間及地點，詳閱**共修現況表**。每年例行年假期間請勿前往請書，年假期間請見共修現況表）。 **4**.郵購：郵政劃撥帳號 19068241。 **5**.正覺同修會會員購書都以八折計價（戶籍台北市者為一般會員，外縣市為護持會員）都可獲得優待，欲一次購買全部書籍者，可以考慮入會，節省書費。入會費一千元（第一年初加入時才需要繳），年費二千元。 **6.尚未出版之書籍，請勿預先郵寄書款與本公司，謝謝您！** **7**.若欲一次購齊本公司書籍，或同時取得正覺同修會贈閱之全部書籍者，請於正覺同修會共修時間，親到各共修處請購及索取；**台北市讀者**請洽：103 台北市承德路三段 267 號 10 樓（捷運淡水線 圓山站旁）請書時間：週一至週五為 18.00~21.00，第一、三、五週週六為 10.00~21.00，雙週之週六為 10.00~18.00 請購處專線電話：25957295-分機 14（於請書時間方有人接聽）。

敬告大陸讀者：

大陸讀者購書、索書捷徑（尚未在大陸出版的書籍，以下二個途徑都可以購得，電子書另包括結緣書籍）：

1.廈門外國圖書公司：廈門市思明區湖濱南路 809 號 廈門外圖書城 3F

郵編：361004　電話：0592-5061658　網址：http://www.xibc.com.cn/

2.電子書：正智出版社有限公司及正覺同修會在台灣印行的各種局版書、結緣書，已有『**正覺電子書**』陸續上線中，提供讀者於手機、平板電腦上購書、下載、閱讀正智出版社、正覺同修會及正覺教育基金會所出版之電子書，詳細訊息敬請參閱『正覺電子書』專頁：http://books.enlighten.org.tw/ebook

關於平實導師的書訊，請上網查閱：

成佛之道　http://www.a202.idv.tw

正智出版社 書香園地　http://books.enlighten.org.tw/

中國網採訪佛教正覺同修會、正覺教育基金會訊息：

http://big5.china.com.cn/gate/big5/fangtan.china.com.cn/2014-06/19/content_32714638.htm

http://pinpai.china.com.cn/

★ 正智出版社有限公司售書之稅後盈餘，全部捐助財團法人正覺寺籌備處、佛教正覺同修會、正覺教育基金會，供作弘法及購建道場之用；懇請諸方大德支持，功德無量。

★ 聲　明 ★

本社於 2015/01/01 開始調整本目錄中部分書籍之售價，以因應各項成本的持續增加。

＊ 喇嘛教修外道雙身法、墮識陰境界，非佛教 ＊

＊ 弘揚如來藏他空見的覺囊派才是真正藏傳佛教 ＊

售後服務—換書啓事（免附回郵）　2017/12/05

《楞伽經詳解》第三輯初版免費調換新書啓事：茲因 平實導師弘法早期尚未回復往世全部證量，有些法義接受他人的說法，寫書當時並未察覺而有二處（同一種法義）跟著誤說，如今發現已將之修正。茲爲顧及讀者權益，已開始免費調換新書；敬請所有讀者將以前所購第三輯（不論第幾刷），攜回或寄回本公司免費換新；郵寄者之回郵由本公司負擔，不需寄來郵票。因此而造成讀者閱讀、以及換書的不便，在此向所有讀者致上萬分的歉意，祈請讀者大眾見諒！

《楞嚴經講記》第 14 輯初版首刷本免費調換新書啓事：本講記第 14 輯出版前因 平實導師諸事繁忙，未將之重新閱讀而只改正校對時發現的錯別字，故未能發覺十年前所說法義有部分錯誤，於第 15 輯付印前重閱時才發覺第 14 輯中有部分錯誤尚未改正。今已重新審閱修改並已重印完成，煩請所有讀者將以前所購第 14 輯初版首刷本，寄回本公司免費換新（初版二刷本無錯誤），本公司將於寄回新書時同時附上您寄書來換新時的郵資，並在此向所有讀者致上最誠懇的歉意。

《心經密意》初版書免費調換二版新書啓事：本書係演講錄音整理成書，講時因時間所限，省略部分段落未講。後於再版時補寫增加 13 頁，維持原價流通之。茲爲顧及初版讀者權益，自 2003/9/30 開始免費調換新書，原有初版一刷、二刷書籍，皆可寄來本公司換書。

《宗門法眼》已經增寫改版爲 464 頁新書，2008 年 6 月中旬出版。讀者原有初版之第一刷、第二刷書本，都可以寄回本公司免費調換改版新書。改版後之公案及錯悟事例維持不變，但將內容加以增說，較改版前更具有廣度與深度，將更能助益讀者參究實相。

換書者**免附回郵**，亦無截止期限；舊書請寄：111 台北郵政 73-151 號信箱 或 103 台北市承德路三段 267 號 10 樓 正智出版社有限公司。舊書若有塗鴨、殘缺、破損者，仍可換取新書；但缺頁之舊書至少應仍有五分之三頁數，方可換書。所有讀者不必顧念本公司是否有盈餘之問題，都請踴躍寄來換書；本公司成立之目的不是營利，只要能眞實利益學人，即已達到成立及運作之目的。若以郵寄方式換書者，免附回郵；並於寄回新書時，由本公司附上您寄來書籍時耗用的郵資。造成您不便之處，再次致上萬分的歉意。

正智出版社有限公司 啓

國家圖書館出版品預行編目資料

勝鬘經講記／平實導師述. – 初版. – 臺北市：
正智，2009.05-
冊；　公分
ISBN 978-986-83908-8-1（第 1 輯：平裝）
ISBN 978-986-83908-9-8（第 2 輯：平裝）
ISBN 978-986-6431-00-5（第 3 輯：平裝）
ISBN 978-986-6431-01-2（第 4 輯：平裝）
ISBN 978-986-6431-02-9（第 5 輯：平裝）
ISBN 978-986-6431-03-6（第 6 輯：平裝）
1.方等部
221.32　　　　97021428

勝鬘經講記——第四輯

著述者：平實導師
音文轉換：劉惠莉
校對：章乃鈞 陳介源 蔡禮政 傅素嫻
出版者：**正智出版社**有限公司
電話：〇二 28327495 28316727（白天）
傳眞：〇二 28344822
111台北郵政73-151號信箱
郵政劃撥帳號：一九〇六八二四一
正覺講堂：總機〇二 25957295（夜間）
總經銷：聯合發行股份有限公司
231 新北市新店區寶橋路 235 巷 6 弄 6 號 4 樓
電話：〇二 29178022（代表號）
傳眞：〇二 29156275
初版首刷：二〇〇九年五月三十日 二千冊
初版四刷：二〇二〇年七月 二千冊
定價：二五〇元